JN106647

歴史における翻訳

言語、文化の狭間《あいだ》で

平田雅博・原聖・割田聖史［編］

三元社

言語、文化の狭間《あいだ》で——歴史における翻訳

❖

目次

第5章　帝国日本と多言語社会・台湾の狭間の通訳
——唐通事の後裔・鉅鹿赫太郎における通訳の場……133　岡本真希子

序章　「翻訳」を歴史の中で考える

割田聖史

「翻訳」を歴史の中でとらえる

「翻訳」は、学問やコミュニケーションにおいて、その基本となる概念であるといえよう。本書は、「翻訳」を歴史的な事象の中でとらえ直していくことを目的とするものである。

まず、本書において、「翻訳」と表した場合、テキストのある翻訳だけでなく、通訳、文化の翻訳も含めた広義の「翻訳行為」を含意している。これは、異なるものを理解しようとする行為一般といえる。

そこでまず、「翻訳」を理解する際に、以下の二つの基本的理解を確認しておくこととしたい。第一に、「翻訳」は、異なるものを自ら理解できるもののかたちにして受容する、ということである。第二に、「翻訳」において、「異なるもの」と「翻訳されたもの」は「等価」である、ということである。ただし、この二つの基本的理解は、この序論において、覆されていくこととなるだろう。

「翻訳」についての基本的態度

「翻訳」の第一の前提については、古典的なものであるが、言語学者であるローマン・ヤーコブソン（Roman Osipovich Jakobson、一八九六―一九八二年）による翻訳の定義を出発点としたい。

ヤーコブソンは、翻訳を「言語内翻訳」、「言語間翻訳」、「記号間翻訳」の三つに区分する。「言語内翻訳」は、「言い換え（rewording）」であり、言葉の記号を同じ言葉の他の記号で解釈することである。「言語間翻訳」は、言葉の記号を他の言語で解釈することとあり、「本来の翻訳」とされる。「記号間翻訳」は、非言語的記号体系を用いて言語的記号を翻訳することで、「移し換え（transmutation）」とされる[1]。

言語に関わるものは、「言語内翻訳」、「言語間翻訳」、であるが、通常は、「言語内翻訳」は翻訳とは理解されないだろう。本書の対象は、「本来の翻訳」である「言語間翻訳」となるが、それだけでなく、言語やテキストが直接の対象とはならない「記号間翻訳」も「翻訳」として考える。

「等価」をめぐって

第二の前提である「異なるもの」と「翻訳されたもの」は「等価」である、について、若干述べておきたい。「等価」をめぐる議論は、言語学や翻訳研究の分野を中心に、非常に多くの研究・考察が積み重ねられている。しかし、本書では、この「等価性」をめぐる議論にはあえて拘泥しない。

歴史学的に分析する際、分析者が史料を「翻訳されたテキスト」として扱う場合、すでに「翻訳されたもの」が存在しているという前提となる。そして、この「翻訳されたもの」は、翻訳の対象となった「異なるもの」と「等価」であるということが、すでに認識されている、ということになる。歴史学の手法としては、具体的な事例に即して、このような認識の形成そのものが検討の対象となる。

言語として目に見える形で「テキスト」が存在する場合には、「起点テキスト」から「目標テキスト」への言語的な翻訳の問題ということとなるが、これは言語学的・翻訳論的にはあまりにも単純ということとなるだろう。そこで、現実に存在する「テキスト」の内容だけでなく、その「テキスト」の背後にある政治・文化的諸関係を含めて、「テキスト」の背景・文脈そのものを分析していくことが重要である。歴史学的に「翻訳」を考えるメリットは、歴史的な知見・研究史に照らして、翻訳を取り巻く長期的諸条件をより俯瞰的に見ていくことを可能にする点にあるといえるだろう。

他方、「翻訳されたもの」がない場合、つまり、起点テキストが存在せず、固定した目標テキストも存在しないプロセスについても、本書では検討の対象となる。このような「翻訳」は、ヤーコブソンの言うところの「記号間翻訳」であり、またテキスト以外の「文化」の翻訳ということとなる。翻訳研究の第一人者であるピムによれば、文化の翻訳において焦点となるのは、「翻訳による産出物」ではなく、「文化的プロセスそのもの」である。つまり、文化の翻訳にとって重要なのは、「人（主体）の動きであり、テキスト（客体）の動きではない」のである[2]。ピムのこのような説明を考えると、「起点テキスト」「目標テキスト」が具体的に存在する場合においても、歴史学的な分析は、「人（主体）」の動きに着目しているのであり、文化の翻訳に近づいていくといえるだろう。

文化史と翻訳

「翻訳」については歴史学においても、既に着目されている。文化史家のピーター・バークは、知識の「移転

(transfer)」について述べている際に、知識の移転という術語そのものが「技術移転」という言葉をモデルとしているとしたうえで、以下のように述べている。

二つの文化が出会うとき、情報は、通常、たとえ不均等な量であったとしても、双方向に流れる。したがって、知的あるいは文化的な「交換」と言えるかもしれない。しかし、「交換」という言葉も、ある意味では不満足である。「伝統」という古い言葉のように、「交換」という言葉は、多かれ少なかれ変わらないままであるものを引き渡すことを意味する。しかし、「受容」が受動的なものではなく能動的なものであることは、社会学から文学に至るまで、ここ数世代の研究で次第に明らかになってきた。アイデアや情報、工芸品や慣習は単に採用されるのではなく、逆に新しい文化的環境に適応させられる。それらはまず脱文脈化され、次に再文脈化され、飼いならされ、「現地化」される。つまり、「翻訳」されるのである。[3]

バークは、「翻訳」を、「双方向の交換」とし、かつ、「受容する側の能動性」を強調している。これは、「翻訳されたもの」が新しい独自の価値を持っていることを示している。つまり、「翻訳」という行為は「等価」なものを作り出すことではありえないのである。

翻訳論的転回における「翻訳」

翻訳論的転回（Translational Turn）を主導するドリス・バッハマン＝メディックの説明から翻訳論的転回について

簡単に確認しておきたい[4]。

グローバル化の進展において、「翻訳は、グローバルな交流と変容の関係にとって不可欠な媒体であり、そこにおいて、また、それによって、文化的差異、力の不均衡、行動範囲が明らかにされ、実行される実践である」とし、「翻訳」の範疇を広げることが「翻訳論的転回」の前提とする。バッハマン＝メディックによれば、「翻訳」は、単なる言語やテキストの問題ではなく、より広範な文化的・社会的活動となり、文化の翻訳の問題、文化生活世界そのものの摩擦や複雑性についても視野を開いたため、「翻訳」はカルチュラル・スタディーズの主要なカテゴリーとなった。そして、他の「転回」と同様、「概念的な飛躍がなされ、「翻訳」がもはや特定の分野や調査対象に限定されることなく、この用語が方法論的に考察された分析カテゴリーとして学問領域を超えて移動したとき、初めて「翻訳論的転回」と言えるのである」。

人文・社会科学における「翻訳論的転回」は、より広範で分野横断的な「翻訳」という分析カテゴリーを採用することを意味し、異なる（文化的な）レベルや文脈の間でしばしば起こる移行（の困難さ）に焦点が置かれることとなる。このようなプロセスでは、原文、同等性、忠実性といった概念と密接に結びついたテキストに関連する翻訳という通常のカテゴリーだけでなく、文化的表象や社会的呼称（social addressing）、変容、変位、非連続性、文化的差異、対立、権力といった新たなカテゴリーがますます用いられるようになっている。また、このような概念は、「翻訳」の過程で働く、重複、通過、伝達、変容の複雑な条件や要素を示している。

「翻訳論的転回」を経た後の「翻訳」は、どのようなフィールドで役立つのか。

第一に、例えば、「学際性（inter- or transdisciplinarity）」を翻訳の問題としてとらえるなど、学術的な研究実践の中で見解を再構築する際に有益である。第二に、「翻訳」は新しい方法論的・認識論的アプローチを提供する。様々な学問分野（歴史学、社会学、比較文学、政治学など）が、相違の管理、異なる文脈への媒介、人々・文化・コンテクスト・つながり・関連性をつなぐ第三の空間を調査する「翻訳的」アプローチを発展させるのに役立つ。実際、「翻訳論的転回」は、「ボーダー・シンキング」や「狭間思考（in-between thinking）」という意味で、翻訳的思考様式を一般化したといえるだろう。第三に、「翻訳」は、グローバルな文化的出会い、差異、対立の状況を再解釈するのに有益である。この場合、「翻訳」は、翻訳を文化間の架け橋となる調和のとれた理想や、文化理解の解釈学的モデルとしてアプローチするものではない。むしろ、差異を交渉し、誤解を再評価し、権力の非対称性を明らかにするための方法論的なアプローチとして理解されるべきとなる。

本書における「翻訳」の理解と本書の構成

バークの文化史を通じた理解、バッハマン＝メディックの「翻訳論的転回」を通じて、歴史研究において「翻訳」を研究対象とする場合、言語的な側面だけでなく、文化、そしてその背後にある文脈をも、その俎上に載せることが可能になった。「翻訳」のカテゴリーが広がったと理解したうえで、本書は、「翻訳」を対象とする。「翻訳」の問題を歴史学において引き受ける上で重要なのは、それぞれの時代の特徴の中で、「翻訳」を考えることであろう

本書は、近現代の「翻訳」の諸相について主に扱っている。ヨーロッパを念頭に置けば、近世の「多言語的状況」から、一九世紀に国民国家が登場することによって、「国民語」への統合が試みられるという大状況にある。しかし、この国民語への統合は、それ以外の言語を絶滅させることでなされたのではなく、「多言語状況」は現在まで続いている。にもかかわらず、「統合」とされるのは、「国民語」もしくは、それに相当する「文化言語」というような「優位」な言語と、それ以外の「劣位」にある言語への区分がもたらしたものである。これは、「言語そ

のもの」と「言語間の権力性」の問題であるが、「国民語」「文化言語」という概念は、近代以降に特有であるといえるだろう。これは、現代に近づくにつれ、言語帝国主義へとつながることになる。

本論集は次の各章各論文から構成される。

第1章（安村）は、主としてメキシコとスペイン、米国の間での先住民諸語と帝国言語のあいだの翻訳を規定する政治的磁場の在り方が、征服直後の一六世紀、二〇世紀半ば、そして二一世紀という三つの局面において異なる様相を呈することを明らかにしていく。先住民側は支配、搾取、翻訳される客体であり続けたわけではなかったことが示される。

第2章（原）は、フランス革命期に、フランス語の法令文書等を広範な非フランス語地域の話者に翻訳して伝えようとした翻訳政策を、フランス語化教育、「言語の恐怖政治」、少数言語を補助的に用いるバイリンガリズムへの移行などとの関連から検討する。

第3章（割田）は、一九世紀のプロイセン＝ドイツ領ポーランドにおけるドイツ語とポーランド語の翻訳の諸局面を見ていく。ポーランド語とドイツ語の「同権」の時期から、ドイツ語が「国民語」として優位になっていくと同時に、ポーランド語が「文化言語」として確立していくことで、「翻訳」の意義付けの変化を明らかにする。

第4章（平田）は、一九世紀のウェールズとアイルランドの比較研究として、法廷における通訳、学校における通訳と翻訳、聖書の翻訳を通じた教会での使用言語を見ながら、とくにアイルランドの言語をめぐる研究状況を踏まえつつ、両者の相違点と類似点を検討していく。

第5章（岡本）は、一九世紀後半に日本と清国の狭間で北京官話通訳となった唐通事の後裔・鉅鹿赫太郎《おおがかくたろう》が、日本の植民地である多言語社会・台湾で法院通訳となり、台湾語通訳との狭間で淘汰されてゆく過程と、台湾と「長崎学」における退官後の語りを検討する。

第6章（佐々木）は、一九世紀末から二〇世紀初頭のハプスブルク君主国における少数者、スロヴェニア語話者の教育を分析する。多民族国家の理想である「翻訳し合う社会」の実現であるといえようが、実際には、彼らの子弟の学校では授業語が問題にされ、次第にドイツ語に席捲されていった様子を描くこととなる。

第7章（川手）は、「文化的翻訳」という観点から、「翻訳」を異なるもの（文化）の出会い、関係を形成する「文化的コンタクトゾーン」と捉え、東プロイセン／マズーレンを舞台にドイツ人とポーランド人、マズール人の間で「民族」と「言語」の関係性がどのように転換していくかを考察する。

終章（原）では、「文化の翻訳」論の基礎となる概念を再確認し、現在における議論の整理を行う。これにより、「文化の翻訳」論における本書のような歴史学的な立場から「翻訳」を扱うことの意義、また、今後の課題を示す。

註

1　R・ヤーコブソン「翻訳の言語学的側面について」『一般言語学』（田村すゞ子他訳、みすず書店、一九七三年）所収、五七―五八頁。

2　アンソニー・ピム『翻訳理論の探求』武田珂代子訳（みすず書房、二〇一〇年）、二三六頁。

3　Peter Burke, Tranlating Knowledge, Tranlating Culruires, in: Michael North (Hg.), *Kultureller Austausch : Bilanz und Perspektiven der Frühneuzeitforschung* (Köln ; Weimar, Böhlau, 2009), S.69-70.

4　Doris Bachmann-Medick, Translational turn, in: Yves Gambier, Luc van Doorslaer (eds.), *Handbook of Translation Studies*. Volume 4 (Amsterdam; Philadelphia, John Benjamins, 2012), pp. 186–193.

第１章　大西洋世界と翻訳をめぐるポリフォニー

安村直己

……（インカ帝国の歴史に関する）重要な事柄の場合には、……権威あるスペイン人歴史家の著作からの引用によって、私の記述を裏づけることに努めたいと思う。というのも、私の意図はスペイン人歴史家たちに反論することではなく、彼らの手になる記録に注釈や解説を施すことであり、さらには、……スペイン人たちが、外国人であるがゆえに正しく理解できなかったインディオの言葉の通訳の役目を果たすことだからである。……

（インカ・ガルシラーソ・デ・ラ・ベガ『インカ皇統記』、読者への序言中の一節）1

……（チェラン村の）住民の多数が長い時間を割き、多くの問題に関してわれわれに礼儀正しく、賢明な助力を与えてくれた。本質的には、（今、読者が目にしている）この報告書は彼らの報告書であり、外部から（村に）やってきたわれわれは一義的にはガイド、書記、そして通訳として活動した（にすぎない）。……

(Ralph Beals, *Cheran. A Sierra Tarascan Village*. Washington D.C.: Smithsonian Institution, 1946, Introduction 中の一節)

はじめに

一五世紀末以降、西ヨーロッパを中心とする世界システムが形成されはじめ、二〇世紀初頭にはこのシステムの中心に位置する欧米列強と日本——以下では便宜上、西洋として一括する——が、地球上の大半を植民地として分割するにおよんだ。この歴史過程において、中心において生産、蓄積される周縁についての知は重要な役割を果たしていた。西洋による植民地支配、帝国主義と人文・社会科学的な知の間のこの共犯関係について、エドワード・サイードは一九七八年の『オリエンタリズム』以降、一貫して取り組んだ。彼の取り組みが起点となり、ポストコロニアル研究と呼ばれる研究潮流が歴史学に大きな衝撃を与えてきたことは、すでに旧聞に属するのかもしれない[2]。

ここで帝国主義と知の共犯関係を簡単に説明しておこう。西洋は非西洋地域を周縁として支配していくにあたり、非西洋地域に関する知を蓄積し、非西洋地域を異質な他者として描き出す。これは、異質な他者との対比を通じて文明の担い手としての「白人」というアイデンティティを構築すると同時に、他者に対しては西洋への従属を必要とする、文明化の対象としての「未開の民」というアイデンティティを付与する。この二重のアイデンティティの構築こそが西洋による世界の支配を可能にする条件の一つであり、サイードはここに知ないし文化と帝国主義の間に結ばれた共犯関係を見出す。この共犯関係の下、西洋が非西洋の歴史や文化を書く権利を独占する。こうして生まれた知の体系こそがオリエンタリズムにほかならない。その後、サイードはこの共犯関係の別の一面にも踏み込んでいった。西洋による帝国支配は歴史や文化を奪われた人々の間に抵抗の動きを生み出す。同時に彼らは、自らの歴史や文化を再想像することでイデオロギー・レヴェルでの抵抗の拠点を築き上げ、それがやがて第二次世界大戦後の非西洋地域の独立につながったとする。サイードは非西洋地域出身の知識人をも考察対象とすることで、共犯関係を「重なりあう領土」、「からみあう歴史」と読み換えた。一九九三年の『文化と帝国主義』はその産物である[3]。

本章は、後期サイードの視点に立ち、スペイン領アメリカ植民地、独立後のメキシコにおける歴史や文化を奪われた側の声に耳を傾けながら、大西洋世界規模での共犯関係の歴史に迫る試みである。ここでは、サイードがあまり言及しない、通訳／翻訳に関わる問題系に着目する。西洋による非西洋の他者に関する知の構築にはかならず重層的なこの過程が介在してきた。しかも、この過程は、冒頭に掲げた二つの序文からも明らかなように、一方的に支配者に有利な構造下ではなく、西洋に属する主体と非西洋に属する主体の間の、ポリフォニックなせめぎあいの場で展開され、ときにテクストにその痕跡を残す。前者では征服されたインカ帝国の末裔が帝国の歴史を正しく通訳／翻訳する資格を主張するのに対し、後者では第二次世界大戦中の米国とメキシコの合同調査の成果を英語読者に提示するにあたり、調査責任者だった米国人人類学者が自分たちはチェラン村住民の通訳にすぎないと謙虚さを演出しているように、両極の関係も揺れ動く。

スペイン領アメリカ植民地、独立後のメキシコから見ると、このポリフォニーの様相はいかなる変化を示したのか。1節では植民地時代のイスパノアメリカに事例を求め、2節では二〇世紀前半イスパノアメリカ、とくにメキシコにおける人類学者ブロニスラフ・マリノフスキーをめぐる動向に焦点をあて、3節では二〇世紀末から二一世紀にかけてのメキシコにおけるエスニック運動を中心に、この問いに取り組んでいく。これはまた、ポストコロニアル研究が主として扱う帝国主義時代との異同を見極める試みでもある。

1　スペイン領アメリカ植民地をめぐるポリフォニー

冒頭の引用部分を書いたインカ・ガルシラーソは、けっして例外ではなかった。彼および彼以外の先住民とその血を受け継ぐ者たちが翻訳に向き合う姿を見ていくことにしよう。

1―1　二つの言語、二つの文化を生きるということ

インカ・ガルシラーソは一五三九年、ペルーのクスコに生まれた。父はスペイン人コンキスタドールで、母はインカの皇女だったとされる。二人は結婚しなかったので、庶子として育ったが、父に捨てられることもなければ、母方の親戚に遠ざけられることもなく育ったらしい。その結果、スペイン語とケチュア語のバイリンガルとなり、運試しのためにスペインに渡航した一五六一年以後、二度とペルーに戻ることなく、一六一六年にスペインで没している。スペインでは詩人、作家として成功をおさめるが、晩年になって出版したのが『インカ皇統記』なのである。

そんな彼が故郷を捨てておよそ一〇年後、植民地行政の最高責任者であるペルー副王としてリマに着任したフランシスコ・デ・トレドは、インカによる圧制からアンデスの民を解放したのがスペイン王室なのであるという宣伝のため、ペドロ・サルミエント・デ・ガンボアというスペイン人にインカ帝国による圧制の歴史を執筆させ、刊行させた。一五七二年のことである。インカ・ガルシラーソが、「外国人であるがゆえに（インカの歴史を）正しく理解できなかった」スペイン人歴史家と書く時、念頭に置いているのは、誰よりもまずこのガンボアのことだとされ

ている[4]。

つまり、インカ・ガルシラーソは、インカによる統治が決して圧制ではなかったことを、インカの言語だったケチュア語の運用能力の高さと、子ども時代にそのケチュア語を通じてクスコに暮らすインカの親戚たちから聞かされたオーラル・ヒストリーを駆使し、口頭伝承をスペイン語に適切に翻訳することで、サルミエント・デ・ガンボアによるインカ帝国圧制説を正そうとしたのである。スペイン人歴史家は現地で古老たちから聞き取りを行ったとされるが、あくまでバイリンガルの通訳を通じてであるのに対し、インカ・ガルシラーソは通訳を介さずに自ら書き言葉に変換したわけで、彼はここに誤差の小ささの根拠を見出したのだろう[5]。翻訳の逆用を通じ、西洋によるインカ帝国に関する知の独占に、クスコの人びとの声を借りて異議申し立てをおこなったのである。

インカ・ガルシラーソは大西洋を横断し、翻訳によってインカの声をスペイン語読者に届けただけではなかった。一七世紀初頭、スペインは依然としてヨーロッパにおける大国の地位にあり、スペイン語文献、とくにスペイン領アメリカ植民地に関する情報を含む文献は、新世界への進出を図る他国の関心を呼び、翻訳されることが多かった。長谷川まゆ帆によると、『インカ皇統記』は一六三三年にフランス語版が刊行され、一八世紀に入っても重版、さらには新訳本が出されていたという。そして、啓蒙主義者の間ではこの文化的自画像が広く流布していく[6]。インカ・ガルシラーソによる翻訳を通じての異議申し立ては、出版というメディアを通じさらなる翻訳を産みながら大西洋世界の変容を生き延び、想定外の時空に読者を見いだすことになったわけである。

1―2　ラテン語に翻訳するということ

一五七九年、イタリアはペルージャで、『キリスト教の修辞学』というラテン語の書物が出版された。聖職者ないし神学生に対し、信徒を前にして説教をする際の基本を六つの観点から説明するための、教則本である[7]。著者はフランシスコ修道会メキシコ管区の修道士で、当時、管区総代としてイタリアに滞在していたディエゴ・バラデスであった。バラデスの出自は定かではない。この本の序文にも、フランシスコ修道会メキシコ管区の同時代の文書にも、直接の言及がないのである。ただ、一八世紀に入って出版されたフランシスコ修道会によるミチョアカン地方の宣教に関する歴史書には、メキシコ中央部トラスカラ地方でスペイン人征服者とインディオ女性の間に生まれたと推測できる記述があり、メキシコの歴史学界ではメスティソだったというのがほぼ定説となっている[8]。

バラデスはフランシスコ修道会士としてメキシコ各地で布教にあたり、アステカ王国の公用語的位置を占めていたナワトル語に加え、オトミ語、タラスコ語に通じていたとされる。『キリスト教の修辞学』にはそれをうかがわせる記述が各所に見られる。たとえば、良き説教には聖書や様々な文献から適切なテーマを引き出すことが不可欠であり、第二部二四章以下でそのための技法としての記憶術を論じているが、二七章では先スペイン期メキシコのインディオたちによる記憶術を読者に紹介する。二五章から成る第四部では先スペイン期インディオ社会の文化や宗教、スペインによる征服、フランシスコ修道会士による布教、布教後のインディオたちの信仰の実態などを主題としているほどである。なかでも目を引くのは一〇章である。インディオは改宗したとはいえ、その信仰の深さはグラナダ王国でキリスト教に改宗した旧イスラム教徒の人々にも及ばないと主張する人々に対し、バラデスは全面的な反論を展開する。

バラデスは、インカ・ガルシラーソにもまして複数のインディオ諸語に通じており、その通訳／翻訳能力を駆使してインディオたちの声をルネサンス期イタリアで代弁したといえる。しかも、インディオ諸語で入手したデータをラテン語で活字にすることで、翻訳をめぐるポリフォニーの空間を広げることとなる。

渡欧し、しかもインディオ文化を活字にして発信する行為は、ごく一握りのインディオ、メスティソにしか許されていなかった。では、メキシコを離れることのなかったインディオたちはいかなる形で翻訳をめぐるポリフォニーに参加しえたのだろうか。

1−3　一六世紀メキシコ発の手稿の流通

メキシコ中西部のタラスコ王国はアステカ王国からの独立を維持していたが、その敵国がエルナン・コルテスに征服されると、すぐに使者をテノチティトラン＝メキシコ市に送り、スペイン王室への服属を誓い、一五二四年には国王が受洗するにいたった。ところが、一五二〇年代後半になると、コルテスと敵対するスペイン人行政官による不法な暴力、搾取に苦しめられる。その窮状からタラスコ・インディオたちを救い出したのが、王室の派遣した行政官バスコ・デ・キロガであった。キロガはスペイン人による非道な振舞いからインディオを守るため隔離政策をとったことで知られる。その功績を認められ、王室は新設されたミチョアカン司教区の初代司教にキロガを選び、彼は一五三八年、着任した。

初代司教となると、キロガはタラスコ王国の首都ではなく、その南西に位置するパックアロを司教座都市に選んだ。しかも、パックアロを整備するにあたり、かつての隔離政策を転換し、インディオとスペイン人の双方を市民として受け入れることとしたのである。しかし、スペイン人の振舞いを厳格に統制しようとするキロガを嫌うスペイン人市民の多くは、メキシコ市において植民地全域を管轄下におく副王アントニオ・デ・メンドーサの庇護の下、グアヤンガレオに移住し、そこでミチョアカン市の建設に着手する。それに反発したキロガは、このミチョアカン市の建設を差し止めるための訴訟を起こし、スペインに一時帰国する[9]。その彼の許に届いたのが、これから紹介する手紙である。

手紙は、一五四九年三月一〇日、パックアロ市のインディオ貴族たちが司教キロガに宛ててしたためたものである[10]。宣教師たちはタラスコ語をアルファベットで表記する手法を確立し、スペイン語とタラスコ語の読み書きを教えていたらしく、この手紙は最初の段落がスペイン語で、次の段落はタラスコ語でと、二つの言語で書かれている。しかも、スペイン語段落を次段落でタラスコ語に翻訳している訳ではなく、全段落を通して読まないと中身を理解できない。彼らはあえて翻訳を回避しているようなのだ。

コルテスによるアステカ王国征服直後から宣教師たちはインディオへの布教に邁進するが、その際、彼らはインディオ諸語の辞書、文法書などを作成し、インディオの言語で福音を伝える方針をとった。パックアロのインディオ貴族たちがタラスコ語で読み書きできるのはその賜物である。それにしても、3節で詳述するように、タラスコ語の文法書、辞書が出版されるのは一五五〇年代末以降のことであり、この手紙の書き手たちの早熟度は感嘆に値する。しかも彼らは、謙虚に請願しているように見せながら、自分たちがスペイン語の習得を強いられたように大恩人のキロガにタラスコ語の読解を強いたのである。

大西洋を越えることのなかったパックアロのインディオ貴族たちは、インカ・ガルシラーソ、バラデスに先立ち、大西洋世界における翻訳のポリフォニーに、翻訳を排した二言語使用という戦術で参入していたといえようか。

2　メキシコにおけるマリノフスキー

スペイン領アメリカ植民地からみえてきたポリフォニーの歴史的位相を確かめるうえで、この節では、帝国主義の最終局面におけるマリノフスキーを取り上げ、比較してみたい。

2―1　メキシコとの出会い

イギリス機能主義人類学の創始者として知られるブロニスラフ・マリノフスキー（一八八四―一九四二）が西洋による植民地支配を前提として研究を行っていたことは周知のことである。その彼は一九三八年、研究休暇をとって米国に向かったが、その最中に第二次世界大戦が勃発し、勤務先のロンドン大学に戻ることができなくなる。彼はそれ以前からスペイン語世界との接触があり、幼少期、母に連れられて大西洋に浮かぶスペイン領カナリア諸島を訪問したのに加え、一九二〇―二一年にかけて同諸島に滞在し、『西太平洋の遠洋航海者』を書き上げた。さらに、一九二六年にはロックフェラー財団の支援を受けてメキシコを訪問していた[11]。そんなマリノフスキーが、米国の学界で生きざるをえなくなったとき、もっとも身近にあるメキシコを研究対象に選んだのは偶然でなかろう。その胸中を推し量るうえでヒントを与えてくれるのは、キューバの社会学者フェルナンド・オルティスの著書『キューバにおけるタバコと砂糖の対位法』に彼が寄稿した序文である[12]。

クリフォード・ギアツは『文化の読み方／書き方』のなかで、マリノフスキーの民族誌記述の特徴として、自分自身についての対立的諸イメージをテクスト中にちりばめると指摘している[13]。オルティスへのわずか八頁の序文においてもマリノフスキーはこの特徴をいかんなく発揮する。機能主義者としての自己規定は終始一貫しているにもかかわらず、「感覚というものの美学、心理学的考察もまた機能主義の分析には欠かせない」と言ってみたり、日常的な事柄へのオルティスの眼差しを称えたりするロマン主義的極と、ラテンアメリカに関するこの種の「機能主義的」研究は米国にとって有益であるはずなのにそうした研究はまだ少ないと言って嘆いてみせる、科学的応用人類学の提唱者という極の間を、彼は自在に往復して見せる。

マリノフスキーの米国に対する見解を見てみると、この両義性はより具体的な様相を呈する。彼は一方で、米国の文化人類学者が使いはじめた「文化変容」という言葉に潜む自民族中心主義的な発想、ないし価値的前提を次のように非難する。

〈文化変容という語は〉道徳的な意味を帯びた自民族中心主義的な用語である。〈この語の背景には〉新たに移住してくる者が自分の文化を変える＝acculturateべきだ〈という了解が存在している〉。同様にまた、先住民、異教徒、野蛮人も自分の文化を変えねばならない。彼らはわれわれの偉大な西洋文化に服属させられることから「恩恵」を受けるのだ……われわれはこの文化変容という語を用いることにより、一連の道徳的、規範的、価値的諸概念を知らず知らずのうちに導入することになる。そしてこれらの概念はこの現象の真の理解を根本的に歪めてしまう……[14]（〈　〉内は文脈に即して補った部分である。）

ここでのマリノフスキーは、ほとんどサイードのオリエンタリズム批判を先取りするかのようである。彼の目には、文化人類学は米国政府による国内での同化政策や国外でのアメリカ文化の押し付けと共犯関係にあると映ったのかもしれない。続けて彼は、文化接触状況においては複数の文化が相互に影響を及ぼし合いながら新しい文化を産みだすのだと主張し、その意味でオルティスの提案する用語であるtransculturationの使用に同意する[15]。ポーランド人であることによりヨーロッパにおいて周縁的な存在として扱われたことへの、弱者としてのルサンチマンを、そこに読み取れるのかもしれない。

ところが、序文の末尾になると、マリノフスキーは別の一面を見せる。彼によれば、オルティスの著書が英訳され、米国の学生、政治家、一般読者に読まれるならば、大きな政治的効果を生むというのだ。transculturation という概念はキューバと米国の間にも適用可能であり、オルティス流の研究の推進を通じて米国政府は確かな情報に基づく予測と寛大さをもって「善隣外交」を展開できるというのが、その効果である。続けてマリノフスキーは、合衆国とラテンアメリカ全般との間にもこうした関係が存在すべきであり、民族学、経済学、社会学などにおける相互協力が双方にとって有益であると謳いあげる[16]。

この序文が一九四〇年七月に書かれたことに留意しよう。『市の人類学』英語版に寄せたスーザン・ドラッカー=ブラウンの解説によると、同年六月にカーネギー財団関係者に送った手紙のなかで、彼は米国に定住する意思を表明している[17]。マリノフスキーは、米国の学問世界で生きていく必要に迫られ、その活路をメキシコにおける応用人類学の実践に求めたのではなかろうか。実際、六月に彼はメキシコに入り、七月には南部オアハカ盆地でフィールドワークを開始しており、その資金はカーネギー財団からえたのであった。この序文は、米国の文化人類学界に対して自らの存在意義を示すための、いわばマニフェストとして書かれたといえよう。

マリノフスキーがイギリスにおいて応用人類学を提唱したのは遅くとも一九二〇年代末のことであり、それは西欧列強によるアフリカの植民地支配の実情を批判し、その改善の方向性を示すためであった[18]。アフリカというフォーマルな植民地を対象として成立したマリノフスキーの応用人類学が、キューバを媒介としてメキシコというポストコロニアルなフィールドに接ぎ木されるとき、いかなる変化を被ることになるのだろうか。

2-2　フィールドとテクストの中でのマリノフスキーの不在

マリノフスキーのメキシコにおけるフィールドワークは一九四〇年、四一年の二度にわたって行われたが、合わせて五か月に満たない。彼自身がこれを予備調査と位置づけ、将来より本格的な調査を実施する意思があったことは、「オアハカの市場に関するこの予備的な記述……」や「今後の調査によって解決されるべき疑問は仕事を進めていく中で妻とデ・ラ・フエンテと協同して明確にした」という、『市の人類学』序と謝辞に明らかである[19]。そうした段階での中間報告としての性格が濃いとはいえ、この本は民族誌として体裁の整ったものであり、マリノフスキーの民族誌家としての能力の高さを示している。しかし、現地で助手を務め、共著者として名を連ねているメキシコ人人類学者、フリオ・デ・ラ・フエンテの協力が不可欠だったことも忘れてはならない。その経緯を文化人類学者の黒田悦子は、「マリノフスキーの問題意識とデ・ラ・フエンテの心と足があってはじめて、五か月に満たない調査から四〇年代としては画期的な論考が生まれた」と説明している[20]。マリノフスキーのフィールドでの不在を補ったのが、デ・ラ・フエンテの技量の高さだったのだ。

ところが、デ・ラ・フエンテの技量の高さは、マリノフスキーの民族誌記述にまで想定外の副作用をもたらすこととなる。ギアツによると、マリノフスキーの記述スタイルには以下のような傾向も見られるという。『西太平洋の遠洋航海者』のような狭義の民族誌でのマリノフスキーは、著者性を強調するためか、「あちら側にいること」や「目撃者としての私」を前面に押し出すべく、「私」という一人称単数形を多用した[21]。「われわれ」という一人称複数形を使うこともあるが、これは特権的な「目撃者としての私」と「あなた方」読者との間に非対称な関係を築くと同時に、読者を自分の側に取り込むためのレトリックなのである。それに対し、民族誌的諸事実から一般的法則を帰納していくような理論的著作では、めったに「私」を用いず、人類学界の総意を代表するかのように「われわれ」を用いるのだ[22]。この一般的傾向に反し、『市の人類学』に「私」が姿を現すことはほぼない。たしかに序文には頻出するのだが、一章以下では「あちら側にいること」を示すために、マリノフスキーは自分と助手デ・ラ・フエンテの二人を指す「われわれ」を使うのである。これを助手デ・ラ・フエンテが彼の目となって調査した事実の反映で片付けるとしたら、早計だろう。

『西太平洋の遠洋航海者』と比べてみよう。この場合、マリノフスキーの観察を補助する人物は出てこない。現地に居住する白人たちはときに登場はするが、科学的精神を欠いているためにインフォーマントとしてすら役に立たない者たちとして描かれる[23]。科学的精神と体系的方法に裏打ちされた目を持つ「私」だけが、現地の住民を正しく観察し、観察結果を科学的な英語に翻訳する資格を有しているという訳である。極論すれば、島民たちにすら発話の権利を認めない。彼は白人に付き添われず、ピジン・イングリッシュや現地語で島民たちの間で暮らしていくのだが、彼らの発話を信頼していない。なぜなら、「ピジン・イングリッシュは、観念を表現するにはきわめて不完全な道具だから」であり、「彼らの言語やピジン・イングリッシュには、そのようなことを表現できることばすらないから」である[24]。この民族誌中、島民たちの文化をイギリスの読者に翻訳して提示する権利は、「私」が独占する。あちら側で見聞したことに関する証言の信ぴょう性を重視しつつ、あちら側の言語、文化を知っていることを根拠にスペイン人歴史家たちに異議を申し立てようとしたインカ・ガルシラーソの時代とは、通訳／翻訳をめぐる位相が違うのだ。

ところが、『市の人類学』序文では、現地のインフォーマントはインフォーマントとして言及され、かつ助手のデ・ラ・フエンテはインフォーマントとしてではなく、「われわれ共著者」の一人として登場する。デ・ラ・フエンテを、トロブリアンド諸島に暮らす白人と同等に扱うことは、マリノフスキーにはできなかった。たしかに彼はときどき、自分が目撃者であったことを、「民族誌学者は」という主語を導入することで強調しようとする[25]。そこには、民族誌を著す権威としての自分と助手にすぎないデ・ラ・フエンテの間に存在する、非対称性を読者に示す意図を見て取れよう。しかしこの意図は、テクストの中に、観察された諸事実を前にしてマリノフスキーとデ・ラ・フエンテ（「われわれは」という形で姿を現している）が議論を交わし、問題を明確にしながら一般的法則を抽出していったという類の記述を挿入することで、マリノフスキー自身によって裏切られる[26]。のみならず、英語版の編者であるドラッカー・ブラウンが、デ・ラ・フエンテからマリノフスキーに送られていたコメントを随所に挿入したことにより、マリノフスキーによる著者性の独占が破綻していることは、誰の目にも明らかとなる。

かくしてマリノフスキーは、デ・ラ・フエンテのおかげでフィールドにおける不在をカバーする一方で、この共著者のゆえにテクストにおける「私」の不在という事態を招いたことになる。『市の人類学』が、マリノフスキーの他の民族誌と異なり、ポリフォニックな構造を有するにいたったのは、この二重の不在の産物なのだ。

もう一つ留意すべきは、フィールドワークをめぐる通訳／翻訳の問題である。デ・ラ・フエンテはニューヨークで四年間暮らしたことがあったから、マリノフスキーとの意思疎通は主として英語だったろう[27]。しかし、調査地の住民の多くはメキシコの公用語であるスペイン語を解さないモノリンガルであり、デ・ラ・フエンテとインフォーマントの間に先住民言語のサポテカ語やミシュテカ語とスペイン語を解すバイリンガルの通訳が介在したのは確実である。デ・ラ・フエンテは、このスペイン語情報を英語に通訳／翻訳してマリノフスキーに伝えたことになる。トロブリアンド諸島とは異なり、デ・ラ・フエンテが入手した一次データの信頼性を民族誌学者は自分で確かめることができない。これらの言語を彼が習得した痕跡はテクストに残されていない。フィールドで活動するデ・ラ・フエンテだけが、複数の先住民インフォーマントを選び、その翻訳を比較することで、この民族誌中のマリノフスキーの記述に対し、コメントできる。翻訳権の独占こそがデ・ラ・フエンテに対し、共著者としての資格を付与し、マリノフスキーによる著者性の独占を阻止させたといえよう。

しかしながら、デ・ラ・フエンテの能力の高さはどう理解すればいいのか。個人的な資質という偶然で済ます訳にはいかない。いかなる状況が、トロブリアンド諸島に暮らす「白人」たちに欠けていた科学的精神と体系的方法を身につけることを可能にしたのかを問うべきなのだ。

2-3　ポストコロニアル状況下のメキシコと帝国

一八七六年に大統領となったポルフィリオ・ディアスは長期にわたって政権の座にとどまり、独立後半世紀以上続いてきた政治的不安定を収束する一方で、西欧をモデルとした国民国家建設と経済発展にとり足枷にすぎないと見なしたインディオの貧困は放置した。インディオは農村住民のかなりの割合を占めており、一九一〇年、ディアス独裁体制の打倒を目指す武装蜂起が起きると、多数のインディオもこの動きに参加していく。翌一一年、ディアス体制は崩壊、長い内戦を経て二〇年代には新たな理念に基づいた国民的統合の達成を目指す革命政権が軌道に乗り始めた。ディアス期とは異なり、農村住民、ひいては国民の大きな部分を占めているインディオの政治、経済、社会、文化的な向上こそが、国民的統合の要であるとされた。現代メキシコ人類学の制度化はこのような国内情勢を背景として、そもそも応用人類学的傾向を内包しつつ進展したのである。

『市の人類学』日本語版に解説を寄せた黒田悦子は、メキシコ人類学制度化の中心的存在となるマヌエル・ガミオがコロンビア大学に留学し、フランツ・ボアズの下で学んだ事実や、ガミオが米国文化人類学者ロバート・レッドフィールドのフィールドワークを支援した事実などを指摘したうえで、メキシコ人類学は米国文化人類学の強い影響の下に進展したとする[28]。この見解はおおむね妥当であろう。実際、多くの有望な若手人類学者は、米国人人類学者との共同調査を通じ、成長を遂げたのである。デ・ラ・フエンテはそのうちの一人である。しかし、米国とメキシコの間にあった学問上の非対称性の度合いを測るには、二つの点への留意が必要となる。

第一に、メキシコでは独立直後から先スペイン期の古代文明を国民文化の精髄と見なす知的潮流が存在し、コルテスによるアステカ王国征服後の先住民の声を聞き取るべく多様な史料の収集、整理を進めると同時に、古代文明の歴史解明にも力を注いでいたのである。たとえば、マヌエル・オロスコ・イ・ベラ（一八一六―一八八一）は年少のホアキン・ガルシア・イカスバルセタ（一八二五―九一）から歴史学の薫陶を受け、先スペイン期に関する著作を公刊する一方、アステカ王国の公用語たるナワトル語史料の読解を進めたことで知られる[29]。国立博物館館長となったフランシスコ・デル・パソ（一八四二―一九一六）もまた、ナワトル語史料の収集、整理、活用に大きく貢献した[30]。

メキシコの思想史家、ルイス・ビジョーロによれば、とくにオロスコの場合、インディオをすでに化石化した存在であるかのように客観的、科学的に記述する傾向が顕著だったとされる。とはいえ、一九世紀末までにはこうした傾向を批判し、インディオの福祉向上を目指して国民国家への統合を促進すべきとする立場が高まった。フランシスコ・ブルネス、アンドレス・モリーナ・エンリケスといった思想家を経て、ガミオはこの立場を継承し、オロスコ流のサルベージ人類学を現代社会の課題に取り組む応用人類学へと転換したのである。これは、米国の支援を受けたとしても、ガミオ一人で為せる業ではなかった。

一九〇九年、若き知識人たちが集い、青年学問所（Ateneo de la juventud）を創設する。その中核を成したアントニオ・カソ、アルフォンソ・レイジェス、ホセ・バスコンセロスらは、ディアス独裁政権の公的イデオロギーと化していた実証主義の孕む自然淘汰型エリート主義への批判を掲げていた[31]。自然淘汰とは、当時のメキシコにおいて敗者と見なされていたインディオたちの死滅を不可逆と捉えることを意味していた。ガミオがボアズの下で学ぶことを選んだのは、こうした知的雰囲気の影響を受けてのことだったと考えるべきだろう。実際、『市の人類学』序文でマリノフスキーはガミオのほかに複数のメキシコ政府関係者への謝意を記しているが[32]、その一人であるメキシコ国立人類学・歴史学研究所所長のアルフォンソ・カソは、青年学問所創設者の一人だったアントニオの弟である。一九二〇、三〇年代のメキシコ人類学は、米国文化人類学の「強い影響下」に置かれるだけの、受動的な存在ではなかった。一九世紀以来の知的遺産の批判的継承の延長線上に、主体的に米国文化人類学との協働を選んだのである。

第二に、一九四〇年前後に固有の米州関係への目配りは欠かせない。第二次世界大戦が勃発すると、米国政府はナチス・ドイツによる西半球諸国への影響力の拡大を危惧するようになる。メキシコ政府にとり、インディオを国民統合するには速やかに諸地域における開発計画を立案、実施する必要があり、各地の実情に関する総合地域調査は必須であったが、人員の不足は否めなかった。米国政府にとっても、三〇年代に入り、米国に対し独自の外交路線を掲げるメキシコ政府がドイツになびくのを防ぐのは急務だった。だからといって、すでに伝統的な砲艦外交を捨て、善隣外交への転換を図っていたローズヴェルト政権にとり、メキシコへの上から目線での介入という選択肢はありえなかった。

こうした地政学上の事情こそが、米国の文化人類学者たちをして、メキシコ政府からの調査許可を取得し、現地の事情に通じた有能な若手研究者の参加を求める方向性を選ばせたのだろう。これはメキシコ政府にとっても受入れ可能な条件だった。こうすることでメキシコ政府は、調査許可の権限を手放すことなく、良質だが安価な――調査費用の一部は米国人研究者の所属する大学やロックフェラー、カーネギーといった財団が負担してくれた――情報を入手し、それに基づいて先住民を国民国家に統合するための地域開発計画を策定できるのだから。ガミオは自らが主導してテオティワカン地域における総合農村調査を実施したが、それを参考にして国内九つの地域での同様の大規模調査を構想していた。それは様々な事情で挫折したが、一九四三年に始動する米国人研究者との合同調査は、少なくともそれを補完したといえよう[33]。

山口昌男は一九六七年、米国人文化人類学者たちが米国陸軍の巨額な予算を使い、ラテンアメリカ各地における大規模な現地調査計画を立案し、予算の出所を偽ってまで現地の研究者を多数動員しようとしたカメロット計画への批判を公にした。これが、冷戦下、ソ連の支援を受けた左翼運動の活発化を阻止したい米国政府による、米国とラテンアメリカ各国の人文・社会科学研究体制の「刷新」を狙ったものであることはいうまでもない。それに対し、一九四〇年前後の米国とメキシコの人類学者による協働は、少なくとも米国連邦軍の介入を排すことで非対称性を緩和し、かつメキシコ側に主体性の余地を残すものだった。これは、当時の大西洋世界をめぐる緊張関係の増大と、その副産物としてのメキシコ側の交渉力の大きさを反映していた。メキシコは決して米国の裏庭ではなく、トロブリアンド諸島からは最も遠い地点に位置するポストコロニアル国家だった[34]。

そのポストコロニアル国家が、国民統合政策の一環として応用人類学の振興に多くの予算と人員を振り向け、デ・ラ・フエンテのような有能な若手人類学者を育て上げていた。メキシコの他の地域で、米国人研究者たちがメキシコ人人類学者との大規模な共同研究を計画、実施しつつあるなか、マリノフスキーは自分のプロジェクトがそのプロトタイプたるべきと考えたに違いない。ところが、米国側はメキシコ側を調査上のパートナーと認め、ほぼ同時期にメキシコ中西部ミチョアカン州山間部で総合調査を統括していたラルフ・ビールズは、個別的な調査結果を『アメリカ人類学雑誌』に投稿するにあたり、調査時には二十歳前後のメキシコ国立人類学歴史学大学の学部生、ペドロ・カラスコを共著者としたほどである[35]。とすれば、予備調査の公刊を準備すべく序文を執筆していたマリノフスキーには、デ・ラ・フエンテを共著者として認めるしかなかっただろう。トロブリアンド諸島とは状況が違いすぎた。

メキシコのポストコロニアル国家としての歩みという長期の歴史、メキシコ革命後に出現した安定期における応用人類学の台頭という中期の変動局面、そして一九四〇年前後の国際情勢と米州関係という短期的変化が交差するなか、マリノフスキーはフィールドでもテクスト上でも不在のまま、『市の人類学』の出版を決意するにいたったというのが、適切な解釈だろう。その結果、オアハカ州やミチョアカン州の先住民たちの文化は米国人類学界とメキシコ人類学界との協働を通じて英語へと翻訳されることになったのだ。

ガミオらが主導した先住民の国民統合を図る政策、インディヘニスモ（先住民主義）は、一九六〇年代に新たな局面に入り、翻訳をめぐるポリフォニーもまた転調する。

3　インディヘニスモの新たな転回

3-1　インディヘニスモを越えて

インディヘニスモには、文化的異質性を梃子として非インディオがインディオに対する支配や搾取を構造化してきたのであり、インディオの福祉向上を図るにはこうした構造を打破すべきで、その過程での彼らの文化的同質化もやむなしと考える一面があった。ディアス時代の「死せるインディオ」から、文化的死滅に向かうべき「先住民」へと、インディオの位置づけを変えたわけである。

ところが、一九六〇年代に入ると、人類学や社会学を学ぶ学生の間で、この一面を疑問視する動きが高まる。小林致広の整理によれば、文化的側面に焦点を絞ることは経済的搾取の現実の放置につながりかねないとか、文化的同質化の推進はエスノサイドにほかならないとか、人類学の過度の応用人類学への傾斜は政策実施を担う官僚制との一体化を招いたとか、それとは異なる視点から先住民の福祉向上を目指す良心的な先住民庁職員は職務の遂行を阻まれているといったものまで、学生や若手研究者が様々な批判の声をあげたのである。これに対し、メキシコ政府は、国立先住民庁の刷新を図り、多文化主義的な装いを加えたインディヘニスモの修正版であるネオ・インディヘニスモを打ち出すが、批判が止むことはなかった[36]。

ここで留意すべきは、これがあくまで都市中間層、エリート層の中での論争であり、ときに先住民の声を通訳／翻訳／代弁する権利をめぐっての旧世代と新世代の争いという様相を呈した点である。また、インディヘニスモの始動が当時の国際情勢に棹差していたように、インディヘニスモ批判やネオ・インディヘニスモも大西洋世界の新たな局面と同根であった。新たな局面とは、アフリカの諸植民地が次々と独立を達成するとともに、欧米では植民地支配の道具と見なされた人類学に対する疑義が広がり、これまでの非西洋地域でのキリスト教の布教をエスノサイドと見なす国際世論の高まりを受け、ローマ教皇庁がラテンアメリカの先住民集団に対する司牧の在り方を見直すといった、複数の流れの高まりを指す。

ところが、外部世界におけるこの二層での動きが、大西洋世界における翻訳をめぐるポリフォニーに新たな次元を付け加えることとなる。中西部ミチョアカン州に焦点を絞りながら、この動向を追うことにしよう。

3−2　エスニック運動の高まり

ビールズが総合調査を実施したミチョアカン州には、他称としてはタラスコ、自称としてはプレペチャと呼ばれるエスニック集団が居住している。本章冒頭に掲げたビールズの『チャラン』に序文を寄せたジュリアン・スチュアートによれば、一九四〇年代初頭、タラスコたちは固有の言語以外の文化要素をほぼ失っており、生産、流通、消費、所有、信仰のいずれをとってもそれらはヨーロッパ起源のものだとされた[37]。ところが、上記の二層における動きを受け、メキシコ政府がネオ・インディヘニスモへの移行を余儀なくされたことを受け、七〇年代に入ると、タラスコたちはプレペチャとしてエスニック運動を開始した。都市エリート層、中間層の間で生じた政治的軋みが、プレペチャの声が外部世界で聞かれることを可能にしたといえる。

官製ネオ・インディヘニスモが全国先住民審議会創設や民族言語学専門家養成プログラムの開始などを通じ、上からプレペチャのリーダーたちを育てようとしたのに加え、ミチョアカンの場合、メキシコ政府による林業振興政策の採用が、山地に暮らすプレペチャたちに集落近郊の森林の経済的価値を再評価させ、非先住民業者による乱伐を防ぐべく伝統的村落共同体の境界を越えたプレペチャ広域林業生産者組合の結成に向かわせる。上からの動員と下からの要求とが合致し、エスニック運動が軌道に乗っていくこととなった。

村々には固有の利害関心があり、経済的、政治的に対立することは少なくない。それらを超えてエスニック運動としてのまとまりを維持、拡大するためには適切な目標を設定すると同時に、内部結束力を産みだす手段が求められる。前者としては、メキシコ政府に対し、プレペチャ選挙区の設定を要請する運動や、プレペチャの若者たちが通いやすい工科大学の開設を求める運動などを挙げられる。少なくとも大学開設キャンペーンは成果をあげ、二〇〇〇年、かつてビールズの研究対象となった町チェランに、国立のプレペチャ高等工科大学が開学している。後者の現われとしては、ミチョアカン州立大学附属プレペチャ文化研究センターの設立と、そのメンバーを中心として始められた『プレペチャ新年』という、エスニック集団全員のための年中行事の恒例化などがある。これらは、発話の権利を認められてこなかった人々による、発話／発信の場、さらにいえば通訳／翻訳を通さずに自らの文化を表象、継承、創造しようとする試みである[38]。プレペチャ文化は、自分たちが、自分たちの言語で描き直し、守っていく、という訳である。

3-3　通訳／翻訳の新たな位相

他方で、運動の指導者たちのなかには、プレペチャ語が、西洋文化の精華を表現するに足る語彙、文法、音韻を備えていることを非プレペチャに示すべく、シェイクスピアやアンデルセンのプレペチャ語訳の出版を手掛ける者も出てきた[39]。

一五世紀末以降、西洋諸国の人びとは、非西洋地域の言語に触れるとほぼ常に、非西洋地域の言語はレベルが低く、神の言葉を正確に翻訳できない、というレッテルを貼った。2節で紹介したマリノフスキーのトロブリアンド諸島の言語やピジン・イングリッシュに対する低い評価は、このヴァリエーションにすぎない。だから彼らは、非西洋諸国を文明化する使命の一環として西洋語を教え込むことで、現地語の抹殺を図ってきたと、一九六〇、七〇年代には声高に叫ばれたものである[40]。「抹殺」の程度がどの程度であったかはおくとして、プレペチャのエスニック・リーダーたちにとり、「レベルが低い」言語というレッテルは受け入れがたいものであり、だからこそ、サイードが西洋文学の「正典」と呼ぶ作品群の一つ『ハムレット』のプレペチャ語訳を出版したのであろう。

かくして大西洋世界における翻訳をめぐるポリフォニーは、ミチョアカンを一つの場として転調しつつある。後期サイードのモチーフは、巧まずしてここに姿を現した。ミチョアカン州サモラ市に主要キャンパスを置くコレヒオ・デ・ミチョアカン大学院大学伝統研究センターに焦点を絞り、最後にこの転調を具体的に検討しておこう。

中心メンバーの一人アグスティン・ハシント・サバラは一九八七年、西田哲学を主題とした博士論文で上智大学から博士号を取得した。翌八八年に出版した『神話と近代化』の主題は、プレペチャの文化は衰退しきっているとか、プレペチャとしてのアイデンティティは放棄すべきだとか主張する人々などに向け、神話の分析を通じてプレペチャ固有の価値観が現在の生活様式に浸透しており、この価値観と近代化はけっして相反するものではないと証明することにあった[41]。インカ・ガルシラーソがスペインの帝国主義者に相対したように、ハシント・サバラは西洋中心主義に相対するのだが、その拠点は西田哲学の理解とスペイン語への翻訳にある。

彼は次に、本章冒頭に掲げた『チェラン』のスペイン語訳に取りかかる。訳者序文で彼は、ビールズの調査における問題点として、主として二人のインフォーマントに依拠した点を指摘する。うち一名は、そもそも米国に移住した一家に生まれ、米国で育ってからチェランに戻ってきた人物であり、こうしたインフォーマントに依拠したことで、調査時のチェランの社会と文化をときに誤って読者に伝えることになったという。そして、テクストの各所に訳者注を付し、自らの見解を挿入する。

たとえば、スペイン語版二五八頁、カトリックの代父制度の慣行に関し、ビールズはこの地域では「いかなる場合であれ、代父になるよう頼まれても断ることはできる」と述べているが、ハシント・サバラはまだ存命の年長者たちの感覚からすれば、代父になることを断るのは礼儀知らずであり、ビールズの性急な断定は誤りだったと注意を喚起する。これは、『市の人類学』に挿入されているデ・ラ・フエンテのコメントを彷彿とさせるだけではない。ハシント・サバラ本人はこれ以上踏み込まないが、「私たちは村人たちの通訳として活動した」と本書序言で述べるビールズに対し、通訳／翻訳する資格を問うていると私は考える。

個人で通訳／翻訳作業を続けても限界がある。植民地時代のミチョアカン社会の歴史を研究してきた米国人歴史家ベネディクト・ワレンとの出会いを経て、ハシント・サバラは一九九三年、共同研究プロジェクトを立ち上げた。それは、1節で紹介した、宣教師たちが一六世紀のメキシコでインディオ諸語を研究し、アルファベット化したうえで作成した辞書、文法書、教理書などを復刻、ときに翻訳するというものだった。当時のミチョアカンでもっとも活躍したのはフランシスコ修道会に属するフランス人宣教師マトゥリーノ・ヒルベルティ（Maturino Gilberti）だったから、ヒルベルティ・プロジェクトと命名された[42]。国立民族学博物館に勤務していた私は、一九九四年秋から翌年春にかけ、プロジェクトの編集会議に数回、立ち会っているが、そのメンバーに複数のエスニック・リーダーが参加していることに強い印象を受けた。もはや、米国人であれ、メキシコ人であれ、非先住民の研究者が翻訳する権利を独占することはできなくなっていたからである。

たとえば、ペドロ・マルケス・ホアキンは、ヒルベルティのタラスコ語教理集に加え、フアン・デ・メディナ・プラサ『自然に関する対話集』という、当時の宇宙観に関するタラスコ語書籍のスペイン語への翻訳を担当していた[43]。彼は小学校教師として働いた後、ネオ・インディヘニスモ政策の一環としてメキシコ市の社会人類学研究所に開設された民族言語学コースの学士号を取得したのち、コレヒオ・デ・ミチョアカンで修士号、博士号を取得し、民族研究センターで教鞭もとった。しかし、二〇世紀末についていえば、エスニック運動の現場と人文学の世界を往還すると同時に、複数の言語環境を翻訳しながら暮らしていたのである[44]。その姿は、ともすればエスニック運動と人文学を別の世界の出来事と考えがちな私に、再考を促した。

では、一六世紀のいわば古プレペチャ語文献の翻刻、翻訳は、ミチョアカンに暮らす普通のプレペチャにとり、いかなる意味を持ちえるのだろうか。まず、自らの母語が、書記言語として長い歴史を有している事実は、エスニック集団にとり、自信の源となろう。それはさらに、これらの文法書、辞書、教理集などから、かつてのプレペチャの生活や世界観を再構成することを可能にする。ときに、非プレペチャが作り上げてきたタラスコ／プレペチャの文化像を換骨奪胎し、新たな文化的自画像の構築へとつながるかもしれない。

大西洋世界における翻訳をめぐるポリフォニーはミチョアカンで、これまで声を聞いてもらえなかった人々による、翻訳を通じて文化的復権を目指す運動という、新たな位相を付け加えることとなったわけである。

おわりに

大西洋世界における翻訳をめぐるポリフォニーの展開に関し、メキシコを中心に三つの局面を見てきた。宣教師を中心にスペイン人側が通訳／翻訳を通じて先スペイン期の先住民社会に関する知を蓄積し、西洋への発信を統御しようとした地点から、通訳／翻訳の不備を指摘して西洋でもってスペイン語、ラテン語で発信するインディオ／メスティソたちの動きや、現地に暮らすインディオたちの翻訳への是々非々の対応まで、ポリフォニーがモザイク状に演じられるというのが、1節の主題だった。それに対し、2節では二〇世紀まで飛躍し、一九四〇年前後の大西洋世界におけるメキシコ固有のポストコロニアル状況が、ポリフォニーを新たな転回へと導き、『市の人類学』におけるマリノフスキーの二重の不在を規定した様を浮き彫りにした。

3節では、一九六〇年代の大西洋世界における異議申し立ての同時多発的な発生が、メキシコ政府をしてより多文化主義的なネオ・インディヘニスモへの転換へと向かわせ、ミチョアカン州という局所において、人文学における先住民知識人、エスニック・リーダーによる翻訳を通じてのポリフォニーにおける発話の場の確保から、母語による文化的自画像の書き直しへと展開する流れを押さえてきた。

二〇世紀、二一世紀のメキシコでは、後期サイードの指摘とは異なり、文化的抵抗が政治的な独立を求める動きに至ることはない。だからといってミチョアカンにおける翻訳をめぐるポリフォニーに、新たな次元がないとは言いきれない。経済的に見て、メキシコ社会の最下層に押し込められがちな多くのプレペチャにとり、教育現場における使用言語の問題は切実である。家庭に備わるスペイン語の文化的資本が乏しいプレペチャにとり、学齢期に達した子どもが通常の小学校に入ると、非プレペチャ児童と比べて学習効果が上がらず、落第を繰り返すうちに通学しなくなるのは、珍しくない。それを避けるために、若い夫婦の中には家庭でプレペチャ語を使わないことを選ぶ場合さえある。

エスニック・リーダーたちにとり、プレペチャ語話者の維持、拡大は最重要課題の一つだが、どうすれば普通のプレペチャにプレペチャ語使用が社会的上昇を可能にする手段と感じてもらえるのか。こうした中、ハシント・サバララは現在、人文学の視点に立ちながら、幼稚園から国立プレペチャ高等工科大学まで、すべての教育段階においてプレペチャ語を使用するための道筋を見出そうとしている[45]。エスニック集団として、いわば翻訳抜きに現代世界を生き抜こうとする決意の表れにほかならない。

これはポリフォニーの新たな局面の始まりなのか、それとも言語ナショナリズムの変奏なのか。いまから悲観するのは早計だろう。インカ・ガルシラーソはインカ帝国の歴史を書き直すにあたり、それまでスペイン人が書き残したものすべてを捨て去ったわけではない。同様にハシント・サバラも、『チェラン』の記述を全否定などしていない。二人は大西洋世界を生き、翻訳を通じてえた情報を取捨選択する。高等教育においてもプレペチャ語を使用するとは、世界に目を向け、普通のプレペチャがよりよく生きていくのに不可欠だと情報を選別し、それを伝えることのできる単語、表現を創り出すこと、言い換えれば翻訳を通してのプレペチャ語のヴァージョンアップを前提としているのだ。

「重なりあう領土」、「からみあう歴史」の現段階におけるこの試みに、レッテルを貼って済ませるのではなく、新たな転調＝実験を見守る余裕が私たちに求められているのではなかろうか。

註

1 ガルシラーソ・デ・ラ・ベガ、インカ『インカ皇統記』一・二（牛島信明訳）、岩波書店、一九八五–八六年。初版はリスボンで一六〇九年に刊行された。

2 イギリス帝国主義史研究におけるポストコロニアル研究のインパクトについては、平田雅博『ブリテン帝国史のいま——グローバル・ヒストリーからポストコロニアルまで』晃洋書房、二〇二一年、が詳しい。思想史研究者たちは早くもポストコロニアル研究の「遺産」について論じている。磯前順一ほか編『ポストコロニアル研究の遺産——翻訳不可能なものを翻訳する』人文書院、二〇二二年。

3 サイード、エドワード『文化と帝国主義』一、二（大橋洋一訳）、みすず書房、一九九八年、二〇〇一年。

4 Gongora, Mario, Translated by Richard Southern, *Studies in the colonial history of Spanish America*. Cambridge: Cambridge University Press, 1975, pp.54-56, 221-222.

5 インカ・ガルシラーソにとってケチュア語を正確にスペイン語に翻訳する能力が抵抗の手段となったことは、『皇統記』の翻訳者、牛島信明が第一巻「解題」で指摘している。

6 長谷川まゆ帆「オーラルとエクリの間（あわい）からの創造——啓蒙期ロレーヌの作家グラフィニ夫人の場合」長谷川貴彦編『エゴ・ドキュメントの歴史学』岩波書店、二〇二〇年、一〇五–一三八頁。

7 Valadés, fray Diego, *La retórica cristiana*. México: Fondo de Cultura Económica, 2000. 本稿ではこのスペイン語訳に依拠している。

8 スペイン語版に付された解説では一五三一年にトラスカラで生まれたとされている。しかし、彼の出自に関しては、一九世紀から現在にいたるまで異論が出されている。

9 ここまでの経緯はおおむね、横山和加子『メキシコ先住民社会と教会建築——植民地期タラスコ地域の村落から』慶應義塾大学出版会、二〇〇四年、二八四–二八八頁による。

10 "Carta de los principales de Pátzcuaro al obispo Vasco de Quiroga. 10 de marzo de 1549" (Presentación de J.Benedict Warren y Cristina Monzón) en *Relaciones*, Zamora: Colegio de Michoacán, núm.99, 2004, pp.177-212.

11 マリノフスキー、ブロニスラフ、J・デ・ラ・フエンテ『市の人類学』(信岡奈生訳、黒田悦子解説）平凡社、一九八七年、二五〇―二五二頁。
12 Ortiz, Fernando, *Contrapunteo cubano del tabaco y el azúcar*, La Habana: Editorial de Ciencias Sociales, 1983(1940), p.xxxi.
13 ギアツ、クリフォード『文化の読み方／書き方』(森泉弘次訳)、岩波書店、一九九六年、一一一―一一二頁。
14 Ortiz, *op.cit.*, p.xxxii.
15 *Ibid.*, pp.xxxii-xxxv.
16 *Ibid.*, pp.xxxvii-xxxviii.
17 Malinowski, Bronislaw and Julio de la Fuente, *Malinowski in Mexico: The Economics of a Mexican Market System*, London: Routledge & Kegan Paul, 1985, pp.18-19.
18 ドラッカー・ブラウンによれば、マリノフスキーは一九二九年にこの種の批判を公にしている。Malinowsuki and de la Fuente, *op.cit.*, p.23. アフリカ植民地支配の改善を目的とした応用人類学的提言と研究は死後、『文化変化の動態』という一書にまとめられたが、そこでの彼の被支配者側、弱者への眼差しは醒めたものである。『文化変化の動態――アフリカにおける人種関係の研究』(藤井正雄訳)、理想社、一九八八年。
19 マリノフスキー、デ・ラ・フエンテ、前掲書、七―九頁。
20 同上、二五四―二五五頁。
21 ギアツ、前掲書、一・四章。
22 この仮説を引き出すために参照したのは以下の日本語版である。『未開家族の論理と心理』(青山道夫訳)、法律文化社、一九六〇年。『西太平洋の遠洋航海者』(寺田和夫、増田義郎訳)、中央公論社、一九六七年。『文化の科学的理論』(姫岡勤、上子武次訳)、岩波書店、一九七一年。『未開社会における犯罪と慣習』(青山道夫訳)、ぺりかん社、一九七一年。『未開社会における性と抑圧』(阿部年晴、真崎義晴訳)、社会思想社、一九七二年。『婚姻――過去と現在』(江守五夫訳)、社会思想社、一九七二年。『未開人の性生活』(泉靖一、蒲生正男訳)、新泉社、一九七六年。『バロマ――トロブリアンド諸島の呪術と死霊信仰』(高橋渉訳)、未来社、一九八一年。『マリノフスキー日記』(谷口佳子訳)、一九八七年。および前掲『文化変化の動態』。

23 マリノフスキー、一九六七年、七〇—七三頁。

24 同上、七・頁、八〇頁。

25 マリノフスキー、デ・ラ・フエンテ、前掲書、一四四—一四五頁。

26 同上、一〇八頁、一四七頁。

27 同上、九頁、二四五頁。

28 マリノフスキー、デ・ラ・フエンテ、前掲書、二四九—二五〇頁。

29 Villoro, Luis, *Los grandes momentos del indigenismo en México*. México: Secretaría de Educación Pública, 1987(1950), pp.149-168.

30 安村直己「エゴ・ドキュメントの厚い読解——ラテンアメリカ史研究の経験から」長谷川貴彦編『エゴ・ドキュメントの歴史学』岩波書店、二〇二〇年、五五—五九頁。

31 Velásquez García, Erik et al., *Nueva historia general de México*. México: Colegio de México, 2011(2000), pp.586-7.

32 マリノフスキー、デ・ラ・フエンテ、前掲書、七—八頁。

33 以上の記述は主として以下の文献による。De la Peña, Guillermo, "Los estudios regionales y la antropoligía social en México" en Pérez Herrero, Pedro, ed., *Región e historia en México(1700-1850)*. México: Instituto Mora y Universidad Autónoma Metropolitana, 1991, pp.123-162.

34 山口昌男「人類学的調査について——帝国主義と人類学」『人類学的思考』筑摩叢書、一九九〇（一九七一）年、七二—八三頁。一九四〇年代の米国とラテンアメリカ諸国の間の人類学分野における協力については、これを冷戦期のカメロット計画などの先駆的事例とみる立場と、二つの時期の間には断絶があるとみる立場の間で、論争が展開されている。Castro, A.Peter, "Collaborative Researchers or Cold Warriors? The Origins, Activities, and Legacy of Smithsonian's Institute of Social Anthropology" in *Journal of Global and International Studies*, 2015, pp.56-82. なお私は、少なくともスミソニアン協会社会人類学研究所が複数のラテンアメリカ諸国での共同研究を組織する一九四三年までは、後者の立場が適切だろうと考えている。

35 Beals, Ralph & Pedro Carrasco, "Games of the Mountain Tarascans" in *American Anthropologist*, 1944, vol.46(4), pp.516-522. なお、カラスコは1921年生まれで、論文掲載時で弱冠二二歳か二三歳にすぎず、『アメリカ人類学雑誌』に掲載された論文の著

者として最年少記録ではなかろうか。

36 小林致広「メキシコのネオ・インディヘニスモ」『ラテンアメリカ研究年報』第3号、一〇六―一二七頁。なお、インディヘニスモ批判の中には実態を単純化したり、政策理念を実態と混同するなど、現時点からすると行き過ぎた面もあったと、私は考えている。

37 Beals, Ralph L., *Cherán: Un pueblo de la Sierra Tarasca*. Traducción de Agustín Jacinto Zavala, Zamora: Colegio de Michoacán, p.20, 1992（原著は一九四四年）.

38 プレペチャ新年については、安村直己「民族間関係の場から：メキシコ・ミチョアカンのフィールドで」『民博通信』七一号、一八―二八頁、一九九六年。エスニック運動全般の歴史については、Vázquez León, Luis, *Ser indio otra vez. La purepechización de los tarascos serranos*. México: Consejo Nacional para la Cultura y las Artes, 1992 を参照。

39 *Hamlet, P'urépecha.* Adaptación de la obra de William Shakespear. Morelia: Gobierno del Estado de Michoacán, 1992.

40 西洋諸国による非西洋地域の言語を消滅させようとする試みを、フランスの言語学者、ジャン・ルイ・カルヴェは「glottophage＝ことば喰い」と呼んだ。カルヴェ、ジャン・ルイ『言語学と植民地主義――ことば喰い小論』(砂野幸稔訳)、三元社、二〇〇六年。

41 Jacinto Zavala, Agustín, *Mitología y modernización*. Zamora: Colegio de Michoacán, 1988.

42 この沿革はネット上で確認できる。http://www.etzaktarakua.colmich.edu.mx を参照。プロジェクトの根幹ともいえるヒルベルティのタラスコ語文法は一五五八年に出版されたが、これはメキシコで最初に出版された先住民語の文法書だった。

43 Gilberti, fray Maturino, *Thesoro Spiritual en lengua de Mechuacan*. Zamora: Colegio de Michoacán, 2004(1558). Medina Plaza, Juan de, *Diálogo sobre la naturaleza*. Zamora: Colegio de Michoacán, 1998(1575).

44 ネット情報によると彼は二〇一二年、亡くなったそうである。コレヒオ・デ・ミチョアカンの構内だけでなく、一九九五年のプレペチャ新年祭をはじめ、彼とは色々な場面で言葉を交わしたが、その言葉、佇まいはいまでも忘れられない。

45 この取り組みの一端は、以下の文献に詳しい。Jacinto Zavala, Aguitín, editor, *La utopía de la lengua purépecha*. Zamora: Colegio de Michoacán, 2010.

第2章　フランス革命期翻訳政策再考
――ブルターニュ地方の事例を中心に

原　聖

前提

すでに三五年も前になるが、私はフランス革命期の言語政策について論文を書いている。それは少数言語問題を「社会史」の脈絡で語ろうとしたものであり、歴史学の時代的趨勢に乗ろうとした試みであった[1]。論点の中心は、言語史家フェルディナン・ブリュノ（一八六〇―一九三八）の『フランス語史』（とりわけ第九巻、一九二七、三七）の「言語社会史」としての記述の再評価である。彼のこの著作は、言語そのものの変遷を扱う「言語内的」記述と、社会の中での言語の使用状況などを扱う「言語外的」記述に分かれ、後者がまさに言語社会史的、と言える内容なのである。とりわけ一八世紀の第七巻、フランス革命期の第九巻は言語政策から民衆レベルでの使用などについて詳述されており、社会史提唱者のひとりリュシアン・フェーブルがそれを認める書評を書いている[2]。歴史学的にも注目されたのである。

とはいえこの時書いた事例は、私のフィールドであるフランスのブルターニュ地方に焦点を当てるものではあったが、内容的にはまだ萌芽的な研究であり、その後、この時期について大きく展開させることになったのが、拙稿「反革命のエトノス――大革命・ブルターニュ・言語問題」[3]である。

革命史家モーナ・オズーフは、「フランスのナシオン（nation française）」に対立するものとしての「地方（province）」のナシオン、たとえばブルターニュのナシオンを語り、これを「二重の市民性（double citoyenneté）」と呼んだ[4]。このナシオンの根拠は「ブルターニュ三部会（États de Bretagne）」の存在であり、「クニ」を意識することがありえた、という考え方である。プロバンスやラングドックも「三部会地方」であり、ナシオンとしての意識もありえたのである。ということは、ブルターニュでも民族主義（nationalisme）もありえたということになるが、実際にこの地域ではそうした運動が二〇世紀前半に存在した。私はこの状況を、フランスのナシオンに対する地方の「エトノス（ethnos）」と呼んで、「二重の民族性」と考えることにした。ナシオンもエトノスも「民族」と訳すことが可能だが、エトノスは近年、独自な言語の存在と結びつけて考える「エスニシティー」論に呼応する。

とはいえ、ブルターニュの場合、フランスとの対立軸と同時に、言語的には、ブレイス語を話す「バス・ブルターニュ（西部地域）」対フランス語方言であるガロ語を話す「オート・ブルターニュ（東部地域）」という地域内部の対立があり（とはいえ西部地域よりは独自性の主張は弱い）、「二重に二重の言語意識」が存在するとみることができる。

さらには、「ローマ的キリスト教的フランス」対「ガリア的フランス」という形で、フランスの起源を二重に考える視点があり、後者は一九世紀前半の歴史家ミシュレが定式化したように、「我らが祖先ガリア人」としてまさに一九世紀前半に大衆化する。そしてその本流こそブルターニュだと考える一団、ケルトこそ欧州の起源であるとする「ケルトマニア」の思潮（一八世紀から）につながるのである。

その一方で、「大陸ケルト」対「島のケルト」という対立軸も存在する。「大陸ケルト」は、「我らが祖先ガリア人」と同等のガリア人意識であり、「島のケルト」はブレイス語がカムリー（ウェールズ）語やケルノウ（コーンウォール）語に近く、この一団を「Pケルト語」というのだが、「反フランス」的民族主義につながる考え方である。したがって、「ガリア」は一方ではローマやキリスト教と対立する軸を構成し、もう一方では「島のケルト」という反フランス民族主義とも対立軸をなすのである。

さらにもう一つ付け加えると、反革命派「シュウアン（フクロウ党）」の中で、「神とわが国王」対「神とわがクニ」という対立軸が存在することも忘れてはならないだろう。前者は純粋に反革命王党派であり、ヴァンデ、ノルマンディー、アンジェの「シュウアン」である。後者はまさにブルターニュの反革命王党派であり、ここでの反革命運動は純粋に王国への「復帰」を目指すのではなく、ブルターニュの民族主義的意識が絡んで、まさに「反革命のエトノス」を呈することになる。歴評でのこの論文は、ここで要約した理論面が中心で、実証部分がやや貧弱だったことを顧みて、ここで再論することにした。もちろん、その後、次にみるように、こうした状況を補う論文がいくつか出たことも大きい。

1　革命初期の翻訳政策

革命以前のアンシャン・レジーム期は、公文書のフランス語化を規定した「ヴィレール・コトレの王令」（一五三九年）以降、フランス語化が推進されたようにもみえるが、それは公文書・書き言葉のレベルであり、公文書のレベルでもアルザス（フランス東部、ドイツ語）やベアルン（フランス南西部、オック語圏の一地方）など、革命期までフランス語化されない例外地域もあった。話し言葉では、フランス語は高位貴族の言葉であり、民衆階層ではパリ周辺に限られた。アンシャン・レジーム末期になってようやく、地方の貴族、行政官、司法官、そして上層ブルジョワ階層で用いられはじめていた。「フランス語を話せる人は〔二六〇〇万人中〕三〇〇万人を越えない」（グレゴワール師の報告、共和暦第二年草月〔prairial〕一六日〔一七九四年六月二日〕、「地方語を根絶し、フランス語の使用を普及させる必要性とその手段について」後述参照）という数字は決して誇張ではない。

一七八九年初頭に各地で書かれた「嘆願書（Cahiers de doléances）」（三部会議員を選出するための会議の議事録、要望書）は、土地の名士や聖職者が取りまとめたものだったので、ブレイス語地域でもフランス語で書かれた。

さてここで、革命期の主な出来事に触れる中で、言語政策がどのように展開されたか、みておこう。一七八九年七月九日、憲法制定国民議会が成立し、同月一四日にはバスチーユが占拠され、八月四日には、封建的諸特権が廃止される。こうした状況の中で、一七九〇年一月一四日の法令「国民議会の法令を、全ての地方語（idiomes）で出版する」ことが議決される。フランドル地方バイヨルの議員ブシェット（F. J. Bouchette）の発議によるものだった。革命はその初期から、地方の言葉への翻訳政策が行われた。これは一応、確認しておく必要がある。

この法令によって、オック諸語（ガスコーニュ語、ベアルン語、プロヴァンス語など）、バスク（エウスカル・エリア）語、ブレイス語、イタリア語（コルシカ）、ドイツ語（アルザス）、フランデレン（フランドル）語、カタルーニャ語の法令文書が翻訳出版された。とりわけ、パリのデュガ（Dugas）による翻訳局は活発で、フランス東部を中心に三〇県を受け持ち、政令については九六巻、立法議会法では一八巻の翻訳が国立公文書館に残されている[5]。

とはいえ、翻訳は地域によってその進展度はバラバラで、ブルターニュでは憲法制定国民議会期の法令は翻訳されていないようだ[6]。

一七九〇年九月三〇日、立法議会が成立し、翌一七九一年五月二日付のフィニステール県委員会の地区への回状では、「証書、登録、動産・不動産の税金に関する政令のブレイス語訳を早急に作成してくれるよう要望する声が至る所から届いている」と記される。

フランス革命二〇〇周年で、ブレイス語翻訳文書について調査したブレイス語学者アルメルセールによると、共和国第二年（一七九三年九月からの一年間）までの、法令などの政策に関わる文書のブレイス語訳はなく、第三年、第四年から第八年までのものが現存するということだった[7]。他に革命前の一七八九年のものが二件（「一七八九年の王国三部会のための準備手続き」「三部会議員のブレイス〔ブルターニュ〕人民に対する書簡」「ブレイス選出全議員が署名」）、「宣誓司祭」（教会を国家の管理下に置く法律制定後、憲法に宣誓をした司祭）や「非宣誓司祭」に関わる教会関係文書、「人間と市民の権利の宣言」（原文は一七八九年八月二六日のものだが、翻訳は一七九三年六月二四日）が確認されていた。

ところが、二〇一二年にレンヌ第二大学に提出されたルヴォットによる修士論文によって、革命期の翻訳を含めたブレイス語関連文書の全体像が明らかになったのである。彼によれば、関連文書は全部で二〇三件、そのうち九六件（四七％）が物語歌（gwerzioù）、讃美歌（cantique）の形をとっている。革命の内容が歌になって情報として伝えられた。さらにこうした歌のうち、八九件（九三％）は「反革命」である。他にブルターニュ東部フランス方言であるガロ語の反革命文書が一件ある[8]。

他はポスター（掲示用文書）が六三件、政令、通達などの行政文書は九三件である。一一五件は方言を特定せず、三八件はトレゴール方言で物語歌が多い。一一五件はレオン方言とケルネ方言との混合形である（これが「標準語形」である）。フィニステール県については、レオン・ケルネ方言二九件、グウェネト方言一四件、トレゴール方言三四件である。また、一七八九年一月から一七九三年一二月までで、三一件の行政文書（法律、政令、宣言、通達、指示など）がブレイス語に翻訳された[9]。

ブレイス語については、研究者のベルナールが七二件、ペレネスが五〇件、デュランが三一件またアルメルセールが七四件の翻訳文書を翻刻出版している[10]。六三件はフィニステール県に納本、一九件がコートダルモール県、九四件は納本地不明である。ルヴォットがまとめた二〇三件中一〇九件が日付特定可能であり（ほぼ可能を含む）、一七九四年が四五件、一七九三年九月から一七九四年六月が四二件（山岳派の国民公会期）である[11]。

革命前夜のブルターニュのレオン地方では、子供の多くがブレイス語の読み書きに堪能だった。というのも、一七七四年のブレイス語カテキズムには、このカテキズムを子供たちに暗唱させるのではなく、書かせて説明することが重要と書かれているからである[12]。

他の地方の翻訳について見ると、オクシタン語の翻訳家としては、ブッシュ（Bouche）、ベルナルドー（Bernardau）、ドゥッス（Dousse）などという名が知られているが、どういう人たちかはわかっていない。翻訳は全部で一〇〇件前後だという[13]。

エウスカル・エリア（バスク）語の翻訳についての調査・研究も少なからずあるが、出版されたのは数点に過ぎない[14]。

アルザスでは「印刷された言葉は、人々の話す方言ではなく少しでも教育を受けた人であれば皆難なく読める文章語」[15]としてドイツ語が書き言葉として普通に用いられた。これは二〇世紀まで続く。

コルシカではイタリア語の翻訳が行われた[16]。こちらもイタリア語と異なる言語としてコルシカ語が主張されるようになるのは、二〇世紀後半になってからである。また一七九四年二月から九六年四月までは英国が占領していて、翻訳政策は一時途切れた。

フランデレン語は革命期には文章化されることはほとんどなく、多少翻訳があったようだが、革命期の翻訳については研究が進んでいない[17]。

2　グレゴワール師の調査

一七九〇年八月一三日、グレゴワール師が「農村の住民の地方語と習俗に関する質問諸項目」(43項目)を関係者に発送した。このアンケート調査は、二〇世紀になっても、在野の民俗学者ヴァン・ジェネップが「今日でも有効な調査」として民俗学的アンケートの事例として真っ先に挙げられ、さらにその後の研究者たちによって「言語の民族学」[18]の嚆矢と評価された。調査の回答も含めた全体が出版され[19]、研究書もあるので[20]、その全貌について要約しておこう。まずアンケートの項目だが、その前半は言語そのものについてである(1—28項目)。それも微に入り細に入りといった調査であり、地方語の心理学的描写(2—6項目)、語彙の豊富さ(7—12項目)、書き言葉と話し言葉(13—16項目)、地方語とフランス語の関係(17—20項目)、地方語博物館構築の方法(21—25項目)、諺(26項目)、習俗の中の地方語(27項目)、フランス語による浸食(28項目)などに及んでいる。その締めくくりとして、地方語を根絶させる方法(29—30項目)を尋ねているが、これがのちに有名になる国民公会での彼の報告につながるのである(後述)。後半は、教育とその偏見について(31—40項目)、革命の波及(41項目)、祖国愛(42項目)、最後に聖職者・貴族について(43項目)が列挙された。

一七九二年一月までに四九件の回答があったが、九〇年一一月から九一年二月までに一七件あった。それは国民議会の同僚議員や「憲法の友の会(ジャコバン・クラブ)」の会員からであり、一七九〇年八月二三日付け『フランス愛国者』で質問書項目が刊行され、それに応じた人々からであった。

フランス東部からが最も多いが、南部のオック語圏からも一七件あり、言語問題が重要という認識がそこにはある。社会学的分類によると、聖職者は四三人中三一人であり、法曹関係者は八人、医師が二人、教師五人などであった。

ブルターニュからの回答は二人だけで、ピエール・リウというプルゴノイル（Plougonoil）という場所不明の自作農（一七九〇年一〇月一七日付）であり、ルヴォットはこの場所をコートダルモール県のプランゲヌアル（Planguenoual）と推定しているが[21]、農村ではブレイス語は必須、フランス語の導入は難しいと回答した。

もう一人は、グウェネト（ヴァンヌ）出身の弁護士であり、革命期（立法議会、国民公会）議員のジョゼフ・ルキニオ（Lequinio、一七五五―一八一二）である。彼は「西部方面軍」（ヴァンデの反革命派征伐軍）の指揮官のひとりであり、農村ではこの言語のみ、聖職者に従わせる手段となっていると書き送った。いずれもブレイス語地域でのフランス語導入の難しさを語っている。ブレイス語圏に限らず、非フランス語地域では（またフランス語方言圏でも）、総じてこうした状態だっただろう。

3　革命中期の翻訳政策

一七九〇年九月三〇日、憲法制定国民議会で「アルザス地方の裁判所職員・書記における仏独二言語の必要性に関する意見」が出され、一七九二年九月二一日に国民公会が成立した後も翻訳政策は継続される。同年一一月七日、司法省に「翻訳を促進するための委員会」が設けられ、ドイツ語、イタリア語、カスティリア語［フランス南西部ルシオン地方のカタルーニャ語を指すであろう］、エウスカル・エリア（バスク）語、ブレイス語への翻訳が進められた。オック語、フランデレン語がぬけているが、オック語については翻訳が進んでいたためだと思われる。というのも、セルトーらの著作『言語の政策』に、九二年一一月一〇日までに国民議会の政令を翻訳した県の図が作成されていて、それが全てオック語圏だからである[22]。フランデレン語については、革命初期からほとんど翻訳が行われておらず、それが続いていたと考えられる。

とはいえ、国民公会では、翻訳よりもむしろフランス語教育を促進させる政策が論じられるようになる。一七九二年一二月九日、「法律をガスコーニュ語に翻訳することを禁止する提案」と同時に「フランス語が普通に話されていない地方での翻訳を行うための方法を討議する委員会の設置の提案」があり、相反するようにも見えるが、両方とも可決された[23]。

一七九二年一二月一八日、ラントナ（Lanthenas）による国民公会での提案「固有の言語の話されている所では、フランス語の読み書き教育を進め、他の科目ではフランス語と土地の言葉によって教育する」というバイリンガル教育の提案があったが、討議には付されなかった[24]。

一七九三年一月二一日にルイ一六世が処刑され、同年三月にはヴァンデ地方とブルターニュ南部で反革命反乱が始まる。五月三一日、ジロンド派が失脚し、六月、モンタニアール派の独裁が開始されるが、翻訳政策は、これ以降も継続された。

一七九三年六月二〇日、「内務大臣が翻訳事務所の運営をし続ける責務を持ち、ドイツ語、イタリア語、ブレイス語、エウスカル・エリア語に各法律、国民公会議事録、宣言ほかを翻訳・印刷し、必要と判断される各自治体に速やかに搬送する」政令が出される。六月二七日には、コルシカに関する法令のイタリア語訳も出ているので、この決定はコルシカにも適用された。九月五日、モルビアン県行政府では、翻訳官と書記を募る選抜試験が行われているので、ブレイス語翻訳はさらに続いたはずである（ただしその結果の史料はない[25]）。

とはいえ、フランス語教育政策は強化される。一七九三年一〇月二一日、「子供たちの義務としてのフランス語教育」の法令が出され、同月二六日、「共和国全域で、教育はフランス語のみで行う」とされた[26]。一一月二七日（共和国第二年霧月〔brumaire〕七日）には、聖職者を教員から排除する政令が出されたが、グウェネト（ヴァンヌ）では修道女による教育が継続された。

翻訳政策も継承される。同年一二月四日、「フランスでなお用いられている様々な言語に法令を翻訳し、またフランス共和国の自由の利益に合致して、諸外国への宣伝のための案内、報告、演説、法律を外国語へ翻訳するのに必要な翻訳家を法令発送委員会がその事務所に集めること」が決定された[27]。この時期の法令のブレイス語訳は、一七九三年一〇月二八日以降、九四年四月一一日のものまで一六例あり、ストラスブールの地区布告令は、一七九三年一一月から九五年六月まで、例外なくバイリンガルで印刷された[28]。しかしながら、一七九三年一二月一三日、公安委員会がアルザスでのドイツ語の禁止を訴える「喚起（rappel）」を行なっている[29]。コルシカのイタリア語、カタルーニャ語、エウスカル・エリア語についても九三年二月から七月頃にかけて翻訳が行われた証拠がある[30]。

4　バレールの政策

一七九四年一月二七日（共和暦第二年雨月〔pluviôse〕八日）、バレールが国民公会で公安委員会を代表して報告する。地域的少数言語を弾劾する演説として、のちに有名となるものだが、仔細に検討すると必ずしもそうした地方語を非難するばかりでもないことがわかる。

「連邦主義と迷信がバ・ブルトン〔ブレイス語〕を話す。国外逃亡派とフランス共和国嫌いはドイツ語を話す。反革命派はイタリア語を話す。狂信派はエウスカル・エリア（バスク）語を話す」と、ブレイス語、ドイツ語、イタリア語、エウスカル・エリア語を敵性言語として断罪する。とはいえ「言語は違い、〔狂信を吹き込む〕司祭たちがいるにしても、彼ら〔エウスカル・エリアの人々〕は共和国に献身的であり、フランス語を学んでいる」。つまり、言語と思想を同一視するわけではない。また地方語（patois）は容認する。「他の諸県に多少とも野卑な地方語が存在しないわけではない。だがそれらの言語は敵対的ではなく、国語に通じる役を果たさないわけでもない。国語はこうしたところではよく話されているわけではないが、少なくとも容易に理解される。立法府は大局的見地からながめ、違いを強調したり、隔たりを誇大に考えてはならない。言語の教師は、言ってみれば大家族から離れ孤立している地方語にのみ依存している地方に派遣すべきである」[31]。したがって、教師を派遣すべきは、フランス語とは言語的に大きく異なる、ブレイス語やエウスカル・エリア語の話される地域なのである。

「我々は、政府、法律、習慣、風俗、衣装、商業、思考を変革（革命化）した。それらの日々の手段である言語もまた変革（革命化）するのである」。この言語変革は、そうした異質の地域語からフランス語への言語移転（取替）を意味する。

「フランスには国の言語を全く知らないフランス人が六〇万人いる」。六〇万人の根拠はよくわからないが、次にみるグレゴワールの試算よりかなり少ない。

こうして同日（一月二七日）、異言語地域へのフランス語教師派遣の政令が出される。「住民がブレイス語、イタリア語、エウスカル・エリア語、ドイツ語、フランデレン語を話す全ての県で、これから一〇日間の後、フランス語教師が任命されるようにと決定」（国民公会令[32]）。

実はこの一ヶ月ほど前の一七九三年一二月二五日（共和暦第二年雪月〔nivôse〕五日）、「各町村に、フランス語と人権宣言を子供たちに教え、旬日ごとに住民に共和国の法律を口頭で翻訳して読み聞かせるために、フランス語の教師を一人派遣する」(無償義務教育学校のために国家予算で教師を派遣する法律)という法令が出ている。「口頭で翻訳して」とあるので、翻訳政策が継続されていることがわかるが、フランス語教師の派遣をうたっている。

また、この法令の少し前、同年一二月一九日(共和暦第二年霜月〔frimaire〕二九日)、「教育はフランス語で行い、地方の言葉は補助的には使用できる」とする通達が出ている。これも翻訳政策の継承であると同時にフランス語化教育にもつながる政策なのだった[33]。

こうしたフランス語化政策は実際にはどうだったか。

一七九四年四月の時点で、アルザス地方四〇〇のコミューン(町村)で、三〇~四〇人のフランス語教師の応募者があったようだが、実際の教育についてはわかっていない[34]。一七九四年二月一八日、フランス語化教育の法律に、カタルーニャ語、ロレーヌ地方(ドイツ語圏)が追加され、オック語諸地方を追加する修正案もあったが、可決されずに終わった。

また、この頃から同年七月にかけて、アルザスではブリュノが「ことばの恐怖政治」と呼ぶ事態が展開される。一七九四年四月一四日、バ・ラン県会(アルザス北部)はあらゆる行政文書のフランス語化を命じる。同年五月三日、同県の印刷は全てフランス活字(ゴチック体ではなく)によることが命令される。同年六月二九日、ストラスブール市会は全ての看板のフランス語化を支持するのである。とはいえ、ブックスヴィレール市議会議事録によれば、恐怖政治期にフランス語が優勢にはなったもののドイツ語も使われ続け、これは一八一五年九月まで続いた[35]。

やはり実際にはフランス語化はそれほど進展しなかったと考えるべきだろう。

ブルターニュでは、一七九四年二月一九日(共和暦第二年霧月〔Brumaire〕二二日)、フィニステール県会が通達を出し、ランデルノーのラウル(Raoul)という人物をブレイス語の翻訳官に任命し、年に一五〇〇リーヴルを支払うことにした。彼は、ランデルノー教区教会の元聖歌隊長で、プレイベンの教師だった。彼は共和暦第二年花月(Floréal)（一七九四年四―五月）まで通訳官を続けた。ブレイス語の翻訳は宣誓司祭などが自発的に行う場合もあった[36]。同年二月、フィニステール県ポンクロワ地区では、教員に三人の志願者があり、その応募書類は二言語で書かれた（フィニステール県文書館）。ブルターニュ、とりわけフィニステール県では、フランス語教師が登用された形跡がない。いずれにしても翻訳政策が継続され、フランス語化教育は進んでいないことがわかる。

フランデレン、プロヴァンスでも同様だった[37]。

5　グレゴワール師の報告

バレールの演説の半年後、一七九四年六月四日（共和暦第二年牧月〔prairial〕一六日）、グレゴワール師の有名な報告が行われる。「地方語を根絶し、フランス語の使用を普及させる必要性とその手段について」と題される演説で[38]、「地方語を根絶」というところに注目が集まり、これまではフランス語化を徹底させるための過激な主張と取られることもあったが、詳しく検討すると、なかなか興味深い内容をもつ演説なのである。

「誇張ではなく、フランス人の特に農民のうち、少なくとも三〇〇万人は国語を知らない。ほぼどの同数の人々は国語で会話も満足にできない。近年の調査では、話せる人は三〇〇万人を超えない。ちゃんと書ける人はもっと少ないはずだ」「ちゃんと話せるのは二八〇〇万人中三〇〇万人」[39]、こうした統計的数字は誇張とはいえず、当時の状況を考えると、むしろ妥当なものだろう（前述のバレールの演説にある、フランス語を知らないのは六〇万人というのは論外だが)。

「欧州で認められる言語の数を減らすのは可能かもしれないが、地球上の政治の状況を考えると、諸民族の言語を一つの共通語にする期待は持てない。こう主張する作家もあるが、言い過ぎであり、夢想にすぎない。普遍的言語などというものの根本は幻想なのである。とはいえ、構成するすべての市民が不都合なく互いの意見を交換し合うことができるように、大きな国家の言語を一律にすることくらいは可能だろう。こうした企図は、どの民族もこれまで完全に成し遂げたことはないが、社会組織の全てが中央集権化され、一にして不可分の共和国の中で、自由なる言語の一途の変わることのない使用に邁進するフランス人にはむしろ可能なのである」[40]。「一にして不可分の共和国」という表現が登場するが、これが近代国民国家を体現する表現となるのである。

「[これまで翻訳政策が行われたが]この翻訳は有用だったことは認めるが、この政策はいずれやめなければならない。というのも我々が止めようとしている方言の使用をさらに継続することになってしまい、方言を使うことがまだ必要だとすれば、それは使用者にそれをやめさせるためだからである」[41]。翻訳政策は当面必要だが、いずれやめなければならない、つまり過渡期の政策だという考え方である。だがここでは強圧的方策は取られない。

興味深いのは、言語改良の必要性を説いていることである。「言語の不完全さが誤謬の大きな原因となっている」、「ホメロスからプルタルコスに至るまで一〇〇〇年間もギリシャ語が変化しなかったのは、これを話す人々がこの間ほとんど進歩しなかったからである」、「わが言語は曖昧さ、不正確さに満ちている」、「物理学や社会技術は進歩すればするほど、言語を完全なものにするのである」[42]、これらは一七世紀の「完全言語の探究」(ウンベルト・エーコ)の思想を思い起こさせるが、言語改良の考え方は、次に見るように近代国家における「標準語思想」にも通じる。

語彙を増やすことも同様である。「一六〇六年に出されたニコ(Nicod)の辞書ではZで始まる単語は六語しかないが、一七一八年のアカデミー・フランセーズの辞書では一二語である。Beの項目では、ニコだと一五語だが、アカデミーでは二一七語である。この間、人間精神が進歩を遂げたことはここからも明らかである」、「おかしな新語にはならないように気をつけながら、わが言語に欠いている語彙を外国語から借用する」、造語によって、「人間精神が進歩」[43]するのである。これも近代国家の標準語思想である。

「規則動詞や欠如動詞、規則から外れる例外による変則をやめる」[44]、こうした文法を規則正しいものにするのも言語改良の考え方であり、標準語思想である。

「王党派はわが言語にはスタイルの階層性があるという」、「虚偽のスタイル、卑屈な表現をやめ、言語が誠実さと簡潔さを誇る言語こそ、共和国のものである」[45]、こうした「言語の階級制」をやめるという考え方もやはり標準語思想である。

このグレゴワールの演説によって、政令「公教育委員会は、フランス語の新たな文法、新たな辞書を作るための方策に関する報告を準備する」が出された。アンシャン・レジームでの「アカデミー・フランセーズ」の創設にも通じるものがあるが、ブリュノによれば、これによって、「言語が近代国家の統合的要素となった」[46]。一言語、一民族、一国家という近代国民国家の基本的考え方に通じる、ということにもなるのである。

グレゴワールはこの他、「文物破壊（ヴァンダリズム）について」一七九四年、九五年に三報告行っている。これは教会や国王関連施設の破壊の状況を憂う演説であり、その後の民俗学、博物館思想に通じるものであり、貴重である。

6 「言語の恐怖政治」期とそれ以降

一七九四年七月二〇日〔共和暦第二年熱月〔thermidor〕二日〕の法令「すべての公文書はフランス語のみによって書かれなければならない」は、ブリュノがアルザスで「言語の恐怖政治」と呼んだ事態を全国に拡大するものであった[47]。これによって、「すべての官吏、政府公務員において、その職務行使において議事録、判決、契約その他の文書をフランス語以外の言語で執筆、作成する者は、地元の軽罪警察裁判所に送られ、六ヶ月の禁固に処せられ、職を解かれる」ことになった。

とはいえ、この法令の一週間後、テルミドールのクーデタ〔同年七月二七日〕によりロベスピエールが失脚し、同年九月二日〔共和暦第二年実月〔fructidor〕一六日〕にはこの法令が執行停止となる。したがって、「言語の恐怖政治」は法的には一ヶ月と少ししかなかったことになる。フランス革命期においては、その初期からナポレオン時代まで、ごくわずかな期間を除いて、翻訳政策は継続されたということができるのである。

翻訳政策は、書き言葉を知らない農村の民衆にはほとんど意味がないのであり、むしろ地方語をフランス語と並べて「現前化」させることで、地方の地方語しか話さない「エトノスの世界」の住民を「フランス語＝国語の世界」すなわち「国家」に取り込む意味があったと考えられる。二つの言語が並立して提示されるその形態が重要だったのである。

とはいえ、よく考えてみると、それ以前も以後も公的文書で地方の少数言語が用いられた時代はなく、大革命期こそ少数言語が優遇された時代とも言えるのである。

「恐怖政治」期以降、教育政策は、少数言語を補助的に用いるバイリンガリズムに全面的に移行する。一七九四年一〇月一九日―二〇日の公教育委員会の計画では、「地方語の使われている地域では、フランス語が速やかに共和国市民全ての使える言語となるように、教育は地元の言葉とフランス語を取り混ぜて行う」と規定された。同年一一月一七日の法令では、「教育はフランス語で行われ、各地の地方語は補助手段としてなら使用できる」[48]とされた。そればかりでなく、ブレイス語圏の教師はブレイス語の知識が必要ともされたのである。

総裁政府期（一七九五年一一月―九九年一一月）になると、一七九八年五月六日、バ・ラン県行政令でフランス語教育の義務化され、執政政府期（一八〇四年五月まで）の一八〇三年六月一三日の第一執政官令でも、フランス語はアルザス全域の公用語として、その使用が義務化された[49]。いずれも実効性は乏しいものだが、こうして出された言語政策はアルザスに関わるものだけであり、他では法律によって言語を律するといった考え方自体が消滅する、といってもいい。言語問題は政策によって律するのではなく、実勢に任せる、民の側で好きなようにさせる、といった形になっていく。もちろんそれは、フランス語のみを実質的に用いることを意味する。フランスで言語政策が「復活」するのは、第三共和政になってから、義務教育が課題となる時点において、ということになるが、それはフランス語化を「意識的に」さらに促進するためのもので、翻訳政策ではなかった。

おわりに

革命期の翻訳政策は、それ以前もそれ以降もフランス国内に限れば類例がない。あえてその後裔を探すとすれば、ベルギーやスイスといった多言語国家、ソ連など少数民族を抱えた社会主義国、またEUの多言語主義政策である。

いずれも公文書の翻訳が重要な施策となる。フランス第三共和政下では、フランス語を用いることが共和国の言語政策となったが、これは純粋に「同化」政策であり、フランス語教育を推し進めるという、これまで言語政策と意識されずに行われていた政策を追認するものでしかなかった。一九八一年以降のフランスでのミッテラン政権における言語政策は少数言語に対するものであり、その意味では革命期のものを引き継いでいる。この政権下では、地域語・少数言語による幼児教育が認められ、自主教育運動として一九七〇年代からはじまっていた地域語の教育を公的に認知するものだった。だが、公文書の翻訳まではいっていない。西欧の少数言語では、国語であり第一公用語であるエール（アイルランド）語、地域の公用語であるカムリー（ウェールズ）語、カタルーニャ語、エウスカル・エリア（バスク）語などがこのレベルでの言語政策を享受している。

グレゴワールの調査は民俗学調査の嚆矢であり、それ自体興味深いが、彼の考え方を突き詰めていくと、言語の語彙の改革、オーウェル『1984』を彷彿とさせる「言語的全体主義」にまで行き着く。さらにいえば、ここ数年、中国で始まっている標準語化政策[50]にも通じるものがあるように思う。

「言語の恐怖政治」は短期間に終わったが、これが実は国民国家の標準的言語政策であり、確かにほとんど標準語が使われていないところで政策的に推し進めようとすれば、「恐怖政治」にならざるを得ない、ということでもあろう。

参考文献

Ar Merser, Andreo. *1789 hag ar brezoneg*. Levrenn genta: Adskrivadennou. Eil levrenn: Skridou orin. Brest, Brud Nevez, 1990.

Balibar, Renée; Laporte, Dominique. *Le français national. Politique et pratique de la langue nationale sour la Révolution*. Paris, Hachette,

1974.
包聯群（編）『現代中国における言語政策と言語継承』第五巻、二〇一二年。
Bernard, Daniel. «La Révolution française et la langue bretonne», *Annales de Bretagne*, t. 28 (1912-13), pp. 287-331.
Broudic, Fañch. *La pratique du Breton de l'Ancien Régime à nos jours. La Révolution: le Breton deviant langue de la politique*, Rennes PUR, 1995. http://www.la-pratique-du-breton.org/langue-de-la-politique.html
Brunot, Ferdinand. *Histoire de la langue française des origines à nos jours.* Tome IX: La Révolution et l'Empire. Première partie. Le français, langue nationale. Paris, 1927, rééd. A. Colin, 1967.
Certeau, Michel de; Dominique Julia; Jacques Revel. *Une politique de la langue. La Révolution française et les patois.* Paris, Gallimard, 1975.
Commission Histoire de Skol Vreizh. *Histoire de la Bretagne et des pays celtiques. De 1789 à 1914.* Morlaix, Skol Vreizh, 1980.
Delumeau, Jean (ed.). *Histoire de la Bretagne.* Toulouse, Privat, 1969.
Droguet, Alain et al. *Les Bleus de Bretagne. De la Révolution à nos jours. Actes du colloque de Saint-Brieuc-Ploufragan 3-5 octobre 1990.* Saint-Brieuc, Fédération «Côtes-du-Nord 1989», 1991.
Dupuy, Roger. *La Bretagne sous la Révolution et l'Empire (1789-1815)*, Rennes, Ouest-France, 2004.
Dupuy, Roger. *De la Révolution à la chouannerie.* Paris, Flammarion, 1988.
エーコ、ウンベルト『完全言語の探求』(上村忠男、広石正和訳) 平凡社、一九九五年。
Febvre, Lucien, «Langue et nationalité en France au XVIIIe siècle », *Revue de Synthèse historique*, t. 42 (1926) ; 19-40.
Gazier, A. (ed.). *Lettres à Grégoire sur les patois de France, 1790-1794.* Documents inédits, (Paris, 1880) Genève, Slatkine, 1969.
Gendre, Claude; Javelier, Françoise. *Ecole, histoire de France et minorités nationales.* Lyon, Fédérop, 1978.
Guin, Yannick. *Histoire de la Bretagne de 1789 à nos jours. Contribution à une critique de l'idéologie nationale.* Paris, Maspéro, 1977.
Gwegen, Jorj. *La langue bretonne face à ses oppresseurs.* Quimper, Nature et Bretagne, 1975.
原聖「言語社会史のなかの少数言語」一九八七年七月、『一橋研究』第12巻第2号、九七—一一一頁。
原聖「反革命のエトノス——大革命・ブルターニュ・言語問題」一九九五年五月、『歴史評論』5月号、四〇—五四頁。

Le Gallo, Yves. *Clergé, religion et société en Basse-Bretagne. De la fin de l'Ancien Régime à 1840*. Les Éditions ouvrières, 1991.

Le Vot, Hervé, *Les écrits révolutionnaires et contre-révolutionnaires rédigés en Breton (1789-1799)*, 2012. https://occitanica.eu/items/show/16994

Levy, Paul. *Histoire linguistique d'Alsace et de Lorraine*. Paris, Les Belles Lettres, t. I, 1929, 403pp., t. II, 1929, 563p.

Ozouf, Mona, *L'école de la France*. Paris, 1984.

註

1 「言語社会史のなかの少数言語」一九八七年七月、『一橋研究』第12巻第2号、九七―一一一頁。

2 Febvre, Lucien, «Langue et nationalité en France au XVIIIe siècle », *Revue de Synthèse historique*, t. 42 (1926) ; 19-40. ブリュノの『フランス語史』第七巻の書評ほか。

3 一九九五年五月、『歴史評論』5月号、四〇―五四頁。

4 Ozouf, Mona, *L'école de la France*. Paris, 1984, p. 31.

5 Archives nationales: AA32. J. Revel, D. Julia, M. de Certeau, *Une politique de la langue. La Révolution française et les patois*. Paris, Gallimard, 1975, pp.10, 287.

6 Broudic, Fañch. *La pratique du Breton de l'Ancien Régime à nos jours. La Révolution: le Breton deviant langue de la politique*, Rennes, PUR, 1995. http://www.la-pratique-du-breton.org/langue-de-la-politique.html ; Bernard, Daniel. «La Révolution française et la langue bretonne», *Annales de Bretagne*, t. 28 (1912-13), p. 289.

7 Ar Merser, Andreo. *1789 hag ar brezoneg*. Levrenn genta: Adskrivadennou. Brest, Brud Nevez, 1990, p. 9.

8 Le Vot, Hervé, *Les écrits révolutionnaires et contre-révolutionnaires rédigés en Breton (1789-1799)*, 2012. https://occitanica.eu/items/show/16994, pp. 6, 92. （以降 Le Vot: 頁数で略記）

9 Le Vot: 63, 80.

10 Bernard, *art. cit.* ; Pérennès, Henri. «Poésies et chansons populaires bretonnes sur les affaires politiques et religieuses de la Révolution»,

Annales de Bretagne, 41, 1, 1934, pp. 189-255 ; 41, 2, 1934, pp. 478-541 ; Durand, Alain. *Ar Feiz hag ar Vro*, 1789-1814. Gwened, 1847; Ar Merser, *op. cit.*

11 Le Vot: 51.

12 Le Vot : 29.

13 Le Vot : 14.

14 Le Vot : 16-17.

15 Le Vot : 20.

16 Le Vot: 21.

17 Le Vot: 21.

18 J. Revel, D. Julia, M. de Certeau in *Annales, Histoire, Sciences sociales,* Volume 30, Issue 1, February, 1975, pp,3-41: «Une ethnographie de la lamgue : l'enquête de Grégoire sur les patois».

19 Gazier, A. (ed.). *Lettres à Grégoire sur les patois de France, 1790-1794. Documents inédits*, (Paris, 1880) Genève, Slatkine, 1969.

20 Certeau, M. D. Julia; J. Revel. *op. cit.*

21 Le Vot: 33.

22 M. de Certeau et al. *Une politique de la langue*, p. 288.

23 Le Vot: 62.

24 Brunot, Ferdinand. *Histoire de la langue française des origines à nos jours*. Tome IX: La Révolution et l'Empire. Première partie. Le français, langue nationale. Paris, A. Colin, 1967, pp. 135-6.（以降 HLF9 で略記）

25 Le Vot: 77.

26 HLF9: 147-148.

27 HLF9: 162-163.

28 Levy, Paul. *Histoire linguistique d'Alsace et de Lorraine*. Paris, Les Belles Lettres, t. II, 1929, p. 26（以降 HLAL で略記）

29 Gendre, Claude; Javelier, Françoise. *Ecole, histoire de France et minorités nationales*. Lyon, Fédérop, 1978, p. 22.
30 HLF9: 165-166.
31 HLF9: 196.
32 この法令にはブレイス語訳があり、Ar Merser, *op. cit.* に全文が収録される。Le Vot : 65.
33 この通達にもブレイス語訳がある。二言語併記ではなく別々に印刷されたようだ。フィニステール県文書館所蔵。Le Vot : 72.
34 HLF9: 226.
35 HLAL II:24-25. もっとも、ストラスブールでは一七九〇年から議会議事録はフランス語化されていた。
36 プルネウール・トレース（Plounéour-Trez フィニステール県北部）の宣誓司祭ルガル（Le Gall）の事例、Le Vot: 76.
37 HLF9: 223-232.
38 Gazier (ed.), *op. cit.* pp.289-314. M. de Certeau et al. *op. cit.* pp.300-317.
39 Le Vot: 33.
40 M. de Certeau et al. *op. cit.* p.302.
41 *Ibid*, p.310.
42 *Ibid*, pp.314-315.
43 *Ibid*, p.316.
44 *Ibid*, p.316.
45 *Ibid*, p.316.
46 HLF9: 460.
47 HLF9: 186-187.
48 HLF9: 311-313.
49 HLAL2: 79.
50 包聯群（編）『現代中国における言語政策と言語継承』第五巻、二〇一一年参照。

第3章　プロイセン領ポーランドにおける翻訳の諸局面

割田 聖史

はじめに

本稿は、一九世紀のプロイセン王国=ドイツ帝国におけるポーランド語とドイツ語の翻訳をめぐる諸問題を扱う。翻訳という行為は、複数の言語が存在している多言語状況を前提とする。多言語状況は、歴史上どの時代・地域にも存在しうるが、それぞれの時代・地域によって状況が異なる。本稿で扱う一九世紀ヨーロッパにおける言語状況の特徴は、近世以前からの多言語状況が、それぞれのネイションの国民化を通じて変化が生じていった時期である。つまり、ネイションによって選択された言語による「国民化」が進展していき、その言語の圏域内では、その選択された言語が「国民語」として優位を獲得していった時期といえる。これらの言語が「文化言語」として、その地位を確立し、翻訳をする／される価値を決めていくこととなる。

本稿では、一九世紀プロイセン=ドイツのポーゼン州およびポーランド人をめぐる言語状況を扱う。そこでは、ドイツ語とポーランド語が問題となるが、なぜこの二つの言語なのかについても考察していくことになる。

本稿は、ポーゼン州とプロイセン＝ドイツにおけるポーランド人・ポーランド語をめぐる四つの局面を見ていくことで、それぞれの局面におけるドイツ語とポーランド語の位置付けと翻訳の意味について確認していく。

1では、一八一五年のポーゼン州の成立の際の「領有宣言」におけるポーゼン州のポーランド語の位置付けを概観する。2では、1で確認されたポーランド語の位置付けに対するプロイセン国家の対応を見ていく。3では、ポーゼン州議会におけるポーランド語の政治的ステータスについて確認する。4では、プロイセンにおける官公庁文書のポーランド語への翻訳の不正確さへの批判から、「文化言語」としてのポーランド語という認識の確立について説明する。5では、プロイセン＝ドイツ当局によってなされたポーランド語刊行物の組織的な翻訳の意義について検討していく。

1　ポーゼン州の成立とポーランド語

まず、一九世紀のプロイセン領ポーランド、特に言語で問題となるポーゼン州について確認する。

一八一五年ポーゼン州となる地域は、一七九三年の第二回ポーランド分割によって一旦プロイセンに編入された。その後、一八〇七年から一八一三年の間、ワルシャワ公国の一部となり、ナポレオンが敗れた後に一八一四年から一八一五年のウィーン会議により、再びプロイセンに編入され、その際にポーゼン大公国として編成された。ポーゼン大公国は、ポーゼン州としてプロイセン王国に行政的に組み込まれた。ポーゼン州の大部分は、ポーランド分割以前もポーランド王国時代には、ヴィエルコポルスカ地方という地域であった。この地域は、ポーランドの王国発祥の地であり、住民の多くはポーランド語を話していたと考えられる。ただし、都市ではドイツ語も話されており、また、神聖ローマ帝国と境を接しており、その境に沿ってドイツ語話者の多い地域が広がっていた。一八一五年にポーゼン州として編成されてからは、ポーゼン州の西部・西北部がドイツ語話者の多い地域にあたった。

ポーゼン州が成立することとなったウィーン会議では、ポーランドの扱いが重要な課題となった。イギリスとロシア、オーストリア、プロイセンの三国それぞれが、「ナショナルな存在」としての「ポーランド人」に「適切な配慮」をすることを合意した。この結果、ウィーン議定書第一条第二文に、「ポーランド人、つまりロシア、オーストリア、プロイセンそれぞれの臣民は、代表と国民的制度を得る。彼らが属しているそれぞれの政府が彼らに認めるのが有効でふさわしいと判断した政治的存在の方法に基づいて規定される」という文言が入った[1]。また、一八一五年五月三日のプロイセンとロシアの間の条約第三条第二文では、「ポーランド人（中略）は、それぞれの政府が適切とみなす市民的（政治的）存在（bürgerliches Dasein/ d'existence politique）の形式にしたがって参加する彼らのナショナリティを保証する制度が与えられる」とされた[2]。

領有に際して、プロイセン国王フリードリヒ・ヴィルヘルム三世は、「ポーゼン大公国の住民に告ぐ」という布告を発した[3]。

　朕は、本日の領有宣言によって、元来プロイセンに属し、かつてワルシャワ公国の一部となっていた地域を以前の関係に戻すことによって、朕は諸君の諸関係を規定することとなった。諸君は祖国（Vaterland）を持っている。そして、それとともに、朕は諸君への愛着を持っている。諸君は朕の君主国に入ったが、諸君のナショナリティ（Nationalität）は否定されることはない。諸君は、朕が臣民に与える国体（Constitution）に参加する。そして、諸君は、朕の国において、他州と同様な州制度（Verfassung）を持つ。
諸君の宗教は維持され、その職はその報酬をもって維持される。個人の権利、所有は、再び法の保護の下に置かれる。諸君は、将来、その法について審議するだろう。
諸君の言語は、公の集会でドイツ語と並んで使用され、その能力に応じて、大公国の公務員や他の職へ開かれている。（以下略）

領有宣言は、同時期にプロイセンに編入されたライン州、ザクセン州に対しても布告された。さらに、かつてのポーランド王国の一部で、一八一五年にはポーゼン州に編入されなかったダンツィヒやトルンへの住民への布告も同時に出された[4]。しかし、ポーゼン州以外の領有宣言では、「祖国」「ナショナリティ」「宗教」「言語」についてはは触れられていない[5]。つまり、「祖国」「ナショナリティ」「宗教」「言語」については、ポーゼン州独自の規定であったのであり、これはポーゼン州の「権利」と理解されていくこととなる。

ポーゼン州に保証されている「言語」は、「ドイツ語と並んで」とあるように、「ドイツ語」以外の他の言語であり、歴史的な経緯から「ポーランド語」であることが推測できる。他方、「ナショナリティ」という語は、「祖国」、「国体」に関する文脈で現れる。そのため、「祖国」は、「プロイセン」もしくは小さな「祖国」としての「ポーゼン大公国」ととらえるべきであろう。また、「ナショナリティ」は、言語や文化の独自性を示しているというよりも「政治参加の主体性」=「政治参加の特権」ととらえるべきであろう。

この結果、ポーゼン州におけるポーランド語は、ウィーン条約によって国際的に、「領有宣言」によって国内的に、その位置を認められたと解釈される。しかし、位置付けそのものは、それぞれの時期に解釈が変わり、それぞれの問題を引き起こすこととなる。

２　一八一六年の「翻訳規定」と『ポーゼン大公国諸規定集　一八一〇―一八一七』

ウィーン条約および国王の領有宣言によって、ポーゼン州においては、ポーランド語がドイツ語と並んで用いられる言語として認められた。これを受けて、一八一六年六月二〇日、ポーゼン大公国への導入のためのプロイセン諸法のポーランド語への翻訳に関する内閣令（以下で「翻訳規定」）において以下が定められた[6]。⑴一般ラント法、一般裁判規定、刑事・供託（Deposital）・抵当権規定などの旧法は、ポーゼン大公国における適用のために、ポーランド語に翻訳される。⑵ポーゼン大公国に祖国の法が適用されるとすぐに、ポーランド語の翻訳が付されたものが一定数印刷される。⑶このドイツ語＝ポーランド語対訳版は、プロイセンとシュレジエンにおいて、目下のところポーランド語が使用されている地域においても使用される。⑷ポーゼン県とブロンベルク県の官報も同様にドイツ語とポーランド語で出版される。

そのうえで、「すべての翻訳の中でドイツ語のテキストが本来の法であり、解釈が迷う場合の基礎となる」と定められた。

この「翻訳規定」は、ドイツ語で文書化されている法律について、ポーランド語へ翻訳し、その実務に当てることを意図したものである。その際に、オリジナルはドイツ語であることが定められている。また、ポーランド語の対訳版は、ポーゼン州だけでなく、ポーランド語が話されているとされるプロイセン州とシュレジエン州でも用いるとされており、ポーランド語の使用はポーゼン州以外でも想定されている。

この内閣令に基づいて、一八一〇年から一八一七年にかけての『プロイセン法令集』のドイツ語とポーランド語の対訳版である『ポーゼン大公国諸規定集　一八一〇―一八一七』(*Sammlung mehrerer das Großherzogthum Posen*

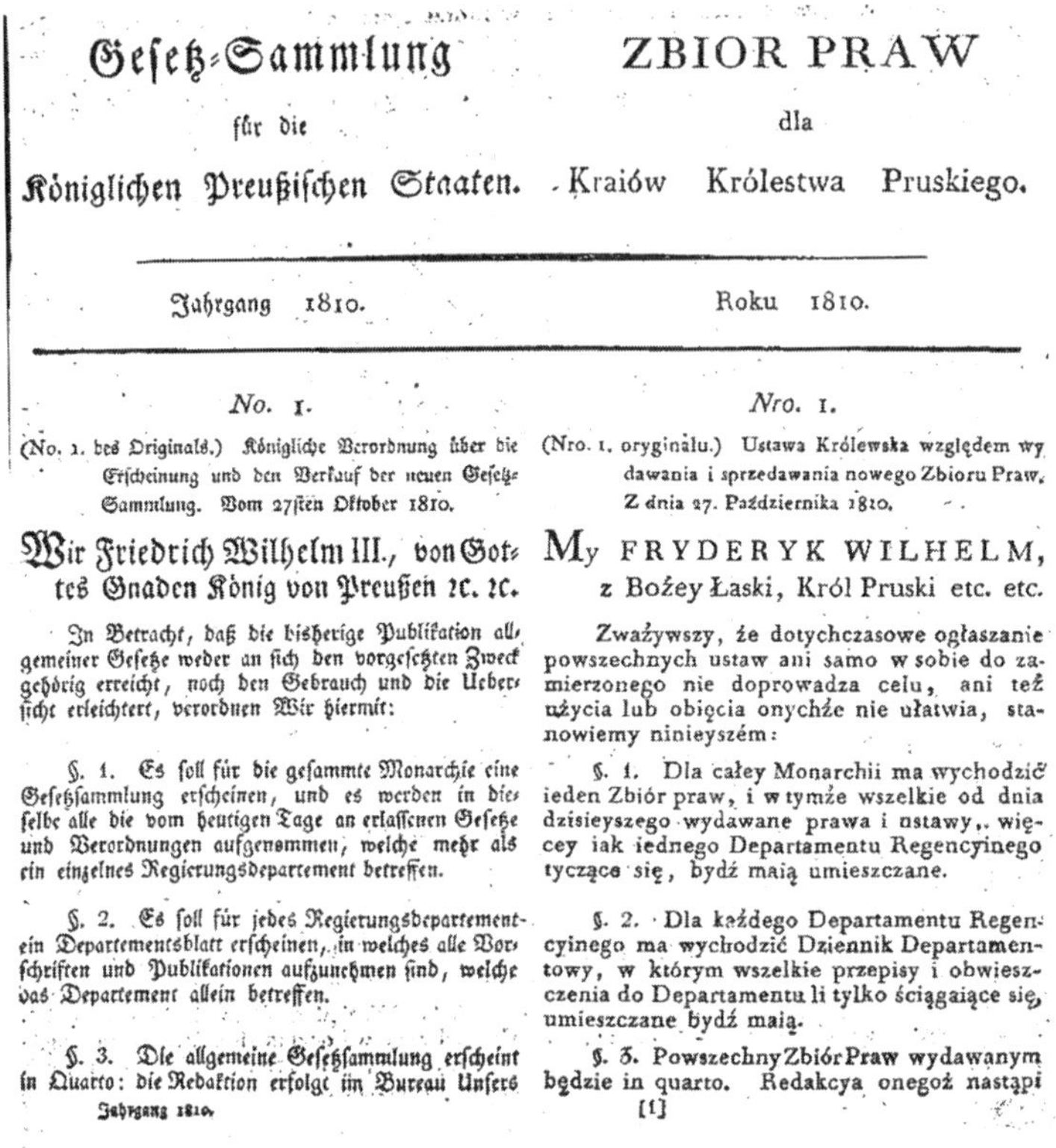

Gesetz-Sammlung für die Königlichen Preußischen Staaten.

ZBIOR PRAW dla Kraiów Królestwa Pruskiego.

Jahrgang 1810.

Roku 1810.

No. 1.

(No. 1. des Originals.) Königliche Verordnung über die Erscheinung und den Verkauf der neuen Gesetz-Sammlung. Vom 27sten Oktober 1810.

Wir Friedrich Wilhelm III., von Gottes Gnaden König von Preußen rc. rc.

In Betracht, daß die bisherige Publikation allgemeiner Gesetze weder an sich den vorgesetzten Zweck gehörig erreicht, noch den Gebrauch und die Uebersicht erleichtert, verordnen Wir hiermit:

§. 1. Es soll für die gesammte Monarchie eine Gesetzsammlung erscheinen, und es werden in dieselbe alle die vom heutigen Tage an erlassenen Gesetze und Verordnungen aufgenommen, welche mehr als ein einzelnes Regierungsdepartement betreffen.

§. 2. Es soll für jedes Regierungsdepartement ein Departementsblatt erscheinen, in welches alle Vorschriften und Publikationen aufzunehmen sind, welche das Departement allein betreffen.

§. 3. Die allgemeine Gesetzsammlung erscheint in Quarto: die Redaktion erfolgt im Bureau Unsers

Jahrgang 1810.

Nro. 1.

(Nro. 1. oryginalu.) Ustawa Królewska względem wydawania i sprzedawania nowego Zbioru Praw. Z dnia 27. Października 1810.

My FRYDERYK WILHELM, z Bożey Łaski, Król Pruski etc. etc.

Zważywszy, że dotychczasowe ogłaszanie powszechnych ustaw ani samo w sobie do zamierzonego nie doprowadza celu, ani też użycia lub obięcia onychże nie ułatwia, stanowiemy niniejszém:

§. 1. Dla całey Monarchii ma wychodzić ieden Zbiór praw, i w tymże wszelkie od dnia dzisieyszego wydawane prawa i ustawy, więcey iak iednego Departamentu Regencyinego tyczące się, bydź maią umieszczane.

§. 2. Dla każdego Departamentu Regencyinego ma wychodzić Dziennik Departamentowy, w którym wszelkie przepisy i obwieszczenia do Departamentu li tylko ściągaiące się, umieszczane bydź maią.

§. 3. Powszechny Zbiór Praw wydawanym będzie in quarto. Redakcya onegoż nastąpi

[1]

図1 『規定集』1810年10月27日。

abgebenden Verordnungen aus den Jahren 1810 bis 1817/ Zbiór rozmaitych Wielkiego Xięstwa Poznańskiego dotyczących ustaw z lat 1810 do 1817 (Posen/ Poznań, 1817).)（以下、『規定集』）が作成された。

この『規定集』は、二部構成で、第一部が一八一〇年から一八一四年まで、第二部が一八一五年から一八一七年に発布され、この規定集刊行の時点で、ポーゼン州に適用されている法令の集成である。『プロイセン法令集』は、一八一〇年一〇月二七日の勅令によって、発行・販売が開始されたものである。そのため、ポーゼン州の『規定集』は、プロイセン法令集の最初の規定から収録されていることとなる。

図1は、『規定集』の最初のページであり、一八一〇年一〇月二七日の勅令とその対訳が収録されている。[7] **図**

1から分かるように、向かって左側にドイツ語、右側にポーランド語が置かれる対訳形式となっている。また、その翻訳は基本的には逐語訳である。

一八一六年の「翻訳規定」で指示されていた『プロイセン一般ラント法』の翻訳も行われ、一八二六年に刊行された[8]。規定集に比べると、翻訳に時間が経っているといえるが、この翻訳は、一八二一年に刊行された『プロイセン一般ラント法』の新版に基づいていると考えられるため[9]、実際には短期間で翻訳がなされたと言えるだろう。一般ラント法のポーランド語への翻訳は、逐語訳であるが、対訳形式ではなく、ポーランド語版として出版されている。

官報も翻訳の対象であった。ポーゼン州は、行政的にその内部はポーゼン県とブロンベルク県の二つに分かれるが、それぞれ官報も対訳形式で翻訳されている[10]。この対訳版は、後述の一八七六年の「公用語法」によってドイツ語版のみとなる。『ポーゼン県官報』は、一八七六年一〇月四日の第四〇号、『ブロンベルク県官報』は一八七六年一〇月二七日の第四三号まで対訳版が継続した。

この他に、司法面では、一八一七年二月九日の「ポーゼン大公国における司法行政に関する規定」では、「ドイツ語とポーランド語の両言語は必要に応じて裁判の業務語である」ことが規定されていた[11]。

ポーゼン州成立期の言語状況について、言語学者のグリュック（Helmut Glück）は、「二言語的（diglossisch）」と特徴付けている。同時に、住民のなかでは、「言語政治的活動の結果」ではなく、「基本的な経済的・社会的必要性」から生じた「より広範で「自然な」バイリンガリズム」が認められたとしている[12]。「翻訳規定」や対訳の『規定集』の作成はこの状況の現れであったといえるだろう。

しかし、この「二言語的」状況は、次第に変化していくこととなる。一八三〇年に州長官にフロットヴェル（Eduard von Flottwell）が着任すると、一八三二年四月一四日、ポーゼン州における行政の業務語をドイツ語とする

「言語令」が出された[13]。

さらに、一八七一年にドイツ帝国が成立し、ポーゼン州もその一部となると、プロイセン王国もドイツ国民化政策を進め、一八七六年八月に「公用語法」が規定された[14]。この法律は、国家行政、すべての公的機関においてドイツ語を唯一の公用語とするものである。確かに、一部地域ではポーランド語などの使用が一定期間認められてはいたが、これによりポーランド人地域における行政のバイリンガル制は撤廃されることとなり、ポーランド語話者はいわば「第二級国民」という位置付けを強いられることとなった。ただし、国家に関わらない公共生活・私的生活ではポーランド語は容認されていた。

3 ポーゼン州議会議事録

ポーゼン州議会とその議事録もドイツ語とポーランド語の翻訳の「場」であった。州議会は、一八二〇年代に再編された州シュテンデによって構成された州のレベルの合議体である。州シュテンデは、州の政治を担う特権を持った諸身分であるが、その身分は生得身分ではなく、資格の必要条件は土地所有のみであった。そのため、かつてのシュテンデとは異なるいわば疑似的な身分ではあったが、州シュテンデ・州議会は地域社団として機能した。しかし、一八五〇年代以降になると、州議会は次第に地方行政団体の性格を強めていった。

地域社団であるポーゼン州議会では、ポーランド語の政治的ステータスが問題となった。

ポーゼン州議会は、一八二七年の第一回から一八一八年の四九回に及ぶ。ポーゼン州議会は、以下のように六つの時期に区分できる。①一八二七年から一八四五年（第一回から第七回）、②一八五一年から一八五六年（第八回から第一二回）、③一八六一年から一八七五年（第一二回から第一八回）、④一八七六年から一八八八年（第一九回から第二四回）、⑤一八八九年から一九一三年（第二五回から第四五回）、⑥第一次世界大戦期（第四六回から第四九回）の六期である。これらの時期区分うち、ポーゼン州議会において翻訳が問題となるのは、①〜③の時期である[15]。

①は、ポーゼン州議会成立から、一八四八年革命前の時期である。この時期ポーゼン州議会議事録は、ドイツ語とポーランド語の対訳形式であった（**図2**）。この時期は、ドイツ語とポーランド語の双方を使用することがポーゼン州という地域社団の「権利」であったといえよう。

②の時期は、一八四八年革命終結から一八五〇年代となるが、この時期の議事録はドイツ語のみとなる。③の一八六〇年代になると、再びドイツ語とポーランド語の対訳となる。一八七六年にプロイセン言語法が制定され、プロイセン全域において、公文書に用いられる言語がドイツ語であることが定められた結果、④の時期以降の議事録はすべてドイツ語のみとなる。

①から②の時期における変化、つまり、ドイツ語とポーランド語の対訳からドイツ語のみの議事録へという変化の理由は不明である。一八四八年の革命を受けて、ポーランド語の政治的な「危険性」が認識されたためと考えられる。②の時期に起こった問題は3-2で見ていく。

また、③の時期に起こったドイツ語とポーランド語の対訳の復活の理由としては、一八六一年の第一二回ポーゼン州議会の際には、国王が交代していたことも影響していると考えられるが、やはり定かではない。

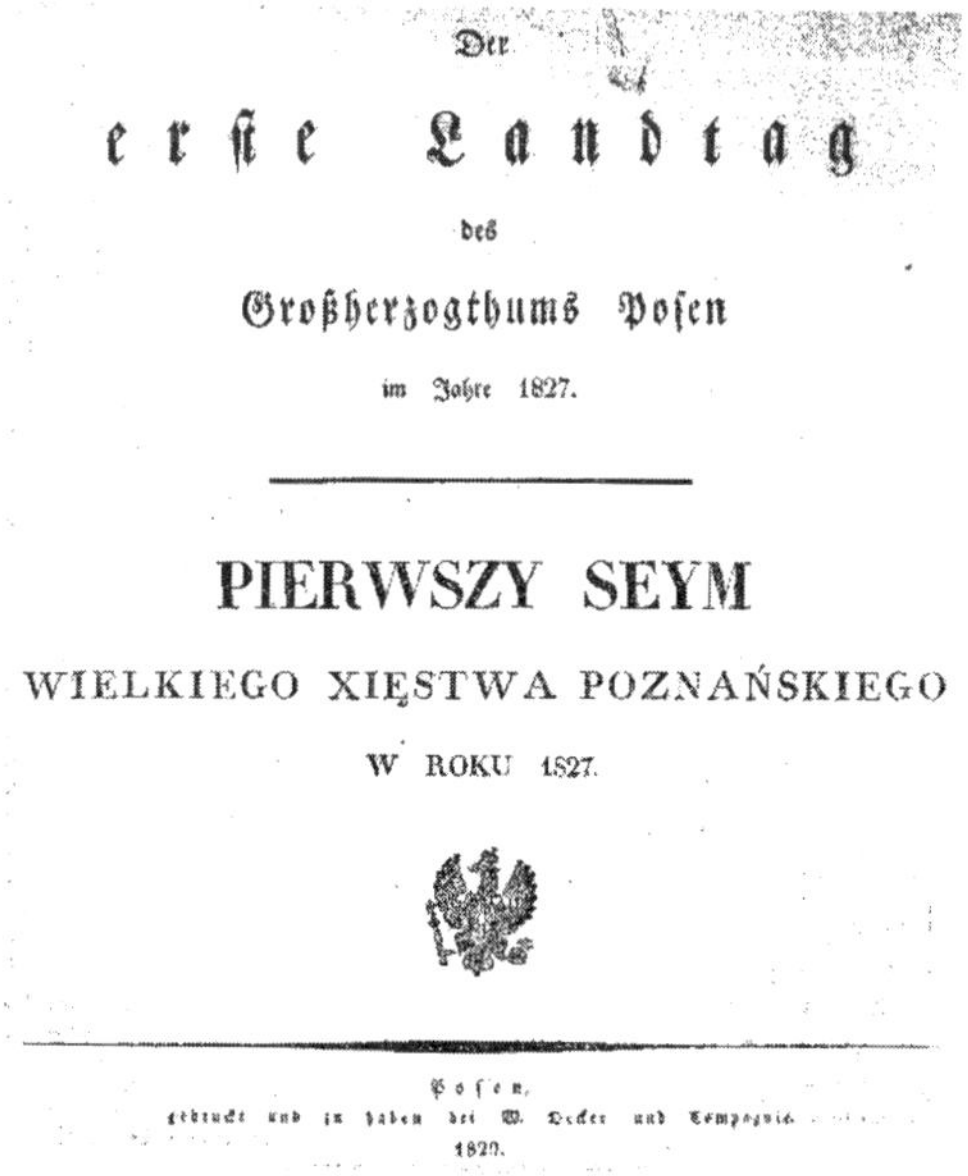

Der
erste Landtag
des
Großherzogthums Posen
im Jahre 1827.

PIERWSZY SEYM
WIELKIEGO XIĘSTWA POZNAŃSKIEGO
W ROKU 1827.

Posen,
gedruckt und zu haben bei W. Decker und Compagnie.
1827.

図２　第１回ポーゼン州議会議事録（1827 年）の表紙

— 38 —

Wir Friedrich Wilhelm von Gottes Gnaden, König von Preußen ꝛc.

Entbieten Unseren zum Posenschen Provinzial-Landtage versammelt gewesenen getreuen Ständen Unseren gnädigen Gruß.

Als Wir Unsere getreuen Stände des Großherzogthums Posen zum ersten Male nach Unserer Thronbesteigung zusammenberiefen, legten Wir denselben die wichtigsten Angelegenheiten der Provinz mit vollem landesväterlichen Vertrauen zur Berathung vor. Mit Wohlwollen haben Wir erkannt, daß der Landtag von dem Gefühl der Verpflichtung durchdrungen gewesen ist, mit Eifer und reger Thätigkeit für das Wohl der Provinz und des Landes zu wirken. Zahl und Umfang seiner Arbeiten bürgen dafür. Unsere Zufriedenheit mit dieser rühmlichen Thätigkeit würde noch vollkommener und ungetrübter seyn, wenn nicht ein bedeutender Theil der Versammlung sich zu Aeußerungen und Anträgen hätte fortreißen lassen, die, mit Verkennung der allein richtigen Stellung der Provinz, aus der Vorstellung und Tendenz einer politisch-nationalen Sonderung des Großherzogthums von dem Deutschen Kern der Monarchie hervorgegangen, Uns die Pflicht auflegen, einer solchen mit dem Wohl des Landes und Unserer Polnischen Unterthanen unvereinbaren Vorstellung und allen Täuschungen, welche sich daran knüpfen, mit landesväterlichem Ernst entgegenzutreten.

In Uebereinstimmung mit dem Inhalte der Wiener Traktate hat das Besitznahme-Patent und der Zuruf Unseres in Gott ruhenden Herrn Vaters Majestät vom 15. Mai 1815. die Einwohner der Provinz Posen der Monarchie einverleibt und damit den Charakter einer vollständigen, untrennbaren, alle Verhältnisse durchdringenden Vereinigung ausgesprochen. Das Großherzogthum Posen ist eine Provinz Unseres Reiches in demselben Sinne, in derselben unbedingten Gemeinschaft, wie alle übrigen Provinzen, welche Unserem Scepter unterworfen sind.

Mit dieser Stellung des Großherzogthums Posen ist die Stellung der verschiedenen Nationalitäten, die es in sich schließt, ist der Gang ihrer ferneren Entwickelung unverrückbar vorgezeichnet.

My FRYDERYK WILHELM, z Bożéj łaski Król Pruski i t. d.

Wiernym Naszym Stanom, na Sejm prowincyalny Poznański zebranym, Nasze łaskawe pozdrowienie.

Zwoławszy Nasze wierne Stany Wielkiego Xięstwa Poznańskiego po raz pierwszy po Naszem na tron wstąpieniu, przełożyliśmy im do obrady najważniejsze sprawy prowincyi z zupełną ojcowską ufnością.

Z ukontentowaniem uznaliśmy iż Sejm przejęty był uczuciem swojéj powinności działania gorliwie i nader czynnie dla dobra prowincyi i kraju. Ilość i objętość prac jego są tego rękojmią, a Nasze zadowolnienie z powodu téj chlubnéj działalności byłoby jeszcze tym zupełniejsze, gdyby nie była się uniosła znaczna część zgromadzenia do wynurzeń i wniosków, które bez należytego poznania właściwego stanowiska prowincyi, wynikając z myśli i dążności polityczno narodowego odosobniania Wielkiego Xięstwa od niemieckiego zdrzonia Monarchii, wkładają na nas obowiązek wystąpienia z powagą ojcowską przeciwko takiej dobru kraju i poddanych Naszych polskich niewłaściwéj myśli, jako też na przeciw wszelkim z nią połączonym łudzeniom.

Zgodnie z osnową układów Wiedeńskich wyrzeczonem zostało patentem zajęcia kraju i odezwą Naszego w Bogu spoczywającego ojca, Króla Jego Mości, z dnia 15. Maja 1815. wcielenie mieszkańców prowincyi Poznańskiéj do Monarchii, a zarazem zupełne nierozłączne wszystkie stosunki przenikające połączenie. Wielkie Xięstwo Poznańskie jest prowincyą Państwa Naszego w takiem rozumieniu, w takiem bezwarunkowem połączeniu, jak wszystkie inne prowincye Naszemu berłu podległo.

Przez takie stanowisko Wielkiego Xięstwa Poznańskiego naznaczoném zostało niewzruszenie i stanowisko rozmaitych narodowości, jakie w sobie zawiera, jako i bieg ich dal-

図３　第５回ポーゼン州議会における国王フリードリヒ・ヴィルヘルム４世による州議会決議

3―1　ポーランド語のステータスをめぐって

一八四八年以前のポーゼン州議会において、ポーランド語の政治的ステータスが直接的に問題となったのは、一八四一年の第五回ポーゼン州議会であった[16]。

一八四一年八月六日の第五回ポーゼン州議会決議の序文において、新国王フリードリヒ・ヴィルヘルム四世は、ポーランドナショナリティ（Nationalität / narodowość）について触れた（図3）[17]。国王は、「わが君主国との分かつことのできない結び付きにおいて、わがポーゼン州のポーランド臣民の国民感情は、さらなる発展の方向性とその表明の制限を認識しなければならない。出自（Abstammung）の違い、つまりポーランド人とドイツ人という名の対立は、（中略）プロイセンという名の下でその統一点（Vereinigungs=Punkt）を見出す」と述べ、「無責任に、この事実を見誤ってはならないし、ナショナリティの違いが再び政治的対立の基礎となってはならない」とした。さらに、

> 朕は、ドイツ語、リトアニア語、ワロン語を話す臣民をプロイセンの同胞として、同じ一つの祖国を持つプロイセンの同胞として、一つの王冠の下のプロイセンのラントの子として結び付けている紐帯を決して忘れることがないよう求める。

と、プロイセンという紐帯を強調した。この部分のドイツ語とポーランドの対訳は以下の通りである。ポーランド語への翻訳は、逐語的な点では「正確に」行われているといえるだろう。しかし、フリードリヒ・ヴィルヘルム四世のこの言葉のポーランド語訳の「解釈」が問題を引き起こすこととなる。

〈ドイツ語〉Wir erwarten und fordern von ihnen, daß sie niemals des Bandes vergessen, welches sie als Preußische Brüder Unserer Deutsch, Lithauisch, Wallonisch redened Unterthanen, als Preußische Genossen einen desselben Vatarlandes, als Preußische Landeskinder unter *einer* Krone verbindet.

〈ポーランド語〉Spodziewamy się i wymagamy po nich, aby nigdy niezapomniali węzła, który ich jako braci pruskich Nazych poddanich po niemiecku, litewsku, wallońsku, jako pruskich uczstników jednéj i samej ojczyzny, jako dzieci kraju pruskiego pod *jedną* koroną łączy.

一八四三年三月五日に招集された第六回ポーゼン州議会は、本来は州議会の権限にはない「建白（Adresse）」を国王に送った。「建白」では、ポーランドナショナリティについて述べた一八四一年八月六日の州議会決議の序文に対して反論し、「ポーランド臣民（polnische Untertanen）」は「ポーランド人としての彼らのナショナリティの維持と保持、そして、祖国、公の会議での彼らの言語の使用が保証されて」いる存在とする。そして、「ナショナリティにおいてもはや存在しないリトアニア語やワロン語を話す臣民」と同様に「プロイセンの名の下に統一点を見出す」というのは、ポーランド臣民が「自身の言語、習慣、歴史的記憶にしたがってそうであろうとしているもの、また厳粛に結ばれた契約にしたがって与えられた保証によってそうであろうとするもの――すなわち、ポーランド人であること」ができなくなるという不安が示された[18]。

これに対して、国王は、ポーゼン州の州シュテンデからの建白に三月一一日付で返答した[19]。ポーランドナショナリティに関しては、「ポーランド民族（Stamm / szczep）の臣民の建白において、わが国家のすべての民族（Stamm / szczep）の共通の名において与えられている統一点を否定するという考え方は（中略）一党派（eine Partei）の見解である」と、不満はあくまで一部のものによるものであると批判した。つまり、国王は、ポーランドナショナリティの問題は「一党派」によって問題とされているに過ぎないとしている。また、「ナショナリティ」という表現が「民族（Stamm / szczep）」へと変わっていることは着目しなければならない。「民族（Stamm / szczep）」という言葉は、根元を同じくする集団の一分枝であることを意図しているため、相互に異なる存在であるナショナリティという言葉を使用するよりも、相互の共通性を意識させるものとなっている。

ポーランド語話者である「ポーランド臣民」にとって、ドイツ人以外では、ポーランド人のみが政治的主体性を持ちえる「ナショナリティ」であり、ポーランド語はそのポーランド人の言語であった。そのため、さまざまに存在しうる言語の中においてもポーランド語のみが他の言語にはない「権利」を有した存在であるべきであった。このポーランド語の「権利」は、他の言語から見ると「特権」であるといえる。この「権利」＝「特権」が脅かされることにポーランド語話者の議員が反発したのである。

3-2　ニェゴレフスキの招請状問題

一八五〇年代は、先述の通り、議事録がドイツ語のみとなった時期である。この時期、一八五六年のニェゴレフスキ（Andrzej Marcin Niegolewski, 1787-1857）の請願によって、州議会におけるポーランド語の問題が提起された[20]。ニェゴレフスキは、ナポレオン期に将校となった元軍人である。その後、一八三〇年から一八三一年にかけての一一月蜂起に参加し、有罪となった。この時期を除き、州議会議員を長く務めていた。

一八五六年一〇月、ニェゴレフスキが、州長官プットカマー（Eugen von Puttkamer）に請願を提出した。その請願について、ニェゴレフスキは以下のように説明している。州長官からニェゴレフスキに書簡が送付されてきたが、その印章はラントの言葉であるポーランド語とドイツ語の双方で書かれていたが、宛名はドイツ語のみであった。そのため、ニェゴレフスキは、書簡を開封せずに返送した。ニェゴレフスキは、その返送した手紙に請願を付し、地方官吏が「国王陛下の意思を尊重し、実行すること」を「ポーゼン大公国の市民として」要求した。ニェゴレフスキの不満は以下の二点であった。一点目は書簡がドイツ語のみで書かれていたことである。「国王の意思」に従うなら、ニェゴレフスキとはポーランド語でやりとりするべきである、とした。二点目は、彼が保持する中佐の称号が剥奪されることである。この称号は、ナポレオン戦争時代に彼が獲得し、一一月蜂起にも参加したにもかかわらず保持しえているものであった。ニェゴレフスキは、この地位は「祖国のための勤務」により獲得したと考えており、それは、ウィーン条約およびその際に示された「国王の意思」によって認められていると主張した。

これに対して、州長官プットカマーは、ニェゴレフスキが欠席の理由を示さずに、州議会に来なかったため、彼の代理人を出席させたことを告げた。そして、宛名がドイツ語のみの法的根拠は、一八三二年の「言語令」であるとした。

ニェゴレフスキは、州長官からの返信を受け取る以前に再度州長官に主張を書き送り、彼の地位の保全、および、州議会への参加を要求した。さらに、先のドイツ語のみの書簡に再度触れ、「ドイツ語だけで書かれた書簡を私は認めない」と主張した。その主張の根拠は、ポーゼン大公国市民にとっての「マグナ・カルタ」である一八一五年の「領有宣言」であった。「領有宣言」は、ドイツ語とポーランド語の使用を認めているのであり、これこそが「国王の意思」であるとし、官僚は国王の意思を尊重しなければならないと訴えた。さらに、ポーゼン大公国住民、特にポーランド人の権利は、「母語」によってのみ保証されるものと位置付け、現在の州長官はポーランド語を迫害し、「われわれの心を国王陛下から遠ざけている」と断じた[21]。

この争いは、ドイツ語とポーランド語の「ステータス」をめぐる争いであったといえよう。ニェゴレフスキから見れば、「国王の意思」に基づいて、ドイツ語とポーランド語の「ステータス」は同等であるべきものであり、宛名も両言語で書かれているべきものであった。そのため、州長官は、「国王の意思」に反して、ポーランド語を抑圧していることとなる。これに対して、州長官プットカマーは、州の行政語をドイツ語とする一八三二年の「言語令」に依拠していた。

ニェゴレフスキは、長い間州議会議員を勤めていたが、このような争いになるのはおそらく初めてのことであった。つまり、一八五六年以前の州議会の招請状は、少なくともニェゴレフスキに対しては、ドイツ語とポーランドで記されていたと考えられる。しかし、この状況が一八五六年の際に変化したため、このような争いに至ったのである。

ポーゼン州議会においては、ポーランド語の政治的ステータスが問題であった。ポーランド語話者の臣民にとって、ポーランド語は政治的主体たりえるポーランドナショナリティの言語として、ポーゼン州では「ドイツ語と並んで」権利を有していることが当然であった。その「権利」＝「特権」が侵害されたとポーランド人話者がとらえたときに争いが生じたのである。しかし、このポーゼン州のポーランド語の「権利」＝「特権」も一八七六年以降は、プロイセン＝ドイツ帝国のドイツ的国民化によって失われることとなる。

4　「文化言語」としてのポーランド語

ポーランド語は、ポーゼン州において政治的ステータスを保持していた。しかし、ポーゼン州のみにおける政治的なステータスだけでは、ポーランド語という言語の存在意義を保持し続けることはできない。そこで、ポーランド語がそれ自身で、存在意義のある言語であること、つまり一定のヘゲモニーを持ちうる「文化言語」である必要があった。

4―1　ポーランドの公共圏の広がりと翻訳

ポーランド語は、ポーゼン州には、一八一五年の「領有宣言」などによって、ポーゼン州という地域社団の「権利」=「特権」として認められていたといえよう。しかし、ポーランド語の広がりは、ポーゼン州のみにとどまるものではない。ポーランド語の広がりは、かつてのポーランド王国全域におよんでいた。一九世紀には、ポーランド語の公共圏は、プロイセンにおいてプロイセン州、シュレジエン州、ロシア領ではワルシャワを中心にポーランド王国、オーストリア領では、クラクフ、ルヴフを中心としたガリツィアへと広がっていた。さらに、パリの亡命ポーランド人も重要な発信源であった。

一九世紀以前のヨーロッパ、特に中欧では、多言語状況が一般的であった。多言語状況は現在に至るまでなくなったわけではないが、一九世紀に入ると、啓蒙主義やロマン主義のプロジェクトを通じて、それぞれのネイションにおいて国民化が進展した。国民化は、言語と文化に深く結び付いており、地域や国民の教育・学術言語として、標準化・規範化された現地の言語を用いることを前提とした。このため、翻訳が活発になり、哲学書や教科書、農業などあらゆる科学分野の専門論文もポーランド語に翻訳され、またポーランド語から翻訳された。

学術的著作のポーランド語への翻訳の点数を見てみると、**図4**のように、一八〇一年から一八一〇年の間に一一一点だったが、一八五一年から一八六〇年にはすでに二一四、五〇年後には一〇七一へと増加している。

これらの翻訳は、ポーランド語話者である読者が新しい知識にアクセス可能にすることを目的としていた。こ

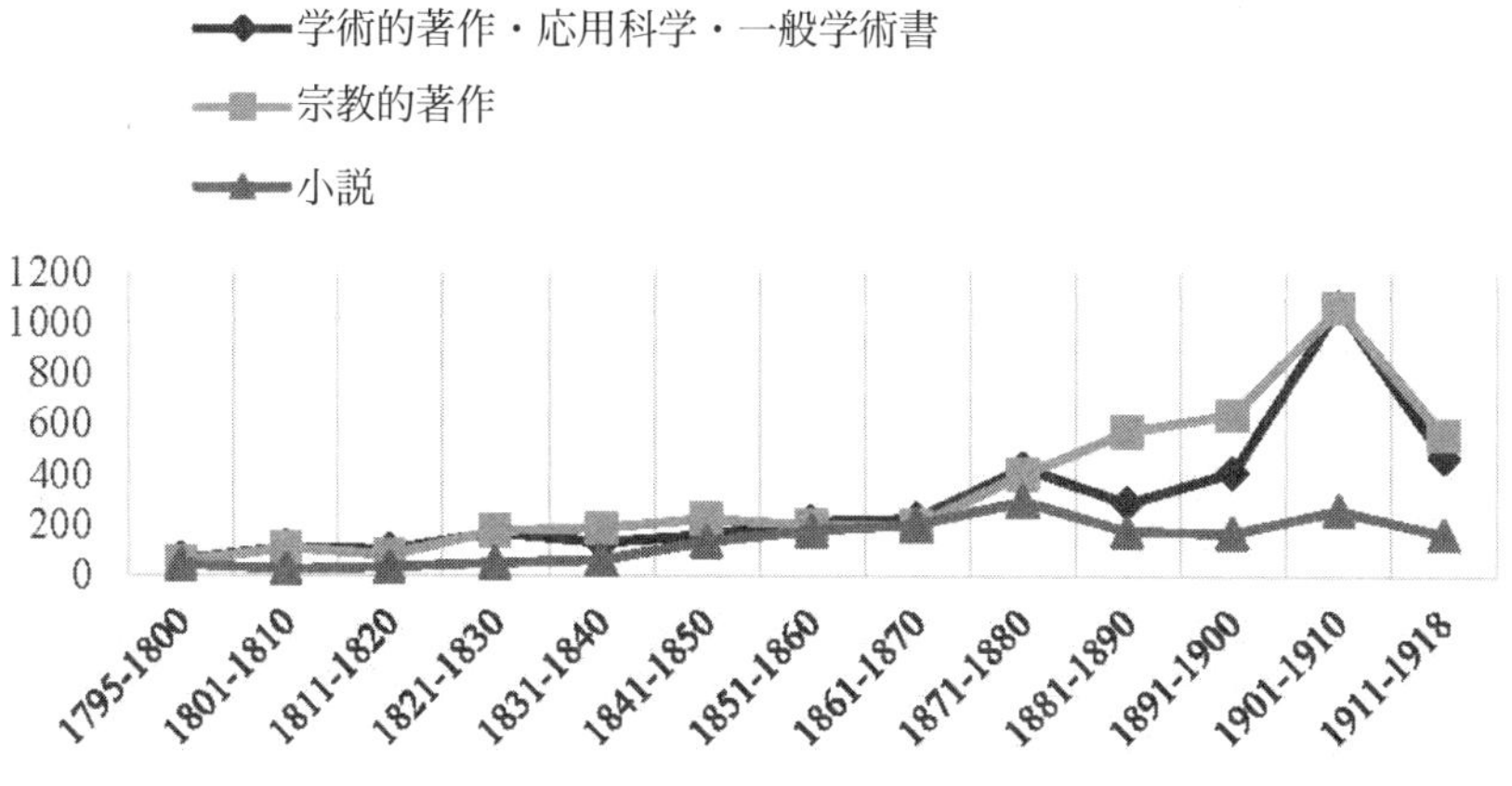

図4　ポーランド語への翻訳　1795年─1918年
出典: Jan Surman, Wissenschaft als Übersetzung? Translation und Wandel polnischsprachiger Wissenschaft im langen 19. Jahrhundert. Eine Einführung, *Zeitschrift für Ostmitteleuropa-Forschung*, 65-4 (2016), S.489.

れは、特にポジティヴィズムの時代のポーランドにおいて、「知識人のトポス」ともいえるものであった[22]。対象と想定された読者は、専門の科学者よりむしろ学生や外国語を十分に読むことができない教養あるエリートであった。また、翻訳の機能は、ポーランド語話者を、ドイツ語などの外国語として体系化された「文化言語」から解き放ち、ポーランド語による国民化に寄与することであると同時に、学術言語としてポーランド語を用いる読者を作り出すことも目指されていた。ポーランド語自身が、「文化言語」たろうとしたのである。

4─2　ベントコフスキ『ポーゼン大公国の官公庁文書におけるポーランド語問題』

ポーゼン州において、ポーランド語の公共圏の広がりに触れつつ、ポーゼン州におけるドイツ語からポーランド語への翻訳の問題ついて提起したのが、ヴワディスワフ・ベントコフスキ（Władysław Bentkowski）であった[23]。

ヴワディスワフ・ベントコフスキは、ワルシャワ大学教授のフェリクス・ベントコフスキ（Feliks Bentkowski）の息子として、一八一七年にワルシャワで生まれた。一八三一年に一一月蜂起に参加した後、一八三三年から一八三六年にはケーニヒスベルク（クルレヴィエツ〔Królewiec〕、現カリーニングラード）大学で法学と歴史学を専攻した。一八四二年末にポーゼン市に至り、一八四三年プロイセン市民権を得て、プロイセン軍へ入隊した。一八四八年ポーゼン蜂起の後六月に退役し、ポーゼン市に戻り、『ポーランド新聞（Gazeta Poska）』の編集となった。その際、マルツェリ・モッティ（Marceli Motty）、ヒッポリト・チェギエルスキ（Hipolit Cegielski）らと親交を持った。一八四九年、ヴィソツキ（Józef Wysocki）の軍団に加わり、ハンガリーへ赴いた。一八五〇年にポーゼン市へ再び帰還し、一八五一年終わりまで『ポーランドの急使（Goniec Polski）』紙を編集し、一八五二年から一八六三年までプロイセン議会議員を務めた。また、一八五九年には、チェギエルスキとともに『ポズナン日報（Dzinnik Poznański）』発刊し、一八六三年初めまで主幹を務めた。

一八六三年ロシア領ポーランドで一月蜂起に参加したことで逮捕・投獄された後、ポーゼン市に居住し、銀行や工場を経営した。この間、一八七二年、ポズナン民衆教育協会（Towarzystwo Oświaty Ludowej w Poznaniu）を共同設立した。この他に、ポズナン学問の友協会（Poznańskie Towarzystwo Przyjaciół Nauk, PTPN）、学問支援協会（Towarzystwo Naukowej Pomocy dla młodzieży Wielkiego Księstwa Poznańskiego）に参加した。一八八七年一〇月二日ポーゼン市で死去した。[24]

ベントコフスキは、一八五八年に『ポーゼン大公国の官公庁文書におけるポーランド語問題』（*Sprawa polszczyzny w urzędowych ogłoszeniach W. Księstwa Poznańskiego*〔Poznań, 1858〕）を著し、官公庁のポーランド語訳文における「誤り」の多さを指摘・批判した（以下、この著作の引用は本文中に（）でページ数を示す）。

ベントコフスキはまず、一八一五年のポーゼン州成立の際の国際条約（ウィーン条約）および国内法によって、大公国におけるポーランド語とドイツ語の「同権」が認められたこと、官公庁文書は両言語で出版されるとされたことを強調する。

しかし、この翻訳作業が、一八四六年、もしくは一八四八（一八五八と書かれているが誤り）年までは、「両言語を正確に理解し、法律的な文体を使いこなせる」人物に委託されていたと考えられる。しかし、一八四八年以後、ポーランドの翻訳がひどくなり、理解できないものとなっている。この結果、ポーランド人が訳文を利用できなくなっている。これは、「美しく豊かなわれわれの言葉の損害と貶め」(s.5) であると主張すると同時に、適切な翻訳者がいないという問題を指摘している。

ベントコフスキによれば、ポーランド語は、「本質的に、柔軟で豊かな言葉である。プロイセン君主の勃興する百数十年前にすでに、偉大な国家あらゆる文書のさまざまな法律で使用されていた言語である。数百年前から、議会で絶え間なく議論が行われてきた言語である。近年では、ワルシャワ公国で、ポーランド王国で、そしてクラクフ共和国で、法律・法典・指示・行政命令が編纂されている言語である。また、古い昔に作られ、新しい現在では、極めて多彩な分野に至るまでその語彙が熱心に収集され、公に使われている言語である」(s.15)。さらに、ポーランド語は、生活や科学の諸分野、農業・林業・狩猟・漁業・養蜂・冶金・鉱山業・建築術・手工業・芸術・軍事などにおいても用いられており、ポーランド語による文学は絶え間なく発展している。そして、ベントコフスキは、このようなポーランド語は、「プロイセン王国において出版された法律や布告に関して、理解できる正しい訳文に適していないといえるだろうか」(s.16) と訴えかける。ここでは、ベントコフスキは、ポーランド語が政治的・文化的な伝統を持つ言語であると同時に、現在の諸科学の発展にも対応できる言語であること、つまり「文化言語」にふさわしいことを主張しているのである。

ポーランド語をこのようにとらえた上で、ポーランド語翻訳改善のための方策が示される。

第一に、ポーランド語の版の編集に、ポーランド人（rodowity Polak）を選ぶこと。ポーランド語の語彙・文法に知悉しているだけでなく、従来からポーランド語で会話をしており、書記言語を適切に操り、司法や行政についての専門的な学歴を持つ人物であるべきとする。第二に、翻訳者たちの活動は一箇所で行う。法令などの翻訳はベルリンでなく、ポーゼン市で行われるべきである。第三に、ポーゼン大公国の官公庁の文書の翻訳の指導は、翻訳者から構成される評議会で行われる。この評議会は、県・控訴裁判所の翻訳者の長、ポーランド語を用いる学術的有識者などから構成され、統一的翻訳の基準を作り、翻訳の正確さを確認するものである。その長はポーランド語を適切に理解する州長官とすべきである。第四に、評議会には図書館が設置される。ポーランド語の辞書、旧ポーランド王国や分割三国内のポーランド関連地域の法令集や議事録、さらに、建築学、森林学・養蜂学・琥珀鉱・筏乗、鉱山学・冶金学、鉄鉱石、塩学などの事典、農村経営、鉱山学、機械、音楽に関するポーランド語の専門書が備え付けられる（s.16-19）。

ベントコフスキは、法令集を含めたドイツ語からのポーランド語への翻訳の訳文の「誤り」がひどくなっていること、ポーランド語訳の「誤り」がポーランド語の権利を損なうことを訴えた。ベントコフスキの認識によれば、ポーランド語という言語は、かつてのポーランド王国（共和国）時代からの政治的・文化的伝統を持つ「古典的言語」であると同時に、近代の諸科学に対応でき、また文学的にも発展し続けている「近代的言語」である。これらの特徴によって、ポーランド語は「文化言語」たりえると考えられる。そのため、ポーランド語の「権利」とは、国王から保証されるものではなく、ポーランド語という言語そのものが持ちうる独自の「権利」なのである。

確かに、ポーランド語の対訳は付されているため、政治的なステータスという面における「権利」は守られている。しかし、「文化言語」としての「権利」を持つ言語であるポーランドの翻訳に大量の「誤り」があるのは、ポーランド語の権利の「侵害」となる。つまり、ベントコフスキは、ポーランド語そのもの、いわば「コーパス」のレベル、を問題としていたといえよう。この点は、ポーランド語の政治的な「ステータス」の問題であったポーゼン州議会やニェゴレフスキのケースとは、「権利」のとらえ方が異なっている。

さらに、ベントコフスキは、「正しい」ポーランド語は、一定程度の教育を身に付けた者ポーランド人によってのみ維持されるべきと主張する。この点において、ポーランド語のコーパスを変化させることを許されるのは、一定の教養を持ったポーランド人のみであるという「排他性」を示している。このことは、ポーランド語の公共圏を維持する集団を規定することとなる、ただし、このような主張はどの言語でも行われうるものであり、ナショナリズムにつながっていくこととなる。

この節で扱ったのは、「文化言語」としてのポーランド語の位置付けであり、ポーランド語そのものの「価値付け」である。一九世紀にはドイツ語などの他の言語から科学的著作が多数ポーランド語に翻訳されたが、これは、先端的学問をポーランド語に翻訳可能であるということで、その「文化言語」としての「価値」を示すものであった。さらに、このことは、「文化言語」であるポーランド語の公共圏を成立・発展させることとなる。

5　翻訳と検閲・監視

第4節まではドイツ語からポーランド語への翻訳を見てきた。しかし、翻訳は双方向であり得るものであり、実際にポーランド語からドイツ語への翻訳がなされる「場」もあった。

ここで扱うポーランド語からドイツ語への翻訳の事例は、プロイセン当局によってなされたものであり、ポーランド語の刊行物、ひいては、ポーランド語の公共圏の検閲・監視を目的としたものであった。

5―1　検閲から監視へ

プロイセンでは検閲は従来から行われていたが、一八一九年九月二〇日のドイツ連邦決議、いわゆる「カールスバート決議」で強化された[25]。カールスバート決議に従って、プロイセンでは一八一九年一〇月一八日に「検閲令」が布告された[26]。連邦では二〇ボーゲン（三二〇頁）以下の印刷物のみが検閲対象であったのに対して、プロイセンではすべての出版物を従来通り検閲すると規定された。

この検閲規定は、当初五年間の時限立法だったが、一八二四年九月一八日に事実上永続化され[27]、それ以降検閲は強化されていった。特に一八三〇年のフランス七月革命、ポーランド一一月蜂起は、検閲の強化へとつながることとなった。そして、一八三四年二月一九日の内閣令によって、ドイツ連邦の内外にかかわらず、プロイセン国外で出版されたポーランド語の書物も検閲の対象とされた[28]。

一八四〇年、フリードリヒ・ヴィルヘルム四世の即位により検閲が緩和され、一八四三年一月三一日には新たな「検閲令」が布告された[29]。この「検閲令」は、「道徳」を傷つけるものの出版を許可せず、また、国王や王族を誹謗するもの、国家やその制度を攻撃するものも許可しなかった。新聞や雑誌においては、国制、立法、行政に関する記事の掲載はできたが、攻撃・批判は許されなかった。

この「検閲令」はいまだに厳しいものであったが、国政、立法、行政といった事柄に関して、新聞や雑誌において論じられる可能性を生じさせた。これにより、一八四〇年代半ばには、検閲という国家の監視の下であるが、政治的公共圏が展開する余地が生じたといえるだろう。

一八四八年革命によって、プロイセンにおいても出版の自由が認められた。しかし、革命後、次第に出版の自由は制限されていくこととなる。一八五一年五月の新聞法は、二〇ボーゲン以下の印刷物の提出を義務付け、さらに報道に対して警察と裁判所の介入の可能性が示された[30]。これにより、「国家による予防的検閲」から、「国家による検閲ではない抑圧的な事後検閲」として機能し、「出版社・書籍商の自己責任」をもたらすこととなった[31]。一八四八年革命以前は国家が検閲に関して責任を負っていたが、革命以後は印刷物が検閲に違反するかどうかについては、検閲をする側から書籍商や出版社に委ねられることとなり、出版する側の自己規制をもたらした。この抑圧的検閲体制は、一八五四年の連邦新聞法や一八七四年の帝国新聞法によって継続された。一八四八年革命以降のプロイセンの出版物に対する政策は、検閲から監視へという傾向を強めていったといえるだろう。

5-2　ポーゼン州におけるポーランド語出版物の監視の始まり

一八四八年のポーゼン蜂起以降、プロイセン政府は、ポーゼン州におけるドイツ語・ポーランド語の出版物に特に警戒していた[32]。政府は、影響力のあるポーランド語の著作や反抗的なドイツ語の新聞を、州の治安の不安定要素とみなしていたため、出版数の増加と広がりに不信を持っていた。一八四九年一月のポーゼン県からの報告書では、以下のように述べられている。「政府に従順で、一般的な言葉であるポーランド語の新聞を作った」としても、「ポーランド人の悪意のある傾向には対抗しえないだろう」。資金があっても編集者がおらず、さらに、ポーランド語を使用でき、信用できる人物がいないため、「この種の計画は一層の害悪となるだろう」[33]。当局がポーランド語の公共圏にポーランド語で直接介入するということは不可能であったといえよう。

そこで、ポーゼン州で行われたのは、ポーランド語の出版物への監視であった。その一例として考えられるのが、ポズナン国立文書館所蔵のポーゼン州長官文書（Naczelne Prezydium Prowincji Poznańskiej）の中に収められている Der Posener Aufstand im Jahre 1848, von Andreas von Moraczewski（一八四八年のポーゼン蜂起、アンドレアス・フォン・モラチェフスキ著）という文書である[34]。これは、ドイツ語の二〇三ページの文書で、一八五四年に作成されたとなっている。この文書は、Jędrzej Moraczewski, *Wypadki poznańskie w roku 1848* (Poznań, 1850)（イェンジェイ・モラチェフスキ『一八四八年ポズナン事件』）の全訳である。

イェンジェイ・モラチェフスキ（一八〇二—一八五〇）は、ポーランドの歴史家、ジャーナリスト、出版家、社会・政治活動家である。ベルリンとハイデルベルクの大学で法律と哲学を学び、一八二九年ワルシャワ王立大学の法学部を卒業した。卒業後もワルシャワで司法関係の仕事や『Powszechny Dziennik Krajowy』の編集委員を務めた。一一月蜂起に参加した後、所領であるオボルニキ近郊のジェロントコウォ（Zielątkowo）に戻り、一八四〇年に領地を売却し、妹と共にポーゼン市に移った。モラチェフスキは、「バザール（Bazar）」協会、土地銀行、中央農業協会支部、ポーランド同盟（Liga Polska）、学問支援協会など、ポーゼン州のポーランド人の重要なアソシエーションのほとんどの設立に関わった。一八三九年には『家庭日報（Dziennik Domowy）』の共同設立者の一人となり、一八四二年には、K・リベルト、N・カミエンスキ（N. Kamieński）とともに書籍会社を設立し、一八四三年から一八四六年にかけて雑誌『年（Rok）』の編集にあたった。また、パリのポーランドの民主協会の「中央（Centralizacja）」とコンタクトを保っており、一八四六年にはポーゼンの蜂起計画に参加した。一八四八年のポーゼン蜂起の際には、国民委員会のメンバーであった。一八四八年六月にはプラハで開催されたスラヴ会議に参加した[35]。このように、モラチェフスキは、当時のポーゼン州のポーランド人の政治的・社会的活動の中心人物の一人であった。

このような経歴を持つため、モラチェフスキの著作が州当局の注目を受けたのだと考えられる。モラチェフスキの著作を翻訳することの意味であるが、本史料に付されている州長官プットカマー宛の添書きによると、このモラチェフスキの著作は、「一八五二年にパリで発行されたミエロスワフスキの著作」に類するものとされている。さらに、モラチェフスキは、「共和主義者（Republikaner）」であり、「既存の秩序に対する革命」を支持するだけでなく、

「すべてのポーランド人と自由を求めるすべての人の義務と責任」であると主張しているとされている[36]。

ここで名前が挙がっているミェロスワフスキ（Ludwik Mierosławski）は、パリを中心に活動したポーランド人国民運動家で、一八三〇年の一一月蜂起以来ポーランド人の主要な蜂起に参加した。一八四六年のポーゼン蜂起計画の際には指導的立場にあり、プロイセンで逮捕されていた。さらに、一八四八年のポーゼン蜂起の軍事指導者であった。ポーゼン蜂起鎮圧後は、各地を転戦した後、パリに戻っていた。

モラチェフスキは、ミェロスワフスキと同様の存在としてみなされ、その著作が当局によって監視されていたと考えられる。ただし、このような形で翻訳がなされた他の資料は、この時期には管見の限り見当たらないため、この時点においては、翻訳による監視は単発的なものであったと考えられる。

5-3　翻訳によるポーランド語出版物の組織的監視

一八三〇年代からポーランド語の出版物は増加していたが、特に一八四八年革命後、ポーランド語の書籍・定期刊行物・新聞が多種出版された。これは、一九世紀半ばからポーゼン州の出版業の急速な発展によっていた。このため、ポーゼン警察長官ベーレンシュプルンク（Friedrich Wilhelm Edmund von Bärensprung）の下、ポーゼン警察庁（Polizeipräsidium Posen）によるポーランド語刊行物の監視が開始された。

先述のように、出版業者は、二〇ボーゲン以下の印刷物を警察へ提出する義務があった。ポーゼン警察では、この提出された印刷物のうちポーランド語のものを翻訳係（Lektor）がドイツ語に翻訳した。そして、その内容が危険と判断された場合、それに応じた措置が取られた。この一連の動きが事後検閲の機能を果たした。

ポーランド語の刊行物は、ポーゼン州内だけで発行されていたわけではなかった。そのため、ポーゼン警察庁の翻訳係はポーゼン州内の刊行物だけでなく、プロイセン国内の他州や外国のポーランド語の雑誌・新聞を翻訳していた。そして、この翻訳が、帝国宰相、大臣をはじめ、ポーゼン州、オーバーシュレージェン、ヴェストプロイセン州、オストプロイセン州、ヴェストファーレン州、ベルリンといったポーランド人が居住する地域の行政官に送られた。翻訳によって、官吏はポーランド人の態度、政治傾向、党派、その目的を認識できるようになるため、翻訳の作成は政府に重要視された。

翻訳されたものは当初は手稿だったが、ポーゼン州ではベーレンシュプルンクの指示で印刷されるようになり、『ポーランド語雑誌調査（Mustering polnischer Zeitschriften）』として、一八五八年から定期的に刊行された[37]。ポーランド語の著作や新聞の翻訳・監視業務は、オストプロイセン、ヴェストプロイセン、シュレジエンなど各地で行われていたが、次第にポーゼン警察へ移管されていった。そして、一八九一年一一月二六日の内相の布告によって、『ポーランド語定期刊行物総覧（Gesamtüberblick über polnische Tagesliteratur）』が発刊されることとなった。この計画の中心となったのは、ポーゼン警察政治部局の指導者であるライムント・ツァッハー（Rajmund Zacher, 1852-?）であり、ポーゼン警察にポーランド語の翻訳の中央部局が置かれた[38]。

『総覧』は週刊で、一八九二年から一九一八年まで発行された。その内容は、教会、学校、ポーランド人の社会・経済生活の情報にまで及んでいた。翻訳を担当した官吏たちは、主要論説だけでなく、アソシエーションや集会に関する情報、ポーランド人の愛国的な国民復興運動、ローカルな政治的活動についての情報まで目を配っていた。『総覧』は、官庁での使用に限定され、厳密に機密保持された。ただし、この機密は一九〇七年以降は保持できなくなっていった[39]。

具体的に翻訳を行った翻訳係の情報は極めて少ない。その中で知られているのは、アウグスト・ポスト（Augst Post, 1812-1888）である[40]。ポストは、西ポンメルンのガルブノ（Garbno）出身で、プロテスタント神学を学び、ドイツの学生協会で活動した。その後、カトリックに転向し聖職者となるが、チェルスキ派（Sekt Czerski）、後に復古カトリック（Srarokatolik）サークルに加わった。その後、ベーレンシュプルンクの下で、ポーランド語新聞の翻訳に従事し、一八六〇年に翻訳係となる。一八八八年四月一日退職し、五月一日に死去した。

また、『総覧』の成立に寄与したライムント・ツァッハーも翻訳を担当していた。ツァッハーは、イノヴラツラフ出身で、アビトゥーアの後、ブロンベルク市、ポーゼン市、ベルリンで司法官試補を経て、ポーゼン警察に勤務した。ツァッハーは、ポーランド語に堪能で、老人となっていたポストが職務に対応するのが困難な場合に補佐したとされる。第一次世界大戦中には、ドイツのポーランド占領地の警察司令官となっている[41]。

翻訳係の情報が少ないのは、機密であったことだけでなく、実際に翻訳係の数が少なかったためと考えられる。

ポーランド語出版物のドイツ語への翻訳の意義について、一九世紀後半のポーゼン州における検閲についての著作でライヒは以下のように述べている。第一に、ポーランド語が分からない担当者でも内容の理解が可能となり、検閲を直接的に行えるようになる。第二に、ドイツ語に翻訳した結果、より多くの官吏を検閲に参加させることができる。第三に、ポーランド人の政治的・精神的な生活に関する情報を官吏が収集することを可能にする[42]。ポーランド語をドイツ語に翻訳して初めて、ポーランド語の公共圏の監視が可能となったのである。

ここでは、ポーランド語からドイツ語への翻訳が行われた事例を示した。プロイセンおよびドイツ帝国において、ドイツ語は、ポーランド語に対して政治的・文化的優位にあったにもかかわらず、プロイセン政府およびドイツ帝国政府は、成長していくポーランド語の公共圏を監視することを望んだ。ポーランド語を理解できる官吏は少数であったため、ドイツ語への翻訳が必要であったが、翻訳者はごく少数であった。ドイツ語とポーランド語の公共圏の重なる空間においては、ポーランド語話者の知識人はドイツ語を理解できた。これに対して、官吏がポーランド語を理解できないという状況は、ポーランド語話者の活動にとっては「優位」であり、政府にとっては「脅威」となりえた。ポーランド語からドイツ語への翻訳は、翻訳を通じてポーランド社会の情報を集めることであり、ひいては、この「脅威」を取り除こうとするものであった。その点では、この種の翻訳は、翻訳をする側（この場合はドイツ語側）にとって、主観的には「防衛的」な性格を持っていたということとなる。

おわりに

一九世紀前半は、ポーランド語は、ポーゼン州という地域社団と国王の関係において、「権利」を持った言語として認められた言語であるという認識のもとにあったといえる。また、プロイセン王国においては、ポーランド語・ドイツ語以外にも他の言語の話者も存在する多言語状況があった。ドイツ語とポーランド語以外の言語は、「権利」を持っていないため、このポーランド語の「権利」は、「特権」であり、この「特権」を享受したのは、疑似身分的な団体であるポーゼン州シュテンデであった。このため、言語の「権利」の在り方は、いわば「近世的」とでもいえるものであった。

国民化が進展するにつれ、言語は、「国民の言語」としての価値が重視されるようになる。ポーランドにおいても、ベントコフスキが示したように、「古典的」価値だけではなく、最新の科学をキャッチアップできる「近代的」言語であるという「文化言語」として価値を示さなければならなくなった。言語そのものに「権利」があるという言語の在り方は、近代的な権利の認識へと変化していったといえるだろう。

このような言語の「権利」の認識の変化にとって、翻訳の在り方もその時々によって変化した。

２節で扱った『ポーゼン大公国規定集』などの翻訳は、国王の側からポーゼン州における「二言語状況」の許容の現れであった。

３節でみたポーゼン州議会議事録は、「二言語状況」の許容という状況から、州の側が、ポーランド語とドイツ語の二言語の使用が地域社団としてのポーゼン州の「権利」＝「特権」であると明確に認識するようになっており、翻訳や二言語使用はポーランド語話者にとっての権利として認識されていた。ただし、この「権利」＝「特権」は、ドイツ帝国が成立し、プロイセン王国がドイツとしての国民化が展開すると失われることとなる。

４節では、特権としてではなく、「文化言語」としてのポーランド語の翻訳の問題であった。ポーランド語自体が「文化言語」としての価値があり、「権利」を持つという認識は、ポーランド語話者の公共圏を成立の契機となると同時に、その発展を促すものであったといえよう。

５節では、警察当局による翻訳（ポーランド語からドイツ語へ）について確認した。プロイセン＝ドイツ帝国においては、ドイツ語の政治的優位は確立していた。また、ドイツ語は、ヨーロッパにおいてそもそも「文化言語」としての地位を確立していた。それにもかかわらず、「劣位」にあるポーランド語の新聞・雑誌を定期的・組織的に翻訳したのは、ポーランド語の公共圏を監視し、その動向についての情報を逐一収集しておく必要があったためである。

以上のように、ポーランド語の位置付けが「近世的」な「特権」という認識から、「近代的」な「文化言語」へと変化していくのに応じて、ドイツ語とポーランド語の間の翻訳の意義づけもその時々において変化したのである。

註

1 Klüber, Johann Ludwig(Hg.), *Schlußacte des wiener Congresses, vom 9. Jun. 1815, und Bundesacte oder Grundvertrag des teutschen Bundes, vom 8. Jun. 1815* (Erlangen, 1816), S.19.

2 条約全体は、*Gesetzsammlung für die Königlichen Preußischen Staaten*（以下 *GS* と略）1815, S.128-157. 引用部分は、*GS* 1815, S.132.

3 *GS* 1815, S.47.

4 それぞれ、*GS* 1815, S.21-27 / S.77-82 / S.48.

5 拙稿『プロイセンの国家・国民・地域――一九世紀前半のポーゼン州・ドイツ・ポーランド』(有志舎、二〇一二年)、第一章参照。

6 *GS* 1816, S.204.

7 *Sammlung mehrerer das Großherzogthum Posen abgehenden Verordnungen aus den Jahren 1810 bis 1817/ Zbiór rozmaitych Wielkiego Xięstwa Poznańskiego dotyczących ustaw z lat 1810 do 1817* (Posen/ Poznań, 1817), S.1.

8 *Prawo kraiowe; Powszechne prawo kraiowe dla państw pruskich.* Tom 1-4 (Poznań, 1826).

9 *Allgemeines Landrecht für die Preußischen Staaten.* 3Bde. (Berlin, 1821). なお、一八二三年に補遺（*Ergänzungen des allgemeinen Landrechts für die Preußischen Staaten: enthaltend eine vollständige Zusammenstellung aller noch geltender, das allgemeine Landrecht abändernden, ergänzenden und erläuternden Gesetze, Verordnungen und Ministerialverfügungen; nebst einem kronologischen Verzeichnisse derselben und Register; in zwei Bänden* (Berlin, 1823)）が出されているが、管見の限りではポーランド語版は出版されていない。

10 ポーゼン県の官報は、*Amtsblatt der Königlichen Preußischen Regierung zu Posen /Dziennik urzędowy królewskiey regencyi w Poznaniu* (Posen, 1816-1919)（以下 *Amtsblatt Posen* と略）。ブロンベルク県の官報は、*Amtsblatt der Königlichen Preußischen Regierung zu Bromberg /Dziennik urzędowy królewskiey regencyi w Bydgoszczy* (Bromberg, 1816-1919).

11 *GS* 1817, S.37-56.

12 Helmut Glück, *Die preussische-polnische Sprachenpolitik. Eine Studie zur Theorie und Methodologie der Forschung* (Hamburg, 1979), S.210.

13 Amtsblatt Posen, 1832, Nr.22, S.195-197.

14 *GS* 1876, S.389-394.

15 ポーゼン州議会議事録のタイトルであるが、①の時期は、*Die erste[-siebente] Landtag des Großherzogtum Posen im Jahre 1827 [-1845]/ Pierwszy [-Siódmy] sejm Wielkiego Xięstwa Poznańskiego* (Posen/ Poznań, 1829-1846). ②の時期に関しては、暫定開催であった第八回は*Gutachten und Denkschriften von der im Jahre 1851 in Posen versammelt gewesenen Provinzial-Vertretung so wie Petitionen* (Posen, 1851)、第九回は*Verhandlungen und Adhibenda der zur Wahrnehmung der Provinzial-Vertretung berufenen provinzialständischen Versammlung des* 第一〇回以降は、*Verhandlungen des zehnten Provinzial=Landtags der Provinz Posen im Jahre 1854* (Posen, 1854) となる。③の時期は、*Verhandlungen des zwölften Provinzial-Landtages der Provinz Posen im Jahre 1861/ Transakcye Dwunastego Sejmu Prowincyalnego Prowincyi Poznańskiéj* と両言語となる。④の時期の以降はドイツ語のみとなる。なお、回数とその年次はそれぞれ異なる。以下、ポーゼン州議事録はすべて*PLT*と略す。

16 拙著、第七章参照。

17 *PLT* 5, S.38-40.

18 *Verhandlungen des sechsten Provinzial=Landtages des Großherzogthums Posen*, Nr.1, S.3-4. この議事録は、『ポーゼン大公国新聞』の『ドイツ語版』の付録として、一八四三年六月末にまとめられているものを使用している。

19 Werner Schubert, (Hg.), *Preußen im Vormärz* (Frankfurt a.M., 1999), S.196-197.

20 拙稿「一九世紀プロイセンにおける「帝国官僚」――ポーゼン州長官を事例に」平田雅博、小名康之編『世界史のなかの帝国と官僚』(山川出版社、二〇〇九年) 参照。

21 Niegolewski, Andrzej, *Wola Królewska i jej wykonanywanie w Wielkiem Księstwie Poznańskiem przez Najwyższego urzędnika/ Der Königliche Wille und dessen Ausübung im Grosherzogthum Posen durch den ersten Königlichen Beamten* (Leipzig, 1857), S.34-54.

22 Jan Surman, Wissenschaft als Übersetzung? Translation und Wandel polnischsprachiger Wissenschaft im langen 19. Jahrhundert. Eine Einführung, *Zeitschrift für Ostmitteleuropa-Forschung*, 65-4 (2016), S.488-490.

23 拙稿「一八五〇年代のポーゼン州における翻訳と言語：W・ベントコフスキ『ポーゼン大公国の官公庁文書におけるポーランド語問題』から」『青山史学』三八号 (二〇二〇年三月) 参照。

24 *Wielkopolski słownik biograficzny* (Warszawa; Poznań, 1981), S.46-47.

25 Huber, Ernst Rudolf (Hg.), *Dokumente zur deutschen Verfassungsgeschichte.Bd.1: Deutsche Verfassungsdokumente 1803-1850* (Stuttgart, 3.Aufl., 1961), Nr.33 (32).

26 *GS* 1819, S.224-232.

27 *GS* 1824, S.164.

28 *GS* 1834, S.55.

29 *GS* 1843, S.27-30.

30 *GS* 1851, S.273-287.

31 Marek Rajch , Preußische Zensurpolitik und Zensurpraxis in der Provinz Posen 1848/49 bis 1918, *Archiv für Geschichte des Buchwesens*, Bd.56 (2002). S.10-11. なお、この論文は、同著者の Marek Rajch, *Cenzura pruska w Wielkopolsce w latach 1848-1918* (Poznań, 2004) の内容がほぼ同じであるが、刊行がより早いため、引用はこの論文から行うこととする。

32 Barbel Holtz, Preußens Presse ohne Zensur? - Pressepolitische Instrumentarien von der Märzrevolution bis zur Reichsgründgun, in: Barbel Holtz, *Preußens Pressepolitik zwischen Abschaffung der Zensur und Reichspreßgesetz (1848 bis 1874)* (Acta Borussica, Neue Folge, 2. Reihe : Preussen als Kulturstaat / herausgegeben von der Berlin-Brandenburgischen Akademie der Wissenschaften, Abt. 2 . Der preußische Kulturstaat in der politischen und sozialen Wirklichkeit ; Bd. 11) (De Gruyter Akademie Forschung, Berlin. 2019), S.30.

33 Barbel Holtz, *Preußens Pressepolitik zwischen Abschaffung der Zensur und Reichspreßgesetz (1848 bis 1874)*, Dok.4, S.159-162.

34 Archiwum Państwowe w Poznaniu（以下 APP と略）. Naczelne Prezydium Prowincji Poznańskiej (Oberpräsidium)（以下 NP と略）. Nr. 2004. 所蔵データは、https://www.szukajwarchiwach.gov.pl/jednostka/-/jednostka/1013259

35 Antoni Gąsiorowski, Jerzy Topolski (red.): *Wielkopolski słownik biograficzny* (Państwowe Wydawnictwo Naukowe, Warszawa-Poznań, 1981), s. 492-493.

36 APP, NP 2004, S.1-3.

37 Władysław Chojnacki, Niemiecki tłumaczenia z prasy polskiej 1858-1958, *Przegląd Zachodni*, Tom 5, Nr.6 (1958), s.382.

38 Rajch, S.37-39.

39 Rajch, S.39.
40 Chojnacki, s.383, przypis 5.
41 Chojnacki, s.384, przypis 9.
42 Rajch, S.39–40.

第４章　一九世紀におけるウェールズとアイルランドの通訳と翻訳

平田雅博

はじめに

「一般的にいって、アイルランドのゲール人は自らの宗教は守っても、言語は失う運命にあった。ウェールズ人はカトリックとの絆を失ったものの、自らの言葉は守り続けた」[1]、と言語をめぐってアイルランドとウェールズは対比されることがある。だが、アイルランドに限るが近年のウルフの研究成果[2]を見ると、アイルランドのゲール人が「言葉を失う運命」にあったかどうかは判断停止となっている現状にあることが分かる。本稿ではこうした研究状況を踏まえつつ、法廷における通訳、教育ないし学校における通訳と翻訳、聖書の翻訳を通じた教会での使用言語などを見ながら、一九世紀を中心としたウェールズとアイルランドの相違点と類似点を見ていく。

1　法廷における通訳

1–1　ウェールズの場合[3]

一八四七年に出版された議会報告書『ウェールズにおける教育状態の調査委員会報告書』[4]の調査委員を務めた三人のうちの一人ジェリンガー・サイモンズ（一八〇九―一八六〇年、ケンブリッジ大学卒業、一八四三年に法廷弁護士の資格を獲得、四七年調査時点で、三八歳）[5]は、後にひんぱんに引用されることになる文章を自身の総括報告に記した。まず「ウェールズ語はウェールズにとり大きなマイナスであり、ウェールズ人の道徳上の進歩や商売上の繁栄にとって何重もの障害となる」と述べて、ウェールズ語は、ウェールズ人が自分たちの文明を大いに進展させるはずのイングランドとの交流をする妨げとなり、彼らの知性に対する自覚を高める道にじゃまとなる、とした。この証拠としてウェールズには文学に値するものが見られない、ウェールズ語で読めるものは唯一月刊誌があるだけである、と続けている。

さらに、ウェールズ語の害悪が恐ろしいほどはっきりとしたものとなるのは、裁判所においてである、として裁判の場におけるウェールズ語に視点を移している。ウェールズ語は、「真実をゆがめ、詐欺を勧め、法廷で頻繁に見られる偽証をそそのかし、解釈の抜け道を通じて探索を免れさせる」。こういった欺瞞が成功して公のものになると、公衆の道徳や真実の尊重に対して深刻な影響を与えることになる。「ウェールズ人の犯罪者とウェールズ人の陪審がいて、弁護士と判事が英語で話すというイングランドの裁判のまねごとは、あまりにお粗末でひどいために論評の必要もない。しかし、これはウェールズ人に英語が教えられるまではなくならないに違いないインチキ裁判である」という[6]。

この文章は後にひんぱんに引用され、イングランド人がウェールズ語を非難する代表例とされてきた。ただこの箇所だけが取り上げられ前後の文脈を含めて論議されることはめったになかった。このような文言にはいったいどのような背景があったのだろうか。またここでなされたウェールズ人やウェールズ語に対する批判はあまりに辛辣なので、この判断のもととなったのは何だったのかは知るに値しよう。

背景となったのは一つの「インチキ裁判」の事例であり、ウェールズ語への非難はこれを唯一の論拠としたもので、他の論拠はない。あるレイプ事件をめぐる裁判で、ウェールズ人の被告に対しウェールズ人の陪審に基づき最初有罪が言い渡された。しかし、これは後になって破棄されて、被告は無罪となった。上記のサイモンズの報告はこの裁判報告をもとにしている。サイモンズ宛の報告を書いたE・C・L・ホール（カマーゼン州ニューカッスル・エムリンの法廷弁護士）は、これ以前のレベッカ暴動（南西部ウェールズで、一八三九年および四二～四三年に起きた小作農による有料道路の通行料取り立て所への襲撃）[7]での報告書にも登場して、ウェールズ語の駆逐に賛成発言をしている人物であった。

当「インチキ裁判」の事例では、ウェールズ人の陪審が一時退室して討議の後、陪審長が法廷で英語で「有罪」を宣告し、それに基づいた判決も下された。しかし、その直後に数名の陪審が被告の友人に脅迫されると「あれは陪審長の宣告であり自分たちのしたものではなく、自分たちは英語がわからなかったために知らなかった」と言い逃れた。そこでこの裁判はやり直され、それを経て判決が破棄されるに至ったというものだった[8]。

これはホールには勝算があった裁判であった。この報告の詳細さや長さから判断すると、勝算があった裁判に負けたことへの恨みがましさを感知できる。陪審員への脅迫に対する断固たる対処こそこういった不正への解決策となるはずであるが、そうとは考えず、矛先は自分が望む判決を下さなかった陪審員同士がひそひそと話す理解不可能で危険な言語であるウェールズ語（レベッカ暴動でも同様な「危険」が指摘されていた）へ向かい「二言語は偽証をたやすく導く」、したがって、欠陥のあるウェールズ語を法廷から消滅させせよ、と決めつけたのである[9]。

ともあれ、この一九世紀半ばの時点からおよそ三〇〇年ほどもさかのぼった一五三六年に発布された連合法にあった「裁判にあっては英語を使うべし」との言語条項以来、司法は教育とともにウェールズ語の使用が抑制された場であった。したがって、サイモンズの総括報告は法曹仲間のホールを擁護したものとも言える。サイモンズは、上記の有名な一節に続けて、裁判のまねごとは英語教育がなされるまで続き、英語教育のための効果的な学校ができてはじめてそれはなくなる、と学校に期待をかけている。さらに「よい学校」は、ウェールズにおけるあらゆる道徳上の改善や人々の進展にたいする重大な障害を取り除いてくれる。一〇分の一も英語が話されていない地域（サイモンが担当した中央ウェールズ）を見ると「これから一〇〇年ないし二〇〇年かけても英語がウェールズの全土に行き渡るとは信じられない。ただし、この進歩を妨げないよりよき手段が講じられるならば話は別である」として、この手段こそ「この目的を遂行する完璧によい学校である。学校は［ウェールズの］人々の望みである。健全な世俗教育と宗教教育が肉体の状態を向上させ、道徳的な堕落を取り除くことには何ら疑念がない」として、「ウェールズ人がよい教育を受け、彼ら以外の人々が享受してきたのと同じ注目と配慮を受けるならば、文明国の間でも高いランクに仲間入りする可能性がある」と結んでいるのである[10]。

1―2　アイルランドの場合

一九世紀半ばにアイルランドでも同様なレイプ裁判があった。ここで重要なのは、この巡回裁判での審理内容ではなく、被告側の証人の言語能力を立証するために法廷に召喚された二人の女性証人の証拠能力をめぐるものだっ

た

事情は少しややこしいがあらましは以下の通りである。この裁判の被告マーティン・バーク（後にレイプ罪で有罪とされた）の証人としてマーティン・ソーントンなる人物が法廷に立った。ソーントンはアイルランド語話者で、英語が話せないと述べたので、通訳を与えられて証言台に立った。検察側はこれに対して、二人の女性を証人として法廷に召喚し、彼の言語能力（とりわけ本当に英語を話せないのか）を証言させた。二人の女性は、彼が彼女たちに英語で話しかけたり英語の歌を自分たちの前で歌っていたと証言し、陪審団の前で彼の信頼性を効果的に崩壊させた。

これを受けて判事たちが決定する必要に迫られたことは、裁判の本筋とは別のいわば付加的な事実を、アイルランド語話者による証言の信憑性に疑義を挟むために使うことができるかどうか、であった。結果として、七対三の多数決による判事たちの決定で、まずは証人の言語能力はこの例のように後になってからの審査からではなく審議中の席で直ちに確認されるべきであるとして、上記の二人の証言は認容されないことになった。

これは一八五八年のR対バークの法的判断と呼ばれるものとなった。すなわち、この時の付加的な証言の認容性の限界を示す論拠は、後々の法理解に大きな影響力を及ぼしたのである。たとえば、ある女性がかつて複数の男性と私通を結んだとの示唆＝副次的で付加的な証言は、レイプ裁判の係争点にはならなくなった。

また後付けの付加的な証言の認容性が否認された上で、法廷でソーントンが英語が話せないと述べてアイルランド語で証言したことは認められた。これはアイルランド語話者は自らが選んだ言語で証言できるという考え方を認めることにつながった。七対三の多数決決定の基盤になっていたのはこの考え方であった。R対バークの法的判断が重要な意義を持つようになっていくのもこうした考え方があったからであった。クリスチャン判事が書いたように「証人がアイルランド語での審理を希望する正直な動機に駆られていたことは十二分にあり得ると私は理解する。

彼がもっともよく知る言語での意見表明を希望してきたかもしれないし、その中で彼の思想をもっとも明確に表明できたのである」。同判事は、英語話者にフランスかイタリアの法廷で自分が証人として召喚されて「かつていくつかの機会に若干のフランス語かイタリア語を使った」と証言した後に、偽証罪で有罪宣告を受けた自分を想像してみるがよい、とも警告した。別の判事も「巡回裁判中の判事が証人の一言語やその他の複数言語で話した証言能力をその場で直ちに確認すること、および英語で宣誓証言をしたアイルランド語話者さえも、それが必要と感じたときはアイルランド語を使うことを許すことは確固とした慣習となっている」と注記した[11]。

上記を立証しているウルフの著書によると、自らの著書を含む過去五年間（氏の著書が刊行された二〇一四年以前の五年間）の研究が示す一九世紀アイルランド言語史を書き換える証拠はふんだんに提供されている。とりわけ、研究の盛り上がりが確証しているとおり、法廷での証言者、検事、被告としての役割ばかりか、陪審、時には弁護士、判事としての役割を通じて法廷はアイルランド語話者によく知られていた。アイルランド語話者が多数を占める多くの地域では、とくに被告、証人、陪審は圧倒的にアイルランド語の単一話者であることが多かった。法廷システムは証言席での言語選択の扱い方のますます差し迫った問題に対処しなければならなくなり、一八五八年のR対バーク判決においてアイルランド語話者に有利になるようにこの問題の解決へと導いたのである[12]。

ウルフは、一八五八年にR対バーク判決が出され、そこでアイルランド語話者がアイルランドの宗教、政治、行政のイデオロギーにおける新たな方向性を明確に定めるのが促進された、とR対バーク判決が及ぶ範囲は法廷システムにとどまらず、宗教や政治のイデオロギーにおよぶ広範な領域でのアイルランド語話者の役割を指摘している。一八七〇年以前の一世紀間（すなわち一七八〇年から一八七〇年までの一〇〇年間）、アイルランドはけっして英語化された（イングランド化された）王国ではなく、アイルランドの近代性——宗教、政治、経済のいずれの側面であれ——をアイルランド語で完全に表現できた。これがとくに当てはまるのは、一九世紀初頭の数十年間から一八五八年のR対バーク判決までのアイルランド語にとって極めて活動的な時期である、と[13]。はたして、アイルランド語使用は法廷の場のみならず、宗教、政治、行政にも影響を及ぼしたのか、それは宗教、政治、行政にも拡大して検証が行われてはじめてその可否が論じられるものとなる。以下は、この点を教育行政や教会の場に広げて、翻訳や通訳という限られた一側面から検討する試みである。

1―3　ウェールズとアイルランドの比較

上記のウェールズの裁判とアイルランドの裁判を続けて見てみると、直ちに気がつく相違点は通訳の在否である。アイルランドの裁判ではアイルランド語単一話者と称する証人に（アイルランド語から英語への）通訳が明らかに付けられている。アイルランド語話者の証言が認められたのも通訳がいたからであった。ウェールズでの裁判では英語でなされた陪審長の宣告がウェールズ語しか話せないと称する陪審のためにウェールズ語に通訳されていれば、自分たちは英語がわからなかったために知らなかったとの言い逃れは通用せず、裁判がやり直され判決が破棄されることにもならなかったであろう。

ここで連合法以後のウェールズの法廷における言語状況を確認しておく。一五三六年の連合法はウェールズ全域の法廷での媒介言語を英語とするよう定めた。一五四三年から一七三一年まで法廷文書の記録用の言語はラテン語であったが、一六五一～六〇年間の共和国期と一七三三年以後は英語が使われた。しかしながら、実際上は、ウェールズの法行政は、法廷でのウェールズ語の非公式で頻繁な使用なくして、その効果的な運用は不可能であった。裁判所の大小を問わず法廷内での現地語であるウェールズ語の使用を非合法化するのは不可能であることが判明したのである。英語を話せないウェールズ語の単一話者の被告や証人は自分たちの母語を話すしか選択肢はなく、母語でしか証言できなかったし、判事、弁護士の中にもウェールズ語話者の陪審に話しかけたばかりか、重要な箇所を強調するためにはおそらくはウェールズ語を使った者もいたからである。

ただ、こうした英語話者側からの譲歩はあったにもかかわらず、ウェールズ語話者の訴訟当事者（原告と被告）、証人、陪審は明らかに著しく不利な立場に置かれた。一五四三年から一八三〇年までに治安判事裁判所に任命された二一七人の判事のうちウェールズ語を話せたり理解できた者は一〇人にもならなかった。巡回裁判所の判事は陪審団を前にとうとうと演説をぶったが、陪審団のうち誰一人としてその中の一語も理解しないこともあった。事務弁護士はウェールズ語の単一話者の被告や証人にはまったく不可解な英語の法律専門用語を弄して、周到に騙したり混乱させたりした[14]。

こうした法廷の言語状況の中で直ちに必要となるのは通訳である。ただ言語の壁を前にして切迫した必要性から通訳はいたにしても、法廷で行われた通訳の語学能力の水準は嘆かわしいものだった。通訳は専門職としての訓練をまったく受けておらず不十分な手当しか与えられていなかったので、賄賂や買収にさらされやすかった。彼らの多くは買収されやすいと言うより通訳として無能であったし、証人による口頭証言の正確な意味を伝えることができなかった。無能は必然的に誤訳や誤解を招き、ひいては誤審を生み出した[15]。

一七世紀半ばにも「証人はウェールズ語を話し、必要とされる際に英語話者の証言もウェールズ語に通訳された」と書いた治安副判事がいた。ただこの当時、いったい誰が通訳を務めたのかは不明である。裁判文書に有給の専門職の法廷通訳がはじめて言及されるのは一八世紀の初頭であり、それ以前の通訳は二言語を理解した裁判所職員、事務弁護士、治安判事によってなされたと思われる。誰であろうと、通訳には宣誓が要請された。そして、この宣誓通訳の慣習が、真実を通訳しなければ「万人のとがめを受けることになる」とのコメント付きで、アイルランドの法廷にも勧告されたのは一五九八年とされる[16]。この一六世紀末という早さとウェールズからアイルランドへの流れを見ると、宣誓通訳はウェールズの方がアイルランドより先行していたとも言える。

一方、アイルランドの場合、一八二〇年代から五〇年代にかけて、多くは殺人罪やレイプ犯罪で絞首刑にかけられる直前に、公開の処刑場に集まった群衆を前にして、無実を訴えたり、祈りや許しを請うたりする数分間のアイルランド語のスピーチを英語に通訳した聖職者がいた[17]。他にも、商店や郵便局などにアイルランド語単一話者が圧倒的な背後地からやって来る客のために「二言語使いの少年」の通訳が雇われていたし、フェアに買い物に来る英語話者でアイルランド語が不十分な客のための通訳がいたりした[18]。

こうした通訳は一時的なものだったが、通訳が制度的に確立し、有給にもなったのは一八一〇年代末から二〇年代初頭にかけてで、その頃、アイルランド語単一話者が圧倒的な投票場で宣誓する際の宣誓文の通訳が登場してきた[19]。法廷通訳もこれと並んで制度として成立したもので、法廷通訳には有給の専門職としてはっきりと手当が支給されたこと、その額が十分か否かは疑問が残るが、一九世紀には手当支給の記録がかなり残されていた。これは法システムがローカルレベルで通訳とそれに絡む経費への準備をしなければならないことを意味した。一方、被告や証人となった多くのアイルランド語の単一話者にとっても、通訳がいれば英語を話す意図をまったく示さずに法廷審議に参加できた[20]。司法という制度的な権力とアイルランド語の単一話者、すなわち権力側とアイルランド民衆は両者相まって法廷の言語問題に対処したことになる。

2 教育（学校）における通訳、翻訳

2―1 ウェールズの場合[21]

2―1―1 ウェールズ人通訳の助手

先の『ウェールズ教育調査報告書』（一八四七年）作成には、ウェールズ人の助手が通訳として雇われていた。イングランド人の調査委員がウェールズで調査をするにもウェールズ語は一言も理解できなかった。そこでウェールズ語を話すウェールズ人の助手が雇われて、調査に同行した。調査委員への指示書には「地域によってはウェールズ語の知識を持つ人物の通訳を利用すべきである」[22]と記されていた。したがって、ウェールズ語を話せないイングランド人調査委員のための通訳としての助手の資格は何よりもウェールズ語を話せることであった。

また、たった三人のイングランド人の調査委員では、ウェールズのすべての教区、すべての学校に行くのは時間的にも困難だった。そこで助手が調査委員に同行せず、単独での学校訪問も任された。じっさい、三人の調査委員は主要道路から少し離れた町や村の学校を訪問したが、助手は、しばしば入っていくのが困難な僻地の学校への訪問を一任された。助手は、ひどい天候のもとで（ウェールズの一八四六～四七年の冬はとりわけ寒かった）、粗末な道路を馬に乗って学校訪問をした。

助手のリクルート方法は以下の通りである。まず、調査委員は、イングランドのヘリフォードにいる国教徒の司教に相談し、司教から適切な候補を探すとの「親切な助言」を得た。ついで、この司教は、ウェールズはランピーターにある、国教徒の聖職者養成学校であるセント・デイヴィッド・カレッジをリクルートの場とすることを示唆し、その校長に学生を選抜してくれるように紹介状を書いてくれた。

このように助手たちは、イングランド人の調査委員と調査の対象となるウェールズ人との間に立つ調査を進めるので、まずウェールズ人でありながら英語が達者であること、ついでウェールズ人でありながら国教徒たること、すなわち、イングランド化を遂げた人、イングランド人調査委員に反発しない、イデオロギー上、穏当な人物であることがもとめられた。

助手の雇用期間は長短あったが、調査委員はのべで一〇人の助手を雇った。このうち七人まで国教徒であり、五人までセント・デイヴィッド・カレッジの学生であった。ウェールズの人口の七五パーセントまでが非国教会の礼拝所に行っていたこの時期では、一〇人中七人までが国教徒（一人は三ヶ月のみ、もう一人は数日でやめているが）というのは、ウェールズの国教徒と非国教会の割合とは正反対の割合であることを意味した。

この点は後に批判者のエヴァン・ジョーンズ（教員にして非国教会の独立派牧師）から、英語を知らないフランス人がぞんざいな英語しか書けないパブリック・スクールの生徒を助手に使って、イングランドの教育調査をするようなもので、ロンドンの枢密院教育委員会はいざというときには責任を免れることができた、と非難されることになった[23]。

2–1–2　助手の微妙な立場

助手の一人デイヴィッド・ルイスがしたためたある報告文[24]は、ウェールズ人助手がおかれた微妙な立場を浮上させる。そこでは、教員はルイスが「ウェールズ語を知らないと思いこんでいる」こと、ルイスの偶像崇拝に関する英語での質問を英語からウェールズ語に翻訳して子供に聞き、子供の回答をウェールズ語から英語に翻訳して、ルイスに「子供は理解している」と伝えたことが記述されている。しかし、本当は、子供は偶像崇拝について知らず、そのまま「知らない」と答えていた。ルイスはウェールズ語が分かるので、このやりとりはすべて了解しており、この教員は自分を「だました」と記述した。

教員の立場は、生徒の無知は自分の教え方の問題ともなりうるので、政府の調査委員の助手にはなるべく知られたくない、だませるものならだましたいというものだった。ルイスの英語がうまかったのか、英語の話し方からも外見からも、教員はこの助手がウェールズ人であることは直ちに判断できなかった。ウェールズ人と分かっていれば「子供は理解している」とは言わなかった。

ただし、ルイスは、自分がウェールズ語の質問も回答も分かる人間であるとは教員にも子供にも明かしてはいない。それを明かそうとすれば、自分の立場の厄介さ微妙さに直面することになったからである。

ウェールズ人の教員と生徒にとり、助手は調査委員と同様な政府の権力の担い手である。一方、助手は、ウェールズ人の教員と生徒とはウェールズ人として同胞なのに、ウェールズ人であることを明かさないまま、権力の立場を維持した。それを明かせば、権力の位置にある自分の立場が失われるとでも考えたのであろうか、最後まで英語しか分からないように振る舞い、報告書には教員が自分を「だました」と書いた。

結局は権力の側に立つことを選んだ助手たちは、上司の調査委員と似た行動を取ることがあった。ルイスは、非協力的な生徒に一ペニーを与えて回答を引き出そうとした。これは上司のサイモンズがしていることの模倣であった。もう一人の助手D・B・プライスは、当時農業労働者の二日分の賃金であった二シリングも生徒にあげていた。調査委員と助手はその行動が似ていたばかりか、ジョン・ジェームズに見られたように清潔感も共有していたし、こんなに「清潔できちんとした少女」がアルファベットもキリストも何も知らないなんて、と報告して[25]、清潔さと知識を直結させる発想も同様であった。

ただし、行動様式が似ていたとは言っても、それはあくまで助手側からの一方的な模倣であり、調査委員の立場からは、助手は自分たちと同等ではなく「仲間」でもなかった。イングランド人調査委員にとって彼らは、調査委員の管理下に置かれつつ、この調査の重要ではない部分を一部担当するが、依然として「他者」の位置にあるウェールズ人であった。

2―1―3　裏切り者

上司を模倣する助手たちの中でも、北ウェールズのかなりの学校を回った助手のロンドン生まれのウェールズ人国教徒ジョン・ジェームズは、後々まで語られることになった特筆すべき人物であった。

後の批判者から、言語の無知というより、単なる無知（生徒が算数の答えができているのに「間違っている」と書いたり、「オーストレイシア」を構成する地域を言い当てたのに「知らない」と非難した）と、指摘されたジェームズは、学校の視察にあたって、放課後まで学校の外で待ち、その後、学校に入って視察した。暗くなってからだったので、生徒が落ち着きがなくなっていた。ジェームズはこの事態をつかまえて「教員は秩序を保てない」との悪意のあるコメントを書いた。

ジェームズはたびたび質問を明瞭に言わなかったので、生徒は質問を誤解した。教員がその誤解を正すと、生徒は正確に答えた。しかし、ジェームズはこれを生徒の誤解のみ記録し、正答を記さなかった報告書もあった。また、学校によっては、生徒や教員が彼に敬意を示さない場合には、「俺がその気になれば、貴様の学校をつぶすこともできるんだぜ」といったギャングまがいの捨てぜりふを吐くこともあったという[26]。

学校ばかりではなく、ジェームズは同胞であるウェールズ人の住居を訪ねては、「汚れで黒くなった老人」がいたとか、「この雰囲気は耐え難い」、「この家は人間が住むのに適さない」などと露骨に批判的感情的語彙を使って報告した。身体に関して「不潔」「汚い」の語彙を多用し、ウェールズ人の「極度に低い」道徳心、道徳的な堕落、魔術や魔術師を信じる迷信の徒であることの証拠を地元の牧師、地主から引用した[27]。

これらのジェームズによる同胞への非難、明らかな偏見は、一部報告書にも現れたが、その多くは後にルイス・エドワーズによって明らかになったものである。このために、彼は同胞から恨まれ嫌われた。一八五一年に三五歳で死亡したが、その時は一八四七年の報告書の引き起こした傷や怒りの記憶もまだ新しかった。彼の葬式のおり、群衆の一人が前に駆け寄り、棺につばを吐いて叫んだ。「ここに埋められるのは自分の国（カントリー）への裏切り者だ」。

もちろん、こういった話自体が作り話の可能性もあるが、その信憑性はどうあれ、死者にむち打つ行為というか、葬式に絡む社会的宗教的タブーがかくも無惨に破られている事態は、ジェームズによる報告書の記述がウェールズ人に招いた怒りと辛さがいかに深いものだったかを示すことは間違いない[28]。こうしたジェームズの例が示すように、助手のうち、報告書を書いて人気がでた者は誰一人としていない。多くのウェールズ人にとって、助手は敵側に走ったと見なされた。

2―2　リンゲンとジョンソンの翻訳論[29]

2―2―1　リンゲンの翻訳不可能論

『ウェールズ教育調査報告書』を作成した三人のイングランド人の調査委員の一人であるラルフ・リンゲン（一八一九～一九〇五年、オックスフォード大学を出て、一八四一年からベイリオル・カレッジのフェロー、報告書が出た直後の一八四七年五月に二八歳で法廷弁護士の資格を得た。ついで弱冠三〇歳で、一八四九年にケイ＝シャトルワースの後任として枢密院教育委員会永代事務長となり、その後一八七〇年に大蔵省事務次官となり、一八七八年にナイト爵位を得て、一八八五年にはそれが貴族の爵位に格上げされた）[30]の言語や翻訳に関する考え方はいかなるものだったか。

リンゲンが言うには「特異な言語、ウェールズ語という現象があるために、私の［担当する南ウェールズ］地区では、大衆が社会の最上部分から切り離されている」。ウェールズ人は、社会の頂点には見あたらない。ウェールズ人の使う言語が必要な情報を得ることも伝えることも出来ない言語であるために、彼はおちぶれたままになっている。それは旧式の農業、神学、簡素な農村生活の言語であり、それ以外の彼のまわりのすべての世界は英語である。

社会の最上部分の「高位」にある英語と「低位」にあるウェールズ語と、社会の高低を言語と結び付ける、単純にして率直なヒエラルキー的な見方がリンゲンの特徴である[31]。そして「利益が英語を要求するなら、愛着はウェールズ語の方を好む。英語は、利益のために作るべき新たな友人と見なされている。ウェールズ語は大事にされるべき友人、とくに落ちぶれても見放されるべきではない古い友人と見なされている」と、利益の言語としての英語、家族、共同体、宗教の言語としてのウェールズ語とする両言語の領分を認めている。しかし、ウェールズでは「英語の無知とは切り離せない、何重もの悪弊（evils）について、四方八方で耳にした意見があった。この悪弊はあまりに分かり切ったことで、広く認められていることなので特筆する必要もない」[32]として、以下のような意見を述べている。

［ウェールズには］このような地盤に立つウェールズ語とウェールズ語の影のもとに住民を取り囲む特殊な道徳上の雰囲気がある。この両者には強い相互依存関係があり、この言語はこの道徳と合致する考えしか伝達できず、この道徳とは合致しない考えを伝える試みはすべて失敗に終わる。（中略）共通言語［＝英語］以外の手段を使っても思考は共通のものとはならない。一つの言語からもう一つの言語に思考が流れていく公式の水門を開くのは不可能である。この流布には、数え切れないほど無数の細かな気孔が空いたネットワーク

が必要である。このネットワークなくしては、思考が死んだ異境の環境に思考がいきわたることはない。あたかも真鍮の壁があるがごとく、間接教育［学校以外の場所］が、人々の言語［ウェールズ語］によって排除されているところでは、直接教育の居場所がなくなっている。33

やや難解な比喩を含む文章ながら、ここでは、まず、言語と道徳は関連するものとして論じられている。これは他の調査委員とも共通する。次いで、より注目すべきは「共通言語」である英語でしか「思考は共通のものとはならない」ので、「水門」の両側には水位が異なる二つの言語（「高位」の英語と「低位」のウェールズ語）があるが「水門」を開いて「思考」を流していくのは「不可能である」という見解である。「水門を開く」とは、二つの言語間で「思考」を流すこと、すなわち「通訳」や「翻訳」を意味する。「翻訳」や「通訳」が二つの言語を同等に扱い、ないし相違を前提にして相互に学習し理解し合う試みであるとすれば、「翻訳」「通訳」のこの二つともが不可能なことを表明している。

これを示すのが「真鍮の壁」という金属的で堅い比喩である。これは、ウェールズ語と英語を分かつ分断の厳しさ、厳格さ、不浸透性を強調するとともに、翻訳や通訳の不可能性を示しているとも思われる。そして「真鍮の壁」を穿つのは、翻訳や通訳ではなく「数え切れないほど無数の細かな気孔が空いたネットワーク」である。これは「直接教育」の学校教育というより「間接教育」、すなわち人々が教室外で獲得する知識、情報を通じて作られる。学校教育に寄らない人びとの無数の交流を「気孔のネットワーク」に喩えており、これなくしては「思考が死んだ異境」のウェールズにいつまでもイングランドの思考が広がらないことを示唆している。ウェールズにおけるウェールズ語から英語への言語の転換は学校教育によっては不可能で、無数の「気孔のネットワーク」によってすっかり置き換わるしかないとの表明であろう。

現にリンゲンは、鉄道や主要道路と、鉄鉱や石炭の鉱山への英語を話す労働者の流入など今日の活動と接するあらゆる場所からウェールズ全土に、英語が急速に広がっていると告げ、鉄道と大鉱床の全面的な開発は、こういった接触点を倍増化させる前夜となっているとして、「ここに人々の教育の大義を活発に突き動かす原動力がある」と宣言している。

2-2-2　ジョンソンの翻訳可能論[34]

『ウェールズ教育調査報告書』の調査委員のうちの最後の一人H・V・ジョンソン（一八一九年～?、四八年に法廷弁護士の資格を取得、不動産譲渡顧問の仕事をしたが大蔵大臣の娘婿となり公的な場所からは退出）[35]は、担当地区の北ウェールズの報告書に以下のよう記述した。学校にある本はすべて英語で書かれ、口に出す言葉はすべて英語でなければならない。教育科目はすべて英語で教えられ、文法、地理、歴史、算数の知識の蓄積は英語でなされる。ところが、英語の知識を得ようにも何ら援助となるものがないのである。学校には英語の辞書、ウェールズ語の辞書がまったくない。その上、一日につき六時間も費やして、生徒が理解できず、自分の教科書もなく、教員が説明もできない言葉（＝英語）で、聖書の章や算数の公式を読まされたりくり返えさせられたりする。これほど生徒のやる気をなくすものもあるまい。要するに、英語がまるっきりわからないために学校に来て、まったくの初歩から授業を受けようとしているウェールズの子供に降りかかる最初の困難を取り除こうとしている努力をしている学校はどこにもない[36]。

教室では、暗記一辺倒としばしば指摘されたように、基本的に聖書などの小冊子を繰り返し読み上げるだけの暗記教育であった。ジョンソンは、個々の教員の英語能力を記述する箇所で「英語を発音できない教員には生徒に正しい読み方を指示することは期待できない。教員が英語の単語を正しく発音しているのに生徒をしかったり、自分の間違った発音で間違った教育をしたりしているのを何度も目撃した。（中略）学校の多くの授業で教員は自己教育があまりに乏しいために、読み方を示せず、生徒がいくつもの多音節の単語の綴りを言うのをもっぱら聞くばかりである」[37]と記して、ウェールズ人教員の過半数は英語に無知である、と断言している。残りのウェールズ人教員も、生徒に英語を説明したり、翻訳する重要性を一度でも認識した教員はまれであり、英語の系統的な教育を実行するいかなる試みもなされていない。したがって、圧倒的多数の学校では、生徒は英語は（教員たちの表現では）「できるだけ聞き覚えなさい」と言われるだけである。語学教育と言っても、生徒は教材となっている聖書の英語を暗記するだけ、「聞き覚える」だけであり、教員は発音やスペリングの指導をするのでもなくただ聞き流すだけであった。

英語教育を推進するという目的はほとんどは失敗していたが、「生徒に英語を説明したり、翻訳する重要性を一度でも認識」していた例外としてうまくいっている学校もあった。その「よい学校」の例として挙げられているのは、北ウェールズでは三校ぐらいである。

一つは、生徒数一七三名の男子校で、非国教会派教会の一室を教室としている。教員は元農民で、師範学校で六ヶ月間訓練を受け、二年間教職にある。ウェールズ人であり、英語はまだ完璧ではない。しかし、教育方法はよい。生徒はウェールズ語の文章の英訳を要求されており、これが、翻訳、書き方、読み方、綴り、文法の知識を実際に生かす練習となる。引用文集が与えられ、生徒が適切な句点、読点を付け、かつはっきりした印をつけて内容ごとに段落づけをして、書き写すように指導されている。ここは、英語を教えるために特別に作られた教科書を生徒が使用している、きわめて少数の学校の一つである。その結果、他では考えられないような数の生徒が英語の読み書きができている。ただし、ここでも生徒のマナーはなっていない[38]。

もう一つの学校には、英語とウェールズ語の語彙集があった。これは教員が編集し出版したもので、使用頻度の高い単語を一覧表にしたものと、他にウェールズ語と英語の短い対話と文章が対訳で並べられている。生徒は男女ともこの本の一節を記憶することが要求されている。男子生徒は書き取り、英語で手紙を書く練習もある。全生徒は学校でウェールズ語を話すことを禁じられており、遊び時間にも英語を話すことが奨励されている。この措置で、英語は町でも近隣でも急速な進歩を遂げている。子供が街角で遊んでいるときに英語を話しているのも聞かれた[39]。

以上の二校には、特別仕立ての教科書や語彙集、ウェールズ語と英語の対訳本があり、何と「翻訳」教育がなされていた。翻訳を認めずウェールズ語から英語にまるごと置き換わるしかウェールズの将来はないと考え、学校教育にも期待しなかったリンゲンと比べれば、ジョンソンは翻訳が行われているごく少数の学校を「よい学校」として評価している。学校教育に期待する点はサイモンズと共通している。

さらにもう一つの学校では、一八ヶ月から五才までの男女の幼児の学校があり、ダブリンで四年間訓練を受けた女性教員がいて、その効果は学校の規律のすばらしさ、すぐれた教育方法に現れている。こういった点で、北ウェールズにはこれに勝る幼児学校はない。とくに地理では、驚いたことに二〇人が世界地図に関するむずかしい質問に答えた。インド洋上の島々を、地図を指さすとつぎつぎに答えていたのは驚異的である。ここの幼児は英語の驚くべき知識を得ており、家庭では全般にわたり、家族のための通訳と見なされている。かなり幼いうちに学校に送られると、英語は彼らが学ぶ第一言語となる。生徒と教員の間でつねに取り交わされる会話によって、聖書の言語しか使われない学校ではけっして得られることのない実践的な英語の知識が与えられることになるという[40]。

ここでは、一八ヶ月の赤ん坊が英語のアルファベットを覚え、家族の通訳となるほどに熟達し、それと同時にインド洋の島々、すなわちイギリス帝国の地理を学んでいる。一八ヶ月からという英語の「早期教育」を受けると英語が第一言語となり、「家族のための通訳」となる、これが調査委員、とくにその一人のジョンソンの理想だったのかもしれない。ウェールズの小さな通訳集団が成人の英語使用率がゼロに近い、この辺境で形成されつつあった。

2―3　アイルランドの場合

2―3―1　生垣学校と国民学校[41]

社会言語学者フェネルは、一九世紀のアイルランドで、英語話者比率が著しく増加した要因として、以下の四つを挙げている。第一は、英語話者地域のダブリンとベルファストからの鉄道の拡大である。第二は、最初は非公式の「生垣学校」、次いで一八三一年からの国民学校での教育の普及である。そこでは英語が推進され、アイルランド語の使用はきびしく抑圧された。第三は、一八三〇～一八五〇年間における飢饉とアメリカその他の国々への集団移住によって引き起こされた劇的な人口動態の変化である。飢饉は、とくにアイルランド西部のアイルランド語話者のおそらく半分まで死に至らしめた。第四は、英語が進歩、近代化、国際言語と結び付くとの想定である。南アフリカのオランダ系のアフリカーナーすら経済的理由からアフリカーンス語の他に英語（近代化やチャンスに結び付いた）も使ったように、アイルランドのナショナリスト政治家ですら、多くの聴衆を得られることを知っていたために、そのメッセージを英語で説いた[42]。

いずれも重要な要因ながら、ここでは第二の教育に注目すると、まず「生垣学校」とは、一七世紀末からの一連の刑罰法（カトリックが子弟の教育のために学校を経営してカトリックに教育することを禁じた）下のアイルランドにおける非合法学校の一つで、その主力でもあった貧しい小作農の学校であった。アイルランドのカトリックが、刑罰法によってわが子の教育をあきらめることは決してなかった。また彼らがわが子を潔くプロテスタントの学校に入学させることも決してなかった。一八二四年ごろには、カトリックの学校約八〇〇〇校のうち七六〇〇校近くを生垣学校が占めた。一般的に見るとこの学校はカトリック聖職者に庇護されており、カトリック司教の直轄地に置かれる学校もあり、カトリックの教理問答を教材とする宗教教育を行う者もいた。

しかし、歴史家たちによると、生垣学校で教員が子供たちに熱心に教えていたのは、アイルランド語ではなく英語であった。「わが子に英語を身につけさせると、社会的にも経済的にも有利になると考え」た親たちも、子供が家庭でもアイルランド語を話すのを禁じた[43]。おなじ状況は「アイルランド語を話す能力、母語とすることは日常の慣習的な使用と関連しなくなる。なぜなら、両親はアイルランド語を子供の将来の障害になると見なすようになり、周到に家庭から追放したからである。両親は、最低限の野心を持った子供には格好の道具となる英語の習得を望み、可能な限り、学校では、もっぱら英語教育がなされることを望んだ」[44]とも叙述された。

ついで、「国民学校」とは何か。一八三一年の国民教育制度によって、カトリック・アイルランドの学校の運営は、アイルランド国教会に全面的に委ねられることになった。この学校が国民学校である。これによって、余裕のある親を持つ子供には、英語のみでなされる教育が与えられることになった[45]。

しかし、アイルランド史家ジョセフ・リーは、「人々の思いこみに反して、この国民学校はアイルランド語を抹殺しなかった。大飢饉以前からこの国（アイルランド）は圧倒的な英語話者の国だったからである」と述べて、国民学校を通じた英語の普及とアイルランド語の後退についてこれまで誇張されてきたと指摘して、低い通学率や短い通学期間などのデータを挙げた。続けて言うには「アイルランド語は一八四五年以前に自殺を遂げていた。これを幇助し手を貸したのは国民学校というより、ナショナリストの神話の中で育まれたアイルランドの生垣学校であった」[46]。

アイルランド語は一八四五年以前に「自殺」を遂げていたので、国民学校はアイルランド語の他殺＝抹殺の原因ではなく、自殺を幇助したのはそれ以前からの生垣学校であるということになる。誰かや何かがアイルランド語を抹殺したというより、アイルランド語は「自殺」したのであり、自殺幇助に問われるのは国民学校というより生垣学校だった。

2−3−2　教室内のアイルランド語使用

一方、アイルランド言語史家ウルフは、国民学校においてはあくまで英語教育が目的とされていたものの、教育技術としてアイルランド語が教室内で広範に使われていたことを立証している。国民学校首席視学官のパトリック・キーナン（一八二六〜九四年）[47]は、アイルランド教育当局者の主席監督官（ナショナル・コミッショナー）に届けた、一八五〇年代の一連の報告書で、アイルランド語話者、とりわけその単一話者に、丸暗記方式の繰り返しによる英語の習得を期待する学校の絶対的な欠陥を指摘していた。キーナンは、アイルランド語の学習はあくまで英語の読み書き能力という最終目的への架け橋であり、それ以上のものと提唱したことはけっしてないが、従来よりも広範となったこの言語（アイルランド語）の役割を認識していたことは確かであった。彼は教室内でアイルランド語の使用を促していた。彼自身の言葉では「教員みずからが納得した時にはいつでも自由に、子供の教育を英語でする援助として現地語（アイルランド語）を使う無条件の権利と果たすべき義務」を設定することによって、教室内のアイルランド語使用が即座のインパクトを及ぼすことを認めるよう、教員と学校の運営者に懇願した報告書を教育当局者あてに書いていたのである。一八五八年の報告では、教室内でアイルランド語を使用する資格のある教員に四ポンドから五ポンドの追加手当の支給を勧告した。この勧告はこの時点では採用されなかったが、その一〇年後に手当が出るアイルランド語の科目申請が最初になされた際に引用されるほどのインパクトはあった[48]。

キーナンの勧告は決して斬新なものではなかったし、孤立した提案でもなかった。幾人ものアイルランド人教師はこうした実践、すなわち教室でのアイルランド語の使用をすでに採り入れていた。具体的な一例はアイルランド語話者が英語のアルファベットを学ぶ際の方法として、アルファベットの文字の形や音をアイルランド語の単語を使って記憶を助ける方法があり、これは広く流布していた。たとえば、Aはその尖った先端を指すのにアイルランド語で「屋根の結合」という表現が使われた。Jはアイルランド語で「ハーリング［アイルランドの伝統的な球技］

用スティック」、Tは「十字架」、Uは「ロバの蹄」という言葉が使われた。この方法は英語とアイルランド語の間にあった言語の分断の架け橋となった。他にも、英語の語形変化や動詞活用をアイルランド語を使って二言語使用の生徒に教えた教員もいたし、教科書に出てくる単語の意味を生徒にアイルランド語で説明することが有用であることを発見した教員もいた。こうした教育技術がどこまで広がっていたかを推し量るのはむずかしいが、アイルランド語話者自身が通常試みていた実践として知られていたことは確かである。非英語話者の教育需要への対処において、全国レベルでは無策だったために、かえって地方レベルの人びとは現場の需要に合わせて政策を修正するように促されたのである[49]。

ウルフは、国民学校におけるアイルランド語教育の特別科目の認可やそれへの手当支給の実現の過程も追求している。一八六九年には教室内で特別科目としてアイルランド語を教える国民学校の教師への手当支給の請願がアイルランド教員機構の年次総会でなされた。七一年には同機構の年次会議で特別科目としてのアイルランド語教育への支持表明があった。これは、教育システムの長年にわたるアイルランド語への無関心を非難する声明でもあった。七五年、学校運営者は行政官に「特別科目としてアイルランドの各地域でそれを教えることに手当を支給して、この国の言葉の研究を促すようにする」覚書に署名した。七八年、ついにこれが採用された。八三年までに、アイルランド語を使って英語を教えることが当局によって認可され、中等教育での追加手当支給対象の科目としても認可された。これは一九〇四年に導入された二言語スキームの下での学校カリキュラムにアイルランド語をより拡大的に取り込んでいく出発点、突破口となった。

アイルランド語話者はついに公式のカリキュラムに沿ってアイルランド語を教室で話せるようになった。それは長いこと教室でアイルランド語を使って非公式の教育方法を使ってきた教員の努力のたまものであった。かくして、アイルランド独立の前夜までの学校におけるアイルランド語の確固たる地位は当局報告の外で行われ、最上位レベルでの承認を顧みることなく、現場でアイルランド語を使用し続けた教師が担ったかなり重要な役割に駆り立てられた、長期にわたる論争の産物だったのである[50]。

これほどアイルランド語の残存が主張されると、気になるのは、ウルフがこうした国民学校以前の「生垣学校」、それも英語一辺倒とされてきた生垣学校をどう見ているかである。ウルフはある箇所で、アイルランドの学校の質が低く数も少なかった理由として、カトリック人口の過半数が、国家や慈善団体から資金を得る「薄く覆われた」プロテスタントの学校よりも、地元の非公式の私立学校を選んだことをあげている[51]。ただ、この「地元の非公式の私立学校」がそのまま一八三〇年代からの国民学校以前の生垣学校にもそのまま当てはまるかは不確かであるし、一八世紀の生垣学校には直接の言及が見られないので生垣学校の評価は不明である。

2―4　ウェールズとアイルランドの比較

ウェールズでは助手として教育調査委員に同行して調査を助けた通訳がいたり、学校での翻訳教育の実際が議論されたりしたが、アイルランドの場合は、教室では英語オンリー志向が強く、通訳や翻訳の問題はあまり出てこない。通訳や翻訳が必要とされる以前に、圧倒的な英語使用環境の中でアイルランド語話者はむしろ自らの言語を否定する言語的自殺を遂げていたとの主張もあった。国民学校でアイルランド語が使われていたのもあくまで将来の英語使用のための教育技術としての使用だった。ただこうした使用法であっても長いこと教室で使われたことはたしかで、このことはアイルランド語を使った英語教育が当局による認可、初等教育での特別科目、中等教育での追加手当支給対象の科目としての認可、ひいては公式のカリキュラムに沿ってアイルランド語を教室で話せることにもつながった。

3　宗教（教会）における翻訳

3―1　ウェールズの場合

ウェールズ語による最初の聖書翻訳は、ウィリアム・セールズベリー（一五二〇～一五八四年）による一五六七年の「新約聖書」である。これを受継いだのが、書き言葉としてのウェールズ語の規範を打ち立てる上で大きな役割を果たし、今日に至るまでウェールズ語の存続の最大の後ろ盾、権威になっているとも評される、一五八八年のウィリアム・モーガン（一五四五～一六〇四年）による『ウィリアム・モーガン訳聖書』である[52]。

聖書（ともに翻訳された祈祷書をふくめて）のウェールズ語への翻訳は、言語から見ると諸刃の剣となった。すなわち、これは、一方では、ウェールズ語の保持に貢献したが、その反面で、ウェールズ語は宗教の言語と見なされて、政治の世界から締め出されることになった。それは重要性を持たない言語として、農村部の小作人に残存することになった。

つまり、一六世紀末のイングランドによるウェールズ統治において、ウェールズ語の聖書と祈祷書により、ウェールズ人をイングランド国教会にとどめておく「国教会の政治学」が、英語を広める「英語の政治学」よりも優先していたのである。その結果、宗教儀式ではウェールズ語が使用され、この言語の存続が助長された。聖書や祈祷書の翻訳、イングランド国教会としての説教を現地語のウェールズ語で説教できる司祭の派遣を維持することによって、皮肉なことに、抑圧するつもりだったこれらの現地語の威信が保たれた。これはイングランド側からは「歴史的失態」と呼ばれる。ウェールズ語の残存はこの「歴史的失態」に依っていた。要するに、宗教改革は、ウェールズ語の聖書をウェールズ人に与え、次の三世紀間、ウェールズ語は宗教の領域で維持された[53]。

ただし、こうしたもっとも初期に推進された、ウェールズ語の聖書の翻訳と使用、および単一言語使用地区におけるウェールズ語話者の司祭の雇用にもかかわらず、国教会――とくにその司教――は、一八世紀にメソジストによるウェールズ語の印刷物が爆発的に増加するまでは現地語＝ウェールズ語の使用には不熱心のままだった[54]。

ここで、国教会側からではなく、メソジスト、すなわちウェールズの非国教会側から見ると、ウェールズ語訳聖書は、一六三〇年に廉価版が出され、民衆階層にも普及しはじめた。このうえに一七三〇年代以降のグリフィス・ジョーンズらを中心とした「メソジスト運動」と呼ばれる巡回学校によるウェールズ語の聖書を使った教育運動、さらにはトマス・チャールズらによる日曜学校運動が重なって、ウェールズ語の読み書き能力は、民衆レベルで広く定着していった。ウェールズ語訳聖書は、一八〇〇〜一九〇〇年で三七〇版を数えたのである[55]。

3―2　アイルランドの場合

3―2―1　一七世紀初頭

アイルランド語訳聖書が出版されたのは一七世紀初頭である。すなわち、アイルランドの状態を報告するために国王ジェームズ一世（統治期間はスコットランド王として一五六七〜一六二五年、イングランド王として一六〇三〜一六二五年）により委託された委員会は、新約聖書、および祈祷書の翻訳が「アイルランド語の教区」で使用されること、非居住（すなわち非ネイティブ）の国教会司祭が「そこでアイルランド語で礼拝を読める祈祷書をつねに携行できるよう」助言した。これを受けて、新約聖書が一六〇二年、祈祷書が一六〇八年にそれぞれ出版された。

一六二三年には、英語しか話せない司祭のいる教区には、新約聖書や祈祷書をアイルランド語で会衆に読んで聞かせる「朗読者」の派遣も開始された。教区教会でのいわば「通訳」である。一六三四年には、ダブリンの国教会聖職者の総会でアイルランド語のための諸規範が通過し、「会衆の半分ないしたいがいがアイルランド人の場合、礼拝の一部はアイルランド語で行う」ことが促されたり、「人びとのたいがいがアイルランド人のところでは、国教会教区委員は、教区の責任において、アイルランド語の聖書一冊と祈祷書二冊を用意する」と発令されたりした[56]。

ただし、こうした政策はイングランド支配下における複数言語の使用を受容したものではけっしてなかった。一七世紀初頭からさかのぼること七〇年ほど前のチューダー朝期の一五三七年法（「イングランドの秩序・慣習・言語の法」）による社会全般における英語の使用命令では、教会でも英語による説教が義務づけられていた。しかし、現場では圧倒的にアイルランド語話者の会衆を前にしては、英語で説教しようにも会衆にはまったく届かない光景が圧倒的に多かった。したがって、アイルランド語の聖書や祈祷書、朗読者の存在は、いわば英語オンリー政策へのやむにやまれぬ「譲歩」であった。

3-2-2　一八世紀初頭

次に聖書の翻訳が出てくるのは一八世紀初頭である。これも以前と同様の譲歩の努力として、一七〇九年に提案されたアイルランド語聖書（今度は新約に限らず、一六八五年以降使用可能になっていた新旧聖書の全訳版）、礼拝書、それにはっきりとカトリックの国教会忌避者をターゲットにしたアイルランド語と英語の教理問答の印刷である。一七〇八年には、トリニティ・カレッジへのアイルランド語講師の導入が、アイルランド語話者人口に届ける司教の訓練をするというこの大学の要請の一部として（一七世紀初頭に一時あったものが）復活したし、一七〇三年と一七〇九年の二つの法律は、プロテスタントに改宗した司祭が祈祷書、礼拝書を公の場、大司教や司教が直接指示ないし指名する場所で、英語とアイルランド語の両言語で読むことを命令することにより、アイルランド語の使用を容認した[57]。

この同じ一八世紀の最初の一〇年間は、アイルランド国教会内の分派の中に、広範なアイルランド人人口に届き、それによって改宗を進める手段として教区監督付きでアイルランド語を使用する一連の新たな試みが開始した時期でもあった。その試みの主体となったのは、先の国教会聖職者総会の下院で代議員として活動する司祭を中心としたアイルランド語による福音の推進者である三名だった。彼らにより、下院では「王国のカトリックの速やかな改宗」を計るために、アイルランド語で説教する多くの説教師が司教によってすべての教区に派遣されるべし、との決議がなされた。この決議には総会の上院も肯定的な反応を見せたが、このための行動プランの特別声明はなされなかった。一七一〇年には、聖職者による聖書の完訳と説教と教理問答をするアイルランド語朗読者の各教区への任命などさらなる推奨や推進策が表明され、これには有力者三名の支持も得られた。

3―2―3　一九世紀初頭

一九世紀に入ってからアイルランド語聖書が取り沙汰されたのは、聖書教育との関係からであった。一八〇九年以後に、聖書を読むための現地語の読み書き能力を、教育（および改宗）の目的の最前線に置いた点で、もっとも影響力のある関与者は、ますます目立つようになったイギリス全土に及ぶプロテスタント非国教徒による諸組織である。メソジスト、会衆派、バプティスト、長老派は次々と協会を組織した。この諸協会のアイルランドの舞台への出現、および諸協会によって寄せられたネイティブ言語での聖書教育への多大な関心によって、ここ一〇〇年間ではじめて教育と宗教の執行吏に対して言語問題が提起されたのである[58]。これは、この時点までの過去一〇〇年間にわたってもっぱら、反対方向、すなわち行政執行主体である当局が一方的に教育と宗教の現場、学校や教会に使用言語を命令してきたことを意味する。

この際、注目すべきは、インドやアフリカでの聖書の現地語への翻訳とアイルランド語での聖書教育との連関性が問われたことである。すなわち、当時インドやアフリカにあったイギリスの海外植民地への布教との関連で、こうした海外統治領では現地語に翻訳された聖書により布教が行われた、したがって、似たような状況にあるアイルランドでも現地語のアイルランド語聖書による布教が正当化されるのだ、とされた。諸協会は、現地語へ翻訳された聖書を使うアジアやアフリカへの援助とアイルランドへの援助を組み合わせる布教努力への協力者として活動したり、活動しつつあったりした[59]。

3-2-4　一九世紀半ば以降

一九世紀の半ばに入って聖書のアイルランド語への翻訳が取り上げられる機会となったのは一八五一年の国勢調査である。アイルランド語話者の数を正確にはじき出す最初の試みでもあったこの国勢調査の結果、人口のおよそ四分の一の一五二万人のアイルランド語話者、および三一万人のアイルランド語単一言語話者がいることがわかった。このニュース、すなわちこれほど多くのアイルランド人が、国教会がいささかの支援もしていない言語であるアイルランド語を話し続けているとの通知は、一八三〇年代以降の国教会制度の廃止の圧力下にあったアイルランド国教会にとって、歓迎されざるものであった。

言語の残存ばかりか、改宗も進まなかったことも問題とされた。一八五〇年代から六〇年代にかけて、国教会がアイルランドのローマカトリックの間に「少しばかりの進展もなかった」、すなわち改宗が進まなかったとの議論は、国教会が国家の支持を受けることをさらに受け入れがたいものとし、イングランド内も含めた多くのプロテスタントは改宗が拡大しなかった理由を探して自己批判を開始した。

言語政策が拡大失敗の一つの原因であり、国教会としての地位の存続を主張する弱点とも見なされた。イングランド南西部のエクセターの主席司祭は、一八六三年に以下のように述べた。「われわれは、アイルランド人に聖書や国教会の礼拝を彼らの第一言語で与えないまま、アイルランド語を根絶やしにし英語を導入しようと躍起となったが、これは絶望的な仕事で大きな失敗をもたらした」。リヴァプールの聖ジョージ教会のケリー師は、一八六五年の講演で、アイルランドの宗教改革期の全史を概観し、カトリック、とくにそのアイルランド語話者への布教が欠如していたことを指摘した。とくに、礼拝のアイルランド語への翻訳がまったくなされなかったエリザベス朝期の教会の不備、「イギリス政府」の「被任命者」である国教会聖職者総会の上院による、一七一〇年のアイルランド語の説教への中途半端な受け入れに対して、非難し不平を述べた[60]。

一方、こうしたイングランド内の動きに対応して、アイルランド国教会も自分の手で問題に対処するかのように、一八七一年の全国集会で、牧師がミサの指示書の言うように、礼拝の一部をアイルランド語を使用することを可能とする新たな規則を採用した。ただ、ウルフが言うには、こうした議論に一抹の真実味はあるものの「七世紀間の言語問題をめぐる国教会の強情さ」は否定しきれなかった。なぜなら、国教会聖職者総会の上院は、アイルランド議会や王室と共に、すべての節目で英語に有利になるような基軸政策を推進してきたからである[61]。

3―3　ウェールズとアイルランドの比較

ノーマン・デイヴィスは、ウェールズとアイルランドの違いはこれ以上ないというほど大きかったとして、一般的に、アイルランドのゲール人は自らの宗教（カトリック）は守っても言語は失う運命にあったのに対し、ウェールズ人はカトリックとの絆を失ったものの、自らの言葉は守り続けたことであろう、と述べて、宗教と言語をめぐる両者の対照性を浮かび上がらせている。

ディヴィスは、この違いが生じてくる理由は、言語政策を受け取る側の宗教的な気質、ウェールズのプロテスタントとアイルランドのカトリックの違いにあるとみている。すなわち、プロテスタント信仰が深く根を張っていたウェールズでは、ウェールズ語がそれまでになく盛んになったが、アイルランドでは、ラテン語でミサを行っていたアイルランド人のカトリック聖職者はプロテスタントが支援するゲール語の文学や学校を忌み嫌い、その結果、アイルランドのゲール人はウェールズのような文化的な刺激も受けることもなく、長い目で見れば、続々と押し寄せる英語をウェールズに比べればかなりすんなりと受け入れることになった[62]。

一方、アイルランドに限るがここで引用したウルフによると、聖書のアイルランド語への翻訳要請が出てくる初発時および再発出時に、英語オンリー政策をとる支配者側（政府や国教会）は、アイルランド語単一言語話者を相手に何も通じない礼拝や説教をせざるを得ない教会側の現場に「譲歩」せざるを得なかった。

ディヴィスはアイルランド人のカトリック聖職者自身がラテン語でミサを行っていたことが、結果として英語を受け入れた要因にもなったことを指摘するが、「ラテン語でのミサの継続」と「英語の受け入れ」の因果関係は必ずしも明らかではない。一方、ウルフは現場の聖職者ではなくあくまで彼らを監督、指示するカトリック当局ないし上司たる司教の観点から、司祭をどこに差配するか、アイルランド語の宗教テキストやマニュアルの製作をするかどうか、聖職者を育成する神学校での最適な準備をいかにするか、についての一九世紀後半での決定が、アイルランド語話者人口を念頭に置いてなされたことを立証した[63]。アイルランドは「言語は失う運命」を食い止めて残存させたというのがウルフの主張であろう。

一九世紀半ばからはまたアイルランド語聖書を届けなかったことがカトリック改宗の失敗の原因として指摘されるようになった。それ以前からも、国教会当局ですら、たびたび改宗のためにはアイルランド語単一話者への改宗に乗り出し成功させるためには、彼らの言語に即した布教活動をすべしとの主張が繰り返されていた。当の聖書マタイ伝第二八章第一九節での「あなたがたは行って、すべての民を弟子にしなさい」[64]とキリストが命じたとの一節が用いられて、必要に応じてアイルランド語を使っても、「すべての民（ネーションズ）」の一つのカトリックへの接近の正当化として引用された。

たとえば、言語の多様性について、先行者よりもはるかに認容できる見解を示し始めた一八世紀初頭のアイルランド語推進者の一人であり、総会下院を指揮もしたジョン・リチャードソン師は、言語的寛容となる論拠を以下のように記した。「言語の相違はそのまま宗教の相違とはならない。イングランドの利益に沿わないのは、アイルランドの言語ではなくカトリック教という宗教である。アイルランド語自体には獣のしるしは付いていない」[65]

これは、問題はカトリック改宗なので、野蛮と同等視されたアイルランド語を使ってでもカトリック改宗を進めるべきとの、いわば言語より宗教との主張である。この点はカトリックとメソジストなどの非国教会といった違いがあるものの、ウェールズ語聖書やウェールズ語を話す聖職者を使ってでも国教会制度を進めるべしとのウェールズと似る点ないし共通点でもある。

おわりに

ウェールズとアイルランドの通訳と翻訳について相違点と共通点を見てきたが、ここで通訳と翻訳の現場となった法廷、学校、教会に即してウェールズとアイルランドの違いと相通ずる点をまとめてみよう。法廷における通訳は一九世紀にはウェールズにはなくアイルランドに有給の法廷通訳がいた。ただ法廷通訳はもともとはウェールズにあったものがアイルランドに伝わったものだった。教育に関しては、ウェールズの場合、学校調査に必要とされたウェールズ人通訳がいた。翻訳に関してはその不可能論すら唱えた政府調査委員もいたが、教室の現場では圧倒的な英語オンリー志向の中にも、翻訳を取り入れた教育も見られた。ウェールズ以上の締め付けがあったアイルランドでは教育技術として教室内でアイルランド語が使われており、その使用実績は法律上の使用認可にも結びついた。教会では、ウェールズの場合、多数派の非国教会の諸会派が宗教の言葉としてウェールズ語を推進したし、国教会側も信仰を優先してこの言語を認めたためにウェールズ語が優位に立った。これを促した一つの要因は聖書のウェールズ語への翻訳であった。アイルランドの場合も、聖書のアイルランド語への翻訳を通じてアイルランド語単一話者が圧倒的な地域でも礼拝時にアイルランド語が使われた。教育に比較すると締め付けがややゆるく、その理由はやはり言語よりも宗教（改宗）を優先させるという権力側の譲歩によるものだった。この点はウェールズと似ていた。

註

1　ノーマン・デイヴィス著『アイルズ――西の島の歴史』別宮貞徳訳、共同通信社、二〇〇六年、六二五―六二六頁。
2　Nicholas M. Wolf, *An Irish-Speaking Island: State, Religion, Community, and the Linguistic Landscape in Ireland, 1770-1870*, Madison: University of Wisconsin Press, 2014.
3　本節は以下を修正の上、活用した。平田雅博『ウェールズの教育・言語・歴史――哀れな民、したたかな民』晃洋書房、二〇一六年、八三―八六頁。

4 *Reports of the Commissioners on the State of Education in Wales, with appendix* (Part I), 1847, Shannon: Irish University Press,1969; *Reports of the Commissioners on the State of Education in Wales, with appendices*, (Part II and Part III), 1847, Shannon: Irish University Press, 1969. 本報告書は、地域ごとに三部に分かれ、第一部が一冊に収容され、第二部と第三部がもう一冊に収容され、合計二冊となっている。以下、この報告書からの Part と引用頁は、たとえば、I, 23-24 と表記し Part と頁数を示す。appendix（appendice）部分からの引用は App. と示す。

5 平田、同上書、三七頁。

6 II, 66.

7 平田、同上書、三〇頁。

8 II, App., 90.

9 Gwyneth Tyson Roberts, *The Language of Blue Books: The Perfect Instrument of Empire*, Cardiff: University of Wales Press,1998, p. 203.

10 II, 66-68.

11 Wolf, pp. 162-164.

12 Wolf, pp. 270-272.

13 Wolf, p. 269.

14 Geraint H. Jenkins, Richard Suggett and Eryn M. White, 'The Welsh Langage in Early Modern Wales,' in Geraint H. Jenkins, ed., *The Welsh Langage before the Industrial Revolution*, Cardiff: University of Wales Press, 1997, rep., 2001, pp. 69-70; J. Gwynfor Jones, 'The Welsh Langage in Local Government: Justices of the Peace and the Courts of Quarter Sessions c. 1536-1800,' in Jenkins, ed., *op. cit.*, pp.182-183.

15 Jenkins, Suggett and White, *op. cit.*, pp.70-71.

16 Richard Suggett, 'The Welsh Langage and the Court of Great Sessions' in Jenkins, ed., *op.cit.*, pp. 163-164.

17 Wolf, pp. 52-53.

18 Wolf, pp. 48-49.

19 Wolf, pp. 166-72.
20 Wolf, pp. 153-157; 271.
21 本節は以下を修正の上、活用。平田、同上書、三八—四三頁。
22 I, iv.
23 Roberts, *op.cit.*, p.213.
24 I, 271.
25 III, App. 95-96, 97, 110.
26 Roberts, *op.cit.*, pp. 100-102.
27 III, App. 75.
28 Roberts, *op.cit.*, pp. 103-104.
29 本節は以下に加筆した。平田、同上書、七七—七八、八一—八二頁。
30 平田、同上書、七頁。
31 Gareth Elwyn Jones, 'The Welsh Language in the Blue Books of 1847,' in Geraint H.Jenkins, ed., *The Welsh Language and its Social Domains 1801-1911*, Cardiff: University of Wales Press, 2000, p. 452; I,2-3.
32 I, 6-7.
33 I, 7.
34 本項は以下を修正の上、活用した。平田、同上書、七二、七四—七五頁。
35 平田、同上書、三七頁。
36 III, 11.
37 III, 19-20.
38 III, App., 78.
39 III, App., 158.

40 III, App., 34-35; データは III, 182-185.
41 本項は以下を参照。平田雅博『英語の帝国――ある島国の言語の１５００年史』講談社選書メチエ、二〇一六年、一一〇―一二〇頁。
42 Barbara A. Fennell, *A History of English: A Sociolinguistic Approach*, Oxford: Blackwell Publishing, 2001, p.199,248.
43 田口仁久『イギリス教育史――スコットランドとアイルランド』文化書房博文社、一九九三年、一九〇―一九六頁。
44 Reg Hindley, *The Death of the Irish Language*, Abington: Routledge, 1990, p.13.
45 Hindley, *op.cit.*, p. 12, 14.
46 Joseph Lee, *The Modernisation of Irish Society 1848-1918*, Dublin: Gill & Macmillan, 1973, 1989, p. 28.
47 Wolf, p. 42.
48 Wolf, pp. 147-148.
49 Wolf, pp. 142-144.
50 Wolf, pp. 147-148.
51 Wolf, p. 133.
52 原聖『周縁的文化の変貌』、三元社、一九九〇年、四一頁。
53 Richard W.Bailey, *Images of English : A Cultural History of the Language*, Ann Arbor: University of Michigan Press,1991, pp. 27-28.
54 Wolf, p. 119.
55 原、同上書、同頁。
56 Wolf, p. 118.
57 Wolf, p. 121.
58 Wolf, p. 134-135.
59 Wolf, p. 137.
60 Wolf, p. 145.

61 Wolf, p. 147.
62 ディヴィス、同上訳書、同頁。
63 Wolf, p. 272.
64 『聖書』、聖書協会共同訳、日本聖書協会、二〇一八年、(新) 五九頁。
65 Wolf, p. 122-123.

第5章

帝国日本と多言語社会・台湾の狭間の通訳

——唐通事の後裔・鉅鹿赫太郎における通訳の場

岡本 真希子

はじめに[1]——問題意識と課題

一九世紀後半の日本は近世から近代へと移行し、いわゆる「鎖国」から開国を経て新たな世界秩序に向きあい、対外戦争と植民地統治を経ながら周縁を拡大させ、東アジアにおける植民地帝国へと変貌を遂げていった。こうした過程において、対外関係や植民地社会と向き合う場では、多言語話者が必要とされてゆくこととなった。

本稿では、この一九世紀後半から二〇世紀前半の帝国日本において、通訳として活動した鉅鹿《おおが》赫太郎《かくたろう》に焦点をあて、その軌跡を追いながら検討するものである。鉅鹿赫太郎（以下、赫太郎と略す）は、長崎・神戸・清国・台湾を越境して移動し、いわゆる「中国語」と呼称される言語を用いて通訳として活動した人物である。当該期の赫太郎の通訳の場には多様な「中国語」が併存していたが、赫太郎の通訳言語は、近代以降に日清間の国際関係において需要された北京官話であった。他方で、多言語社会・台湾においては、北京官話の話者は限定的なものであり、複数の現地社会の言語が共存していたため、複雑に交錯した通訳の場が生じてゆくこととなった。

ここで、議論の前提として、本稿で使用する「中国語」という用語につき説明しておきたい。六角恒廣『中国語教育史の研究』が指摘するように、「日本で一般的に中国語といえば、中国の近代中国語とくに官話および共通語を意味している」が、実際には「中国語とは何を指すのかとの問題も出て来る。」「文語も対象とするか、口語を対象とするか、口語なら官話ないし共通語か、あるいは方言をも対象としてとりあげるかということが、対象として問題となる」[2]というように、多様な「中国語」をめぐる複雑さが横たわる。近世から近代にかけての日本にひきつけていえば、「唐話」や「漢語」・「支那語」、「南京官話」や「北京官話」などのほかに、植民地台湾においては複数の「土語」(台湾語を含む)の併存など、時代や状況によって、複数の呼称が使用されている。このように、一つの呼称ではくくれない変遷や多様性を持つ用語であるため、本稿では「中国語」という呼称は用いずに、時期に応じた呼称は各節で示すこととしたい。

本稿で検討対象とする鉅鹿赫太郎は、近世日本の長崎において「唐話」「南京官話」を使用する唐通事の系譜である鉅鹿家の第九代であり、近代以降は国家の北京官話養成とは別に清国にわたり北京官話を身に着け、日本と清国の国交成立後には駐日清国公使の通訳となり、早くから国際関係における通訳言語である北京官話の話者として活動し始めた。その後、日清戦争期以降には清国語通訳官となり、植民地期台湾では裁判所にあたる法院の通訳として長期間にわたり活動した経歴を持つ。この日清戦争と台湾における植民地統治の過程においては、帝国日本は北京官話とは異なる多言語をもつ台湾と遭遇し、赫太郎の法院通訳としての存在意義と使用言語も、それらとの狭間におかれてゆく。

本稿に関連する先行研究としては、第一に、唐通事(明治期以降は旧唐通事)に関する研究と、第二に「中国語」教育史に関する研究、第三に植民地統治開始以降の台湾語・清国語通訳に関する研究、第四に台湾史における「音声の歴史」に関する研究があげられる。

第一の唐通事について関する研究は、江戸時代に関しては厖大な蓄積があるが、一八六七年の唐通事制度の解体以後に関する研究は少なく、そのなかでは幕末期から明治時代初期に研究が集中している。それらは、主に個別の唐通事の軌跡を検討対象としながら、言語教育や言語学習との関連から分析を加えている。たとえば、東京外国語大学の初期中国語教育との関連を論じた中嶋幹起の研究[3]、「旧長崎唐通事」たちによる新たな語学学習の環境や条件獲得の軌跡を明らかにした許海華の研究[4]、幕末期の満洲語の学習に関わった唐通事たちに関する松岡雄太の研究[5]などである。翻って、唐通事制度の解体以後に関しては、日本の対外戦争や植民地統治と唐通事の後裔たちとの関連は未検討であり、また、植民地期台湾における通訳・通訳者研究においても看過されてきたといえよう[6]。

第二の「中国語」教育史に関する研究としては、明治期の「中国語」教育の変遷・「中国語」人材に着目した六角恒廣の研究が、代表的なものとして挙げられる。しかしながら、日清戦争期については「中国語」教育への関心が高まった契機として簡単に述べるにとどまっており、かつ、台湾における「中国語（閩南語）」の学習は、「国語（日本語）」の使用強制とともに、学習の必要性がなくなったと簡潔な言及にとどまっており[7]、植民地統治と台湾への視角は希薄である。

第三の台湾の植民地統治開始以降の台湾語・清国語通訳に関する研究としては、日清戦争期の軍部における通訳経験者と、台湾領有後の通訳業務関係者とのかかわりを指摘した冨田哲の論考があり[8]、かつ、本稿筆者も日清戦争期における台湾の言語状況と陸軍通訳の人材確保について論じたことがある[9]。しかしながら、台湾語通訳と清国語通訳との同時期の連続／断絶の状況は不明確なままといえる。近年、植民地期台湾における通訳者や通訳に関する研究は注目を浴びてきており、その蓄積が進むなかで、本稿筆者もその研究動向のなかに位置するとされる一人であるが[10]、本稿ではさらに、法院における北京官話通訳と台湾語通訳の併存と比重の変化を視野にいれて検討を試みたい。

第四の台湾史における「音声の歴史」に関する研究だが、近年の台湾史においては、台湾の多様性と多元性という特徴や多種多様な言語の存在を前提とするなかで[11]、陳培豊が「音声の歴史」へ着目して台湾社会文化史において新たな研究成果を生み出している。陳培豊が指摘するように、台湾では「今日に至るまで人部分の台湾人の母語である閩南語をはじめ、台湾原住民、広東系の住民の言葉は、いずれも近代的書記法が必要とする標準化、規範化、制度化の作業が未完成な状況」にあり、こうしたなかで「音声の歴史」への着目は、台湾史における新たで重要な問題を提起しているといえよう[12]。本稿では、「音声」テキスト自体を検討するものではないが、文字の記録には残らない通訳の場と言語の状況について、北京官話通訳としての赫太郎の軌跡と通訳の場の検討を通して、こうした台湾史の新たな問題提起に資することを試みたい。

以下、本稿では、明治期以降における日本の対外膨張と周縁の拡大に伴い、地域間を越境する人の移動を視野に入れて、とりわけ植民地台湾との関係において、唐通事の後裔である赫太郎の軌跡を検討する。1節で前史として鉅鹿家の祖・魏之琰と第八代・鉅鹿篤義につき確認し、2節以降に赫太郎の軌跡について時期を追いながら検討する。まず、2節・3節では台湾に渡る前について、日清間の国際関係と帝国日本の官僚組織・陸軍のなかの通訳としての軌跡を検討する。4節・5節では、渡台以後の状況、とりわけ台湾総督府の法院通訳となった赫太郎について検討する。北京官話通訳としての赫太郎は、法院通訳としては最高位の高等官通訳に任命される一方で、法院の通訳言語が台湾語へと比重が移るなかで役割を変化させてゆく。ここでは、赫太郎の通訳の場である法院について、司法官や台湾語通訳を視野に入れつつ、法院通訳をとりまく重層的な状況の検討を試みる。6節では、法院通訳を退官した後の赫太郎について、死去までの台湾における活動と、台湾と「長崎学」における唐通事の後裔をめぐる日本語による語りについて検討する。

本稿で用いる資料は、台湾と日本の資料館・デジタル資料庫の所蔵資料を用いる。台湾の資料としては、国立台湾図書館のデジタル資料庫（数位資源サイト）、中央研究院臺灣史研究所・檔案館における台湾総督府の公文書である「台湾総督府公文類纂」など、近年の台湾における資料公開の成果を反映させながら、台湾総督府に提出された履歴書・人事関係書類や戸籍謄本、台湾で発行された雑誌・新聞の掲載資料等を用いる。日本における資料としては、アジア歴史資料センターや国立国会図書館のデジタル資料庫のほか、長崎歴史文化博物館に所蔵の一次資料を用いることとする。

1　前史――鉅鹿家の系譜

1―1　鉅鹿家の祖・魏之琰――福建から長崎の住宅唐人へ

江戸時代の幕府直轄地の長崎では、長崎奉行の管理下で唐船貿易が行われ、その長崎奉行の下には、地役人である唐通事がおかれた。唐通事の創設は一六〇四（慶長九）年[13]で、世襲により七〇数家があった。職能集団としての唐通事たちは、通商・外交の場における通訳業務のみならず、唐船貿易の裁量や、唐人・唐館の管理・統制、国際情勢の上申、長崎の唐寺三ヵ所との連絡など、広範な職務に従事していた。唐通事は幕末の一八六七（慶應三）年に解散を命ぜられるまでに、延べ一六四四人（実数八二六人）に上った[14]。

唐通事たちの出自は、一六三五（寛永一二）年に「中国」貿易が長崎に限定されたのちに長崎に移住した唐人たちであった。このなかで「鎖国」以降に長崎に住居を持つ事を許可されたのが住宅唐人で、日本人女性との結婚が可能であった。また、住宅唐人やその子孫で、長崎奉行より許可されたものは、髪型を弁髪から丁髷に、衣服も中国服から日本の着物にすることが許可され、かつ、姓も林《リン》姓は林《はやし》姓に、陳《チン》姓は穎川《えがわ》姓に、劉《リュウ》姓は彭城《さかき》姓にそれぞれ改められた[15]。唐通事の家系について、劉序楓の研究によれば、その初代の祖籍が確認できる三〇家のうち、福建籍が二三家（福州一〇家、泉州六家、漳州六家、延平一家）を占めていた[16]。

鉅鹿家の祖もまた福建に来歴を持つ住宅唐人であった。初代の魏之琰《ぎしえん》は、一六一七年に福建省福州府福清県に生まれ、東京《トンキン》（北ベトナム）に兄・魏毓禎《ぎいくてい》とともに移住して、東京長崎の間を東京船主として貿易に従事した。一六五四年に毓禎が東京で死去したのち、之琰は一家を挙げて長崎へ移住し、一六七二年に住宅唐人となった。一六七九年に魏之琰の息子二人の代から鉅鹿《おおが》姓を名乗るようになったが、魏之琰自身は鉅鹿姓を名乗らなかった。鉅鹿姓になる際に長崎奉行は、息子二人には元服を仰せつけたが、魏之琰にはそのまま明服を着用するよう申し付けている。なお、鉅鹿は祖籍の河北省鉅鹿《きょろく》からとったものとされている[17]。『訳司統譜』によれば、魏之琰は明朝末期に明の復興のために朱子瑜（舜水）とともに活動し、安南・緬甸と奔走したが、明の滅亡により福州に帰郷し、そののち長崎に渡来したという[18]。

長崎の唐通事の諸家では、肖像画（「お絵像」）が伝えられており、魏之琰の肖像画も残っている。錦織亮介の研究によれば、唐通事の肖像画の起源は中国の風習に倣ったもので、祖先崇拝と祖先祭祀の系譜を引くものであり、鉅鹿家に伝わる複数の魏之琰の肖像画も、このなかの一つとして残っている[19]。なお、魏之琰は長崎における明楽（明朝の廟堂音楽の名称）の祖といわれ内裏で明楽を演奏したこともあり、その曾孫の魏皓（鉅鹿民部）は「魏氏楽譜」を刊行し、その弟子も「魏氏楽器図」を刊行するなど、江戸時代の日本における明楽交流の重要人物でもあった[20]。魏之琰が一六八九年に死去すると、魏之琰兄弟は之琰の子供たちにより合葬されたが、その墓は「前方後円の中国式の墓」の形式でつくられた。同所にある鉅鹿家墓所は江戸時代には、長崎の「福州寺」ともよばれる崇福寺が埋葬管理を行い、鉅鹿家は崇福寺の筆頭檀家でもあった[21]。

以上のように、鉅鹿家の祖・魏之琰は、中国における明末から清への動乱のなかで、福建・東京《トンキン》・長崎と移動し、江戸時代の初期に長崎で住宅唐人となり、当時の日本において明の風習や文化を保持する一方で、魏之琰の次の世代からは、長崎奉行の許可を得て住宅唐人として鉅鹿姓を名乗り元服を行うなど、日本化も行われていった。

1―2　第八代：鉅鹿篤義（一八三〇～一八九二年）――幕末・開国から日清・日台関係へ

近世末期から近代初期にかけて鉅鹿家の当主であり、鉅鹿家で初めて台湾と関わりがあったのは、第八代・鉅鹿篤義（一八三〇～一八九二年）である。篤義については別稿で論じたことがあるので[22]、詳細はそちらに譲り、以下ではその略歴を概観する。

鉅鹿家で初めての唐通事が出たのは、江戸時代後期の一八〇九（文化六）年で、第五代・祐五郎が当主のとき、その孫の百太郎が稽古通事に任命されたことによる。唐通事の家としては、比較的新しい家といえよう。百太郎はのちに祐十郎と改め第七代当主となったが、一八四一年に四一歳の若さで死去した、このあとを継いだのが篤義であった。

篤義以降の鉅鹿家の家系図は図1に示したようになる。

鉅鹿篤義は、唐通事の名家である潁川家本家から鉅鹿家に入籍して、鉅鹿家を相続した。篤義が二〇歳代になった頃、幕末期の対外情勢の変化により長崎奉行から満洲語学習を命じられ、満洲語辞典編纂に参加するなど、時世の変化に対応しようとした。

図１　鉅鹿家の家系図

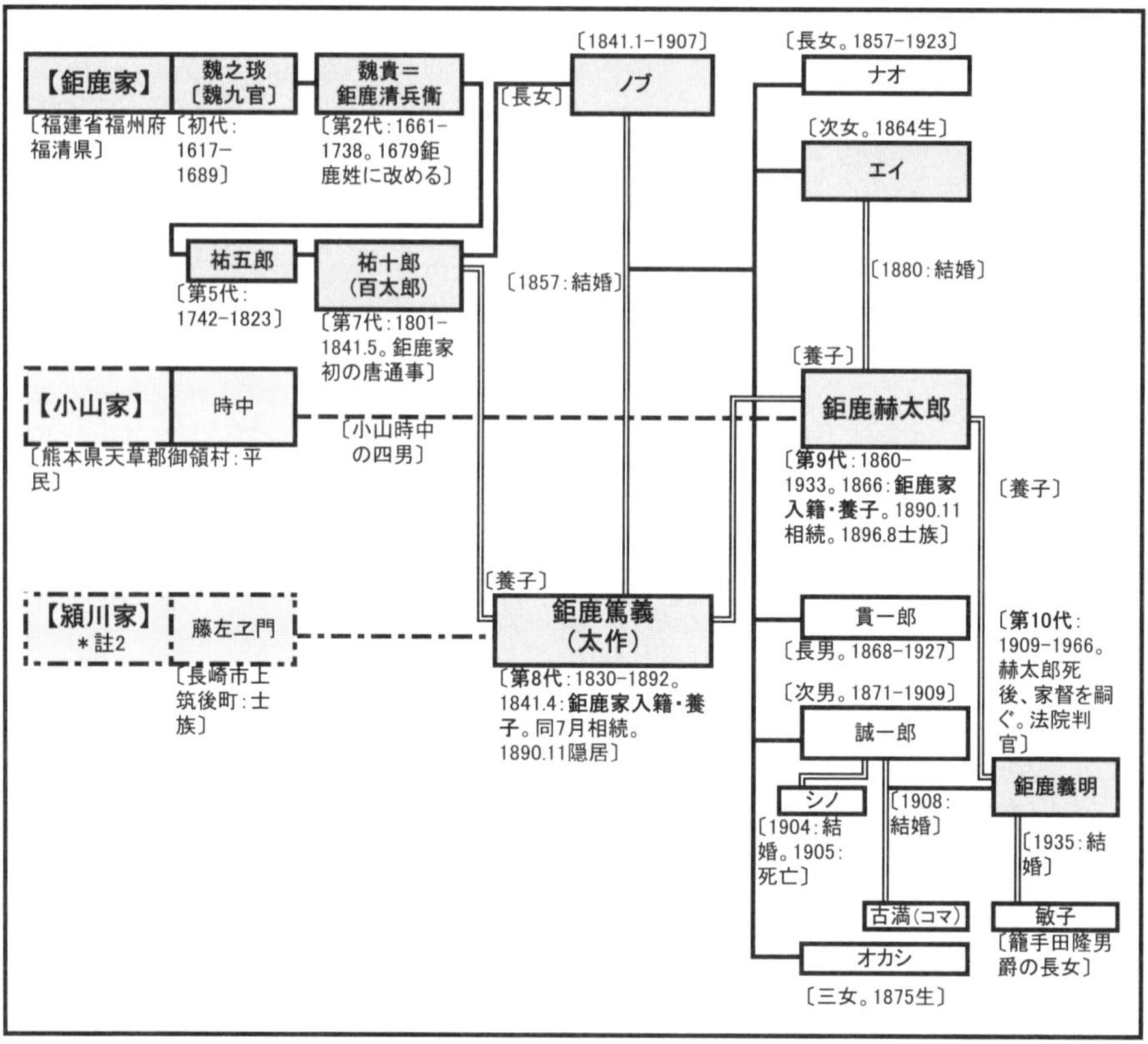

出典：岡本真希子「越境する唐通事の後裔・鉅鹿家の軌跡——対外戦争と植民地統治のなかの通訳」（『青山史学』第38号、2020年3月）75頁より転載。

明治期になると唐通事制度は廃止されたが、篤義は長崎にとどまりつつ、長崎府・長崎県などの地方行政機関において通訳・翻訳業務に従事した。しかし、日清修好条規による日清国交成立や台湾出兵などの対外関係の変化のなかで、旧唐通事たちは、外交交渉の場や出兵の際に通訳として従事していった。従来のように長崎に滞在して行われる通訳業務ではなく、台湾への従軍や在清国領事館における勤務のように、長崎を離れ、日本の対外膨張と軌を一にしながら通訳となっていった。こうしたなかで篤義は、従軍の証（従軍記章）を求めるなど、国家からの顕彰と国家との紐帯を得ることを志向していたが、軍人軍族ではないため対象外の扱いでおわった。

2　日清国交成立時期の北京官話通訳

2―1　第九代：鉅鹿赫太郎（一八六〇～一九三三年）の出自

鉅鹿家の第九代・鉅鹿赫太郎《かくたろう》の家系と経歴は、前掲図1および表1に示したようになる。

赫太郎の出自[23]は、赫太郎の戸籍謄本に依ると、その実家は熊本県天草郡御領村の平民・小山家で、小山時中の四男である[24]。小山家の所在地である「大島部落」は、江戸時代の「海外密貿易」の基地として繁栄し、「天草の「労働力」と「資材」を背景」として、「大島様として海の豪族の隠然たる天草財閥」を形成し、「長崎と天草の特別の関係」を象徴する家であった[25]。

一八六〇年生まれの赫太郎は、小山家から鉅鹿家に一八六六年に入籍して篤義の養子となった。入籍の翌年には大政奉還が行われ、その翌年には明治元年が始まるという大きな変動のなかにあった。入籍後には篤義の次女（一八六四年生）と一八八〇年に結婚し、その一〇年後の一八九〇年に鉅鹿家を相続した。篤義・赫太郎の二代にわたり、養子入籍後にその養父の娘と結婚し鉅鹿家を継いでいたことがわかる。なお、赫太郎の入籍二年後に、篤義の実子・貫一郎が誕生し、その三年後に誠一郎が誕生したが、家督は赫太郎が相続したままであった。

2―2　駐日清国公使の通訳

赫太郎の経歴において、台湾との関わりが履歴書上に現れるのは、一八九六（明治二九）年以降である。それ以

表 1　鉅鹿赫太郎の履歴

原籍	長崎県長崎市勝山町 25 番戸（1891 年 5 月 26 日に岩原郡より移る）	
生年月日	1860（万延元）年 8 月 7 日	
属籍	平民→士族（1896 年 8 月 25 日士族に列せらる）	
実家	熊本県天草郡御領村平民の小山時中の四男	
鉅鹿家への入籍	1866(慶応 2)年 4 月 26 日に入籍。1890(明治 23)年 11 月 26 日に相続	
妻	鉅鹿エイ（養父・篤義の次女）	
年月日	履歴	担当省庁
1893（明治 26）年 11 月 20 日	裁判所書記に任ぜられる（神戸地方裁判所書記。7 級俸）	司法省
1894（明治 27）年 10 月 5 日	非職を命ぜられる	
1894（明治 27）年 10 月 6 日	雇員を命ぜられる。通訳官（大本営附。月俸 45 円）	陸軍省
1894（明治 27）年 10 月 13 日	通訳官として第二軍附を命ぜられる	大本営
1895（明治 28）年 5 月 23 日	陸軍歩兵中佐神尾光臣に随い清国へ出張	
1895（明治 28）年 12 月 3 日	雇員を免じ、陸軍通訳を命ぜられる（大本営附。判任官待遇月俸 55 円）。御用有之清国に差支す（清国へ出張中）	陸軍省・大本営
1896（明治 29）年 3 月 10 日	帰朝を命ぜられる	陸軍省
1896（明治 29）年 4 月 30 日	陸軍通訳を免ぜられる	
1896（明治 29）年 5 月 5 日	神戸地方裁判所書記（7 級俸）に復職	司法省
1896（明治 29）年 6 月 12 日	神戸区裁判所書記を兼補	
1896（明治 29）年 11 月 11 日	依願免本官	
1896（明治 29）年 10 月 31 日	台湾総督府製薬所通訳を嘱託（月手当 75 円）	台湾総督府
1897（明治 30）年 3 月 31 日	台湾総督府民政局法務部事務を嘱託（月手当 75 円）	
1897（明治 30）年 5 月 7 日	台湾総督府民政局法務部事務を辞職（依願）	
1898（明治 31）年 7 月 23 日	台湾総督府法院通訳に任ぜられる。高等官 7 等（2 級俸）	
1898（明治 31）年 9 月 20 日	初の叙位（従 7 位）	
1904（明治 37）年 6 月 15 日	台湾総督府翻訳官に任ぜられる。高等官 6 等(9 級俸)	
1905（明治 38）年 1 月 26 日	臨時台湾旧慣調査会事務を嘱託（手当なし）	
1905（明治 38）年 11 月 27 日	台湾総督府法院通訳を兼任。高等官 6 等	
1906（明治 39）年 8 月 7 日	台湾総督府法院通に任ぜられる。台湾総督府翻訳官を兼任（9 級俸）	
1910(明治 43）年 7 月 30 日	依願免本官（高等官 6 等・年俸 1,700 円）	
1933（昭和 8）年 4 月 24 日	死去	

註 1：本表は、前掲岡本「越境する唐通事の後裔・鉅鹿家の軌跡」79 頁の「表 2　鉅鹿赫太郎の履歴」に加筆修正を施したものであり、以下の資料より岡本が作成。「鉅鹿赫太郎製薬所通訳事務嘱托ノ件」(『台湾総督府公文類纂』明治 29 年・永久保存進退・第 10 巻〔3〕。冊號 00113—文號 63)、「鉅鹿赫太郎〔総督府〕製薬所事務嘱託ヲ解ク一ヶ月七拾五円法務部勤務」(『台湾総督府公文類纂』明治 30 年・乙種永久保存進退・第 9 巻〔1〕。冊號 00200—文號 22)、「鉅鹿赫太郎依願民政局事務嘱託ヲ解ク」(『台湾総督府公文類纂』明治 30 年・乙種永久保存進退・第 14 巻〔1〕。冊號 00205 －文號 5)、「法院通訳鉅鹿赫太郎外四名補職」(『台湾総督府公文類纂』明治 31 年・甲種永久保存進退追加・第 3 巻〔1〕。冊號 00334 －文號 6)、「台湾総督府法院通訳兼台湾総督府翻訳従六位勲六等鉅鹿赫太郎」(『台湾総督府公文類纂』明治 41 年・永久保存追加・第 1 巻〔1〕。冊號 01408 －文號 1)、「総督府法院通訳鉅鹿赫太郎外一名初叙位上奏」(『台湾総督府公文類纂』明治 31 年・永久保存追加・第 16 巻。冊號 00329 －文號 22)、大蔵省印刷局編『官報』第 4520 号（1898 年 7 月 25 日)・第 4570 号（1898 年 9 月 21 日)、「鉅鹿赫太郎恩給証書送付ノ件（台北庁)」(『台湾総督府公文類纂』明治 44 年・永久保存・第 6 巻。冊號 01772 －文號 3)、「鉅鹿赫太郎臨時台湾旧慣調査会事務嘱託ス」(『台湾総督府公文類纂』明治 38 年・永久保存進退・第 1 巻〔2〕。冊號 01117 －文號 60)、「鉅鹿誠一郎恩給証書送付ノ件（台北庁)」(『台湾総督府公文類纂』明治 43 年・永久保存・第 2 巻。冊號 01601 －文號 13)、「鉅鹿赫太郎」(『台湾総督府専売局公文類纂』自大正 11 年 7 月至 14 年 6 月酒類売捌人指定関係、指定申請書（第一冊ノ五)〔1〕)、「参日第 65 号第 1」(JACAR：C07082022700)、『台湾総督府府報』第 343 号（1898 年 8 月 6 日)・第 3018 号（1910 年 8 月 3 日)、「鉅鹿赫太郎氏　逝く」(『台湾日日新報』1933 年 4 月 25 日、第 2 面)。

前については、大正期の台湾関係者の人物評では、赫太郎は一三歳で「雄志を抱いて支那北京に留学し、明治十年を以て業を卒へるや、直に支那総理衙門の四品釬《ママ》翻訳官となり、駐日欽善《ママ》〔差ヵ?〕大臣の翻訳官として在ること十年」[26]とある。この記述からすれば、一八七三・七四年頃に北京留学をして一八七七年に留学を終え、駐日清国公使の翻訳官となったことになる。ほかにも、赫太郎は「天津で子供の時分に習った、素敵に達者な北京官話が役に立って、東京の支那公使館に雇はれて居た事もあり」[27]との紹介があり、かつ、台湾で発行されていた総督府系御用新聞である『台湾日日新報』の記事でも、「北京にて育ちし半ば支那人の鉅鹿赫太郎氏」[28]とか、「鉅鹿君は支那に居ること十余年、官話に通じ」[29]などと記されている。

赫太郎の養父で前節でみた鉅鹿家第八代・篤義は、一八七五〜一八七七年に天津・上海の在清国領事館に外務書記生として在勤しており、上記の赫太郎の在清国期間と符号する時期もあるが、ここでは総じて、短くない清国在住期間を持つ北京官話話者としての赫太郎の評価を確認するにとどめる。

ここでいったん、北京官話話者としての赫太郎を検討する前提として、同時期の日清関係の変化と、北京官話通訳の養成機運について確認しておきたい[30]。その契機としては、一八七三年日清修好条規批准による国交の開始と、翌年五月の第二代清国公使・柳原前光の清国赴任に際して、「公使館の要員として北京官話のできる通訳が必要」となったことがある。しかし当時の日本の語学教育の状況は、開学当時の「文部省所管の東京外国語学校では南京官話が教授されていて、北京官話を学んだものはまだいなかった」ため、一八七六年九月から「公教育としては日本ではじめて東京外国語学校で北京官話教育が実施される」ようになったものの、従来からの南京官話（「南語」）教育の続行と、北京官話教育への転換の混在という過渡期的状況でもあった。こうしたなか、同校生徒による北京官話習得のための外務省留学生の派遣は、一八七六年であった。他方、軍部では陸軍参謀本部が、一八七三年から北京官話習得のために清国へ将校の派遣を開始し、さらに一八七九年には選抜した一六名を陸軍清国語学生として北京官話学習のために留学を命じ、二年後に帰国すると全員を参謀本部付とし、陸軍内の中国語教育に従事させた[31]。

しかしながら赫太郎は、上記にみたような東京外国語学校や陸軍の派遣留学生のなかにその名は見えない。赫太郎の北京官話習得は、日清国交成立時期と重なっており、近代日本における北京官話教育始動の時期より少し早く、国家の北京官話通訳養成の流れとは一線を画すものと考えられる。

赫太郎の駐日清国公使館における勤務は、断片的な資料からではあるが確認しえる。清国は一八七八年に東京に公使館を開設し、初代駐日公使には何如璋が任命された。その何如璋の「通事」として、一八七八年の東京府麹町区永田町の清国公使館貸借時の書類に、鉅鹿赫太郎の名の記載がある[32]。また、一八七八年五月に、漢学者の根本通明（のちの東京帝大教授）が清国公使館に来訪した際には、「通弁鉅鹿赫太郎」が仲介して何如璋と引き合わせ、何如璋は「通弁を以て」、根本と対話していた様子が、のちの雑誌に掲載されている[33]。この駐日清国公使館勤務は――赫太郎は一八六〇年生まれであるから――、弱冠一八歳頃のこととなる。

このほか、一八七九年に慶応義塾に附属して設置された支那語学科にも、赫太郎の足跡が見られる。同学科では、開設当初に清国人・龔思録が招かれ、その「助手兼ねて通弁」として招かれていた金子弥平が辞任してしまったため、赫太郎がその代わりとして依頼された。龔思録が教授していたのは「清国官邊の通語なる、北京官話」であったが、支那語学科は一八八一年には途絶したため[34]、赫太郎の関与も極めて短期間ではあった。ただし、私立教育機関における「支那語」教育の最初期において、赫太郎の北京官話能力が求められたことがわかる。

3　帝国日本の官僚組織・陸軍のなかへ

3―1　神戸地方裁判所の裁判所書記

赫太郎の履歴で帝国日本における官職の嚆矢は、先代・篤義の死去の翌年、すなわち一八九三（明治二六）年一一月であり、神戸地方裁判所の裁判所書記である。こののち赫太郎は、日清戦争での陸軍雇員・通訳官をはさんで台湾へと移動し、一九一〇（明治四三）年までの合計約一五年間を、官僚組織の一員として過ごした[35]。したがって、官僚組織についての理解は重要であるため、以下では、帝国日本の官吏の身分秩序につき、あらかじめ説明しておきたい。

植民地領有以前に本国で構築された官吏の身分秩序は、帝国日本の拡大に伴い、植民地・本国ともに共通の身分秩序として統治機構の根幹をなした。その身分秩序は、位階官等により天皇からの身分的距離が区別され、以下にしめすようなものとなっていた（図2）。

大きくは、高等官と判任官に分けられ、それぞれが、高等官×等、判任官×等というように、官等によりその身分は明確に区別され、厳然たる身分秩序が形成されていた。高等官はさらに勅任官と奏任官に分けられ、すべての高等官は上から順に一等から九等に分けられ、一・二等が勅任官、三〜九等が奏任官とされていた。この奏任官の下には判任官が存在し、一般的にはここまでを官吏・文官などとよぶ。そして、この下には、雇員・傭人などが存在した。

一見すると複雑かつ無味乾燥に見えるこの官等は、官僚の世界においては絶対的な意味を持ち、官吏の生活や意

図２　官吏の身分秩序

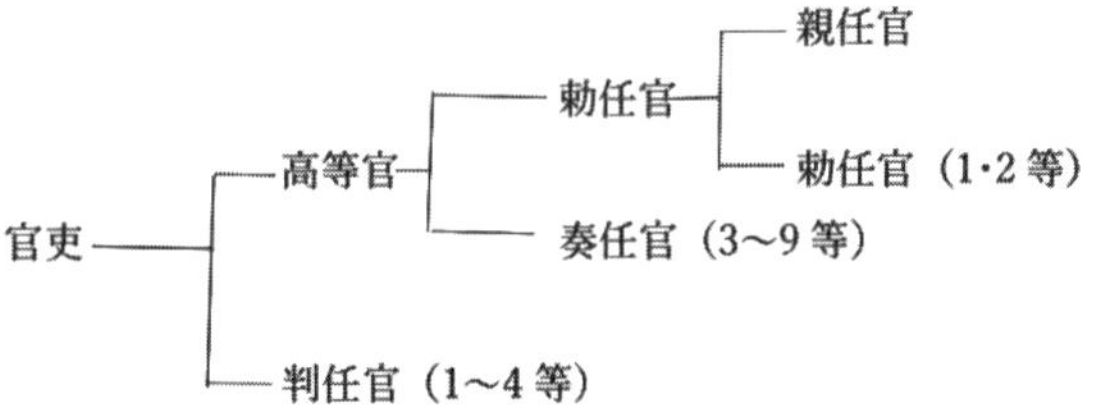

註　岡本作成

識にまで猛威を振るうという現象は、帝国日本において――植民地期台湾も例外ではない――共通のものであった。また、官吏の俸給のうち本俸は、高等官・判任官を区別しながら、官僚の階級と官等に応じた俸給額が定められ、身分と俸給は整然とした秩序のなかにあった[36]。

翻って、赫太郎の官吏としての履歴は、判任官から始まっていた。赫太郎は、一八九三年一一月に神戸地方裁判所の裁判所書記となるが、その俸給は判任官七級俸であった[37]。このときの判任官の俸給を定めていた「判任官官等俸給令」（明治二四年七月勅令第八三号）では、一級＝六〇円〜一〇級＝一二円であり、判任官七級俸は月俸二五円、これが赫太郎の官吏生活の最初の月給であった。

3−2　日清戦争・台湾領有前後の清国語通訳官

神戸における裁判所勤務から約一年後、一八九四年八月に対外戦争である日清戦争が開戦すると、赫太郎は一〇月に雇員の陸軍通訳官として動員されてゆく。動員当初の月俸は四五円で、前述の裁判所書記より高額であった。

日清争開戦直後から、陸軍では清国語通訳官[38]の需要が高まっていた。陸軍では急遽、雇員として清国語通訳官をかき集め、その月俸を五〇〜二五円の範囲で判任官扱いとしたが、学歴やスキルの如何を問わない悪平等的待遇となった。また、軍隊も身分秩序が厳然として貫徹する組織であり、軍人が通訳官を見下すような態度をとる弊害が、早くから問題として浮上していた。

通訳官が不足し軍隊内でその分配と争奪が行われるなかで、台湾領有にさきがけて一八九五年二月に軍隊が台湾西方の澎湖島に上陸すると、新たに台湾固有の言語状況に向き合う必要が生じた。陸軍では、「清国福建語」「清国福建省福州語」などの呼称で、その通訳の人材供給源として神奈川県・長崎県に打診したものの、適任者は得られなかった。さらに、同年四月の下関条約締結後に台湾の植民地統治が開始され、清国語通訳官の台湾派遣が求められるなかで、台湾の「南方語」「支那南部ノ語学」との不通からくる通訳官の派遣忌避・辞職希望も生じていった。

こうしたなかで陸軍内部では通訳官の人材確保のために、従来は「臨時一時ノ雇員」として冷遇していた清国語通訳官の身分について、一八九五年八月から待遇改善案を検討してゆく。待遇改善案では、通訳官の俸給と身分の低さの改善を主張していたが、その事由として、台湾総督府からの清国語通訳官派遣要請と応募者欠乏を挙げている。その際には、清国語通訳官でも台湾固有の言語には対処できないこと、台湾の気候風土による死亡リスクへの配慮の必要なども列挙していた。

これらを経て、一八九五年一〇月に改善策が勅令で制定された（「陸軍ニ於テ通訳ニ従事スル者待遇ノ件」明治二八年勅令第一三九号）。従来は陸軍で雇員であった通訳官の身分を、改善後は「陸軍ニ於テ官吏ニアラサル者ヲ通訳ニ従事セシムルトキ」に、判任官待遇・奏任官待遇としたうえ、月俸が六〇円以上の奏任官待遇とする道も開いたのである[39]。

これらをふまえて赫太郎の履歴を見ると、前述の勅令制定直後の一八九五年一二月に、身分は雇員から判任官待遇の陸軍通訳となり、月俸は五五円にひきあげられ、身分・待遇の改善がみられる。ただし、帰国後の赫太郎は、翌年五月に再び神戸地方裁判所の裁判書所記となり、司法関係業務に従事した。その待遇は、日清戦争前と同じ判任官七級俸（月俸二五円）であった[40]。そして、この約半年後に、赫太郎は、台湾へと活動の場を移してゆく。

4　台湾総督府法院の高等官通訳

4―1　渡台と総督府の嘱託通訳

一八九五年六月一七日に台湾総督府は台北で始政式を執行し、台湾統治を開始した。赫太郎の渡台はこの翌年末であり、一八九六年一二月一一日に神戸港を出発し、同月一六日に基隆港に到着した[41]。のちに赫太郎が総督府に提出した履歴書では、「明治二十九年故乃木将軍ニ従ヒ通訳官トシテ渡台ス」[42]とあり、第三代台湾総督・乃木希典に伴っての渡台という。

ここでいったん、日本統治期台湾の五〇年間（一八九五～一九四五年）における統治政策の時期区分を確認すると、本国との関係からみて大きく二つに区分される。まず、一八九五年の台湾領有当初から一九二〇年代初頭までは、本国とは法域を異にする「異法域」の時代、すなわち「特別統治主義」の時代である。次いで、一九二〇年代以降には「内地法」を主とし「同化政策」を基調とした「内地延長主義」の時期へと移行していった[43]。赫太郎の生涯に照らしてみると、官吏としての経歴は一九一〇年までであり、「特別統治主義」の時代に該当する。

渡台当初の赫太郎は、正規の官吏ではなく嘱託として採用された。渡台前の一八九六年一〇月三一日にはすでに台湾総督府製薬所通訳を嘱託されていて、俸給は月手当七五円である[44]。翌年三月末には台湾総督府民政局の法務部事務を嘱託され、法務関連部署への転任が確認できるが、その月手当も七五円と変化はない[45]。この転任の約一箇月後には、赫太郎自身が辞職願を提出しているが、その際には自身を「通訳事務嘱託」と記載していた[46]。

このように、赫太郎は渡台して総督府の嘱託となることで、本国の裁判所書記（月俸二五円）に比して三倍の増俸、かつ、陸軍通訳の判任官待遇（月俸五五円）よりも二〇円の増俸で、高等官（奏任官）並みの高給となった。ただし、この嘱託期間は、官吏としての在官期間には算入されていない。また、植民地在勤の内地人[47]官吏の恩給支給対象となる在官年数には――本国在勤の官吏とは異なり――、「恩給在官年加算」の優遇措置がつくが[48]、赫太郎の嘱託期間は、この優遇措置の対象期間にも算入されなかった[49]。こうした優遇措置が赫太郎につくのは、次項にみるように、正規の官吏としての法院通訳になってからである。

4―2　法院通訳の創設と高等官通訳

渡台後の赫太郎は、一九三三（昭和八）年の死去まで台湾に在住したが、その生涯の中でとりわけ目をひくのは、一八九八年から一九一〇年までの法院通訳としての活動である。

日本統治期台湾の法院は、本国の裁判所に相当する組織として、台湾総督府により一八九六年五月に設置された。しかしながら、本国の裁判所にはない固有の制度として、法院設置から約二年後の一八九八年七月に、常設の法院通訳が置かれた。法院における使用言語には固有の規定はなく、本国と共通の「裁判所構成法」により「日本語」が基本とされていたものの、法院通訳は統治末期まで常設され続けており、通訳を媒介とする複数の言語が法院で使用されていたことがわかる。

一八九八年七月に法院通訳が創設された際に、赫太郎も任用され、台湾における官吏生活が開始された。就任時は高等官七等・二級俸で、その年俸は九〇〇円[50]である。これより前の嘱託時は月俸七五円で、一二ヵ月換算では年俸九〇〇円なので、本俸だけを見るならば大きな変化はうかがえない。

しかしながら、正規の官吏となったことで、前述の「恩給在官年加算」の優遇措置の対象期間が開始された[51]。

また、植民地在勤の内地人官吏には、本国在勤者とは異なり、本俸とは別途に「植民地在勤加俸」が支給される優遇措置があった[52]。したがって、赫太郎は在官中も退官後も、植民地在勤の内地人官吏に固有の優遇制度のもとに身を置いていたことになる。

では、高等官通訳という赫太郎の身分は、法院通訳のなかでは、どのような位置を占めるものであったのか。官等から見てゆくと、法院通訳の身分は、高等官である奏任官、そして判任官の両者から構成された。高等官には制度上は一～九等まであるが、設置当初の法院通訳は七～九等に限定され、かつ、法院通訳の大多数は判任官であった。

法院通訳の定員数は規定で定められ増減があったが、赫太郎の在任期間中（一八九八～一九一〇年）は、台湾全島で二〇～四五名で推移した。創設初年の一八九八年一一月では定員数二五名、実際の在任者は二二名で、そのうち高等官は五名である。ただし、この五名という高等官通訳の数は歴代最多であり、創設当初の三年間のみのもので、あとは次第に漸減させられ一九一一年以降は全島で一名にまで削減された。また、総数の規模は、一九〇一年に定員数が最多数の五〇名、在任者も最多数の四三名に達したが、その内訳は高等官四名・判任官三九名であり、定員数・在任者数が増加しても、大多数は判任官にとどめられていた[53]。

こうしたなかで赫太郎は、法院通訳創設時から、高等官通訳の五名（赫太郎・藤野貞順・呉泰寿・武藤百智・磯部栄太郎）のうちの一人として任官され、その後の高等官通訳の漸減のなかでも、一九一〇年までほぼ一貫して高等官通訳であった。また、上記五名の高等官通訳には任命間もなく初の叙位が行われ、赫太郎は従七位に叙せられており[54]、本国で創設された栄典制度である位階のなかに[55]、台湾在勤の法院通訳である赫太郎も位置付けられた。

次いで、赫太郎の法院通訳としての概略を確認すると、一八九八年七月の台北地方法院を嚆矢とし[56]、一九〇〇年四月には台湾の最上級審である覆審法院の通訳となった[57]。次いで、一九〇四年六月台湾総督府翻訳官に転官し[58]、赫太郎の転官で空いた覆審法院通訳ポストには、翻訳官の谷信敬が補欠として転官したが[59]、一九〇六年八月には、この両者の本官・兼官が逆になる転官が行われ、翻訳官・法院通訳の相互の「引直シ」転官が行われている[60]。このように一九〇〇年代後半は、赫太郎と谷信敬が台湾全島で二名だけの高等官の法院通訳となり、ツートップとして相互に法院通訳と翻訳官を兼任しあっていた[61]。

なお、谷信敬についてであるが、唐通事の家系の出自ではないが、兄の谷信近とともに「漢語」「支那語」のエキスパートとして高く評価され、前述した本国での北京官話教育の開始時期に東京外国語学校漢語科入学・参謀本部派遣北京留学生として北京官話を修得してゆき、帰国後は陸軍内の「中国語」教育に携わり[62]、日清戦争では陸軍の通訳官採用試験にも従事し、渡台後は台湾総督府翻訳官・法院通訳を歴任し、かつ、台湾語学習にも関わった形跡がみられる[63]。このように、本国の北京官話教育開始期の薫陶を受け活動するとともに、植民地期台湾の新たな言語状況にも対応を見せていた人物であり、赫太郎の履歴とは異なる位相にあった人物といえよう。

4－3　司法官との対比

赫太郎は一貫して高等官通訳であったが、退職後の談話では司法官との対比において、「通訳の待遇がよくない」として、以下のように喝破する。

現今の通訳制度がよくない、否通訳の待遇がよくない、判官や検察官は高等官や勅任で高い月俸を取って、最高の地位にあり、権威をもって其職務を執行してゐる、それは苟も天皇の名に於て裁判をするのであるから当然のことである、然るに台湾に於て台湾人に対しては、一言一句も通訳に信頼するに非らざれば裁判は

図 3　職員録（1903 年）の記載例：覆審法院の判官・通訳

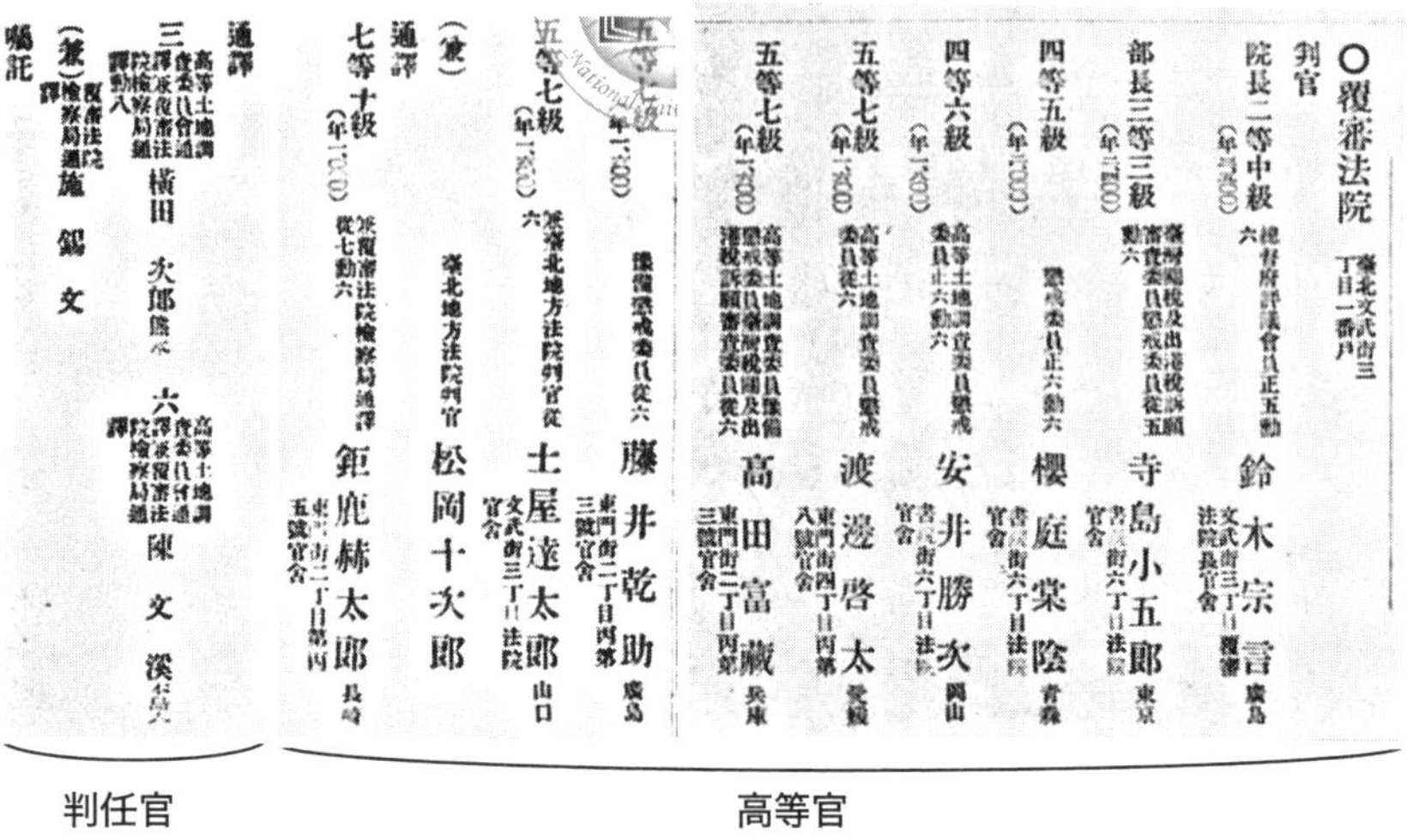
○覆審法院　臺北文武街三丁目一番戸

判官

院長二等中級（年三五〇〇）六　總督府評議會員正五勳　鈴木宗言　廣島

部長三等三級（年二四〇〇）　鈴木小五郎　東京

四等五級（年二〇〇〇）　櫻庭棠陰　青森

四等六級（年一八〇〇）　安井勝次　岡山

五等七級（年一六〇〇）　渡邊啓太　愛媛

五等七級（年一六〇〇）　高田富藏　兵庫

五等七級（年一六〇〇）　藤井乾助　廣島

五等七級（年一六〇〇）六　土屋達太郎　山口

（兼）　臺北地方法院判官　松岡十次郎

通譯

七等十級（年一〇〇〇）　兼覆審法院檢察局通譯　從七勳六　鉅鹿赫太郎　長崎

通譯

三　横田次郎

六　陳文溪

（兼）　覆審法院檢察局通譯　施錫文

囑託

出典：台湾総督府編『台湾総督府職員録』1903 年 6 月（台湾日日新報社、1903 年）〔國立臺灣図書館「臺灣學數位圖書館」の「日治時期圖書影像系統」所収〕 27-28 頁、より法院判官・通訳部分のみ抜粋。

できぬのである、即ち通訳は間接の判検事となるのであるから、相当の地位も與へ、之を優遇し、稍や近き威信を保たせしむるやうにせねばならぬ。64

このように、台湾で台湾人に対する裁判は通訳不在では成り立たず、通訳こそが「間接の判検事」との強い自負を持ち、法院通訳の地位向上と優遇の必要を主張している。

では、法院通訳は、法院のなかでどのような位置を占めるものであったのか。以下では、台湾の法院における司法官、すなわち判官・検察官（本国の判事・検事に相当）の状況を把握しながら、通訳との関係を検討する。

まず前提として、法院は、統治機構かつ官僚組織である台湾総督府の一部である。前述のように、帝国日本の官僚制度は厳格な身分秩序が貫徹する世界であるが、それは全職員の氏名・所属・官等・俸給が記載された刊行物『職員録』において、整然と列挙されることで一目瞭然であった。さらに、台湾総督府の『職員録』では――本国やほかの植民地のものとは異なり――、官吏の氏名の下に本籍地が記載されるという特徴があり、民族の出自も明示される仕様になっていた[65]。

ここで赫太郎がいた覆審法院について、図3に示した『職員録』一九〇三年版から検討したい。一九〇三年は、統治初期の三審制が二審制に移行した後であり、新規の判官・検察官の本国からの大規模な流入が落ち着き、台湾における司法官群の蓄積が見られ始める時期に該当する[66]。

図3は、覆審法院の判官と通訳の部分を抜粋したものである。冒頭の判官が列挙されている部分では、各判官の氏名の上に×等×級（年××）というように、各人の官等・俸給が高い順に明示されている。前述のように制度上で法院通訳は高等官七〜九等に限定されていたのに対して、判官・検察官は高等官一〜八等と高く定められていたため[67]、図3のように、判官たちの後ろに高等官七等一〇級の赫太郎が記載されており、両者の序列は一目瞭然となっていた。また、高等官と判任官では記載場所が分けられるため、赫太郎以外の判任官の法院通訳は、図3の末尾のように別掲して記載され、しかも台湾人の場合は、本籍地の地名ではなく「本島人」と記載されている[68]。

このように、職員の身分も俸給も出自も整然と序列化して明示されるため、法院通訳としては最高位の赫太郎でも、司法官に比したとき判官の後ろに掲出される仕様となっていたのである。

次に、覆審法院の人材構成を検討したい。まず確認しておきたいのは、台湾総督府の判官の任用資格は、台湾に固有の制度があるわけではなく、本国の裁判制度の基本法たる「裁判所構成法」（明治二三年法律第六号）を基準として、本国の判事の資格を有するものとされた。検察官についても、一八九九年以降、本国の判事・検事と同様の任用資格が要件化されていた[69]。このように、本国の判事・検事の任用資格の原則が、台湾の判官・検察官の任用資格においても貫徹されており、台湾と本国との司法官人事の連動が制度的に確保されていた。

また、本国の裁判所における使用言語は、「裁判所構成法」により「日本語」を基本としており（第一一五条）、裁判記録も「日本語」で作成されることが明記されていた（第一一八条）。他方で、台湾の「法院条例」には、言語

経歴				
	本国	台湾		
司法官試補	渡台前の勤務先	任官日	最初の勤務先（法院）	備考
888年12月判事試補）	判事（名古屋地方裁判所長）	1900年2月	覆審法院（部長・法院長心得）	1890年10月判事。1900年8月覆審法院長。1907年8月検事（大審院検事）
894年8月、896年5月	判事（古川区裁判所）	1897年11月	覆審法院	1898年11月斗六事件の臨時法院判官。1904年5月台北地方法院長。1907年9月判事に転出（高知地方裁判所長）
887年10月判事試補）	判事（名古屋地方裁判所部長）	1899年12月	覆審法院	1888年10月判事。1904年2月台南地方法院長。1909年10月退職
887年12月判事試補）	判事（神戸地方裁判所）	1897年12月	台北地方法院	1890年10月判事。1904年5月覆審法院部長（寺島小五郎の台北地方法院長転補の後任）。1907年9月台北地方法院長（寺島小五郎の判事転任・本国転出の後任）。1913年11月苗栗事件で臨時法院判官（臨時法院長）。1917年8月退職
891年11月	判事（奈良区裁判所）	1900年5月	台南地方法院	1893年2月森から渡邊へ氏変更。1893年10月検事、同年12月判事。1913年12月－1914年3月・1915年8－12月臨時法院判官兼任。1913年3月台中方法院長。1916年5月台南地方法院長。1917年7月退職
894年8月、896年5月	検事（高知区裁判所）	1897年12月	台南地方法院	司法官試補を2回（1894年8月—1895年2月、1896年5月—1897年7月）。1897年7月検事。1907年以後、北埔事件・林圯埔事件・土庫事件・苗栗事件・六甲事件・西来庵事件などの各臨時法院で裁判長。1921年9月—1924年12月台北州知事
	福山町会議員・弁護士（広島地方裁判所所属）	1897年12月	新竹地方法院	1893年6月弁護士法施行により広島地方裁判所検事局で登録。1909年10月台南地方法院長（櫻庭棠陰の後任）。1916年5月台中地方法院長。1918年5月退職。『台法月報』に「土語に通じ旧慣に精しく」（本表欄外註2「藤井臺中法院長の退職」）との記載あり
	内務省試補	1896年4月	民政局法務部法律取調嘱託	1891年8月—1892年12月内務省試補。1896年4月台湾総督府民政局法務部法律取調嘱託、同年12月民政局内務部事務嘱託。1897年4月—1898年6月台湾総督府二等郵便電信局長。1898年7月台湾総督府事務嘱託（民政部法務課）。1899年3月—9月台湾総督府属（法務課）。1899年11月台湾総督府判官。1908年11月台湾総督府検察官。1909年10月台中地方法院検察官長。1921年6月退職
	弁護士	1899年9月	台中地方法院（検察官）	1893年5月弁護士名簿登録（東京地方裁判所検事局）。1900年11月検察官から判官に転官。1905年5月土語通訳兼掌者詮衡委員長。1906年3月婚姻入夫により山口十次郎に改姓。1911年5月退職、弁護士名簿登録（台北地方法院検察局）

表 2　1903 年の覆審法院および同検察局の判官・検察官・通訳

1903 年時の在任者									
	本官名	官等俸給 高等官	官等俸給 判任官	氏名	本籍地	その他の官職	出身大学	大学卒業年月	判事検事登用 試験合格年月
覆審法院	判官	2 等中級 (年 3,500)		鈴木　宗言	広島	院長	東京帝大（法）	1888 年 7 月	
		3 等 3 級 (年 2,400)		寺島　小五郎	東京	部長	東京帝大（法）	1889 年	
		4 等 5 級 (年 2,000)		櫻庭　棠陰	青森		司法省法学生徒 (1883年10月申付) 司法省法律学	 1887 年 10 月	1887 年 7 月 （判事登用試験）
		4 等 6 級 (年 1,800)		安井　勝次	岡山		法科大学別科法学科 (第3年級修業) 司法省法律学	1886 年 6 月 1887 年 10 月	1887 年 12 月 （判事登用試験）
		5 等 7 級 (年 1,600)		渡邊　啓太	愛媛		東京専門学校 (法律科) 〔1902 年早稲田大学に改称〕	1891 年 7 月	1891 年 7 月
		5 等 7 級 (年 1,600)		高田　富蔵	兵庫		東京帝大（法）	1894 年 7 月	
		5 等 7 級 (年 1,600)		藤井　乾助	広島		英吉利法律学校 〔1905年中央大学に改称〕		（1887 年 4 月 代言人試験合格）
		5 等 7 級 (年 1,600)		土屋　達太郎	山口		東京帝大（法）	1899 年 7 月	
		6 等 8 級 (年 1,400)		松岡　十次郎	佐賀	本官は台北地方法院判官	（専修学校で法律学修業）	1889 年 7 月	（1890 年 1 月代言人免許 を受ける）

	検事正（名古屋地方裁判所）	1899 年 11 月	覆審法院（検察官長）	1883 年 7 月判事補、1884 年 12 月司法五等属。1886 年 1 月検事補。1887 年 7 月検事。1909 年 11 月退職。1912 年 11 月錦鶏間祗候
891 年 1 月	検事（宇都宮地方裁判所兼同区裁判所）	1900 年 5 月	覆審法院	1884 年 6 月訓導（高知県）。1890 年 12 月裁判所書記（東京地方裁判所）。1892 年 7 月検事。1908 年 12 月死去（病気）
893 年 10 月	検事（神戸地方裁判所）	1899 年 11 月 9 月	台南地方法院嘉義出張所	1891 年 8 月—1893 年 10 月裁判所書記。1896 年 5 月検事。1914 年 7 月退職（台南地方法院検察官長）
898 年 12 月	検事（小田原区裁判所）	1900 年 10 月	台北地方法院	1897 年 5 月－ 1898 年 1 月衆議院属。1900 年 7 月検事。1912 年 1 月台北地方法院検察官長。1913 年 11 月苗栗事件で臨時法院検察官。1921 年 12 月判官に転官し退職

主な履歴
して大本営附(1895 年 5 月清国旅順口出張→ 1895 年 6 月台湾総督府出張) → 1895 年 7 月近衛師団司令部附。895年9月近衛師団糧餉部附。1895 年 11 月台南民政支部附。1895 年 11 月陸軍通訳（月俸 25 円・台湾総督府附 1896年5月台南県通訳生(給 7 級俸。官有財産掛兼地籍掛、臨時官有財産取調委員) → 1896 年 9 月依願本官。1896 898 年—1906 年法院通訳（台北地方法院検察局→覆審法院→台中地方法院新竹出張所)
審法院検察局)。1898 年 11 月任用に際して臨時法院開設準備のため台中県斗六に出張を命ぜられる
俸 20 円)。1898 年 9 月覆審法院雇（検察局)。1900—1909 年法院通訳（覆審法院検察局→覆審法院検察局兼台

臺灣図書館「臺灣學數位圖書館」の「日治時期圖書影像系統」所収〕 27-31 頁、より岡本が作成。台湾人の「本籍地」は

木宗言覆審法院長ニ補ス」(『台湾総督府公文類纂』明治 33 年・永久保存進退追加・第 12 巻〔2〕。冊號 00572 －文號 39・
五位勲四等鈴木宗言」(JACAR：A10112626200)、大蔵省印刷局編『官報』第 4994 号（1900 年 2 月 27 日)、「法院判官寺島
判官寺島小五郎外一名転補ノ件」(『台湾総督府公文類纂』明治 37 年・永久保存進退・第 9 巻〔1〕。冊號 01019 －文號 17)、
刷局編『官報』第 4304 号（1897 年 11 月 4 日)・第 7259 号（1907 年 9 月 7 日)・第 7287 号（1907 年 10 月 11 日)、人事
名補覆審法院判官検察官長検察官」(『台湾総督府公文類纂』明治 32 年・永久保存進退追加・第 21 巻。冊號 00471 －文號
巻。冊號 01552 －文號 18・19)、「櫻庭棠陰恩給証書送付ノ件（青森県)」(『台湾総督府公文類纂』明治 43 年・永久保存・
號 01342 －文號 38)、「安井勝次恩給証書送付」・「渡邊啓太恩給証書送付」(『台湾総督府公文類纂』大正 6 年・永久保存・
巻〔2〕。冊號 00567 －文號 63)、「〔元台北州知事〕高田富蔵普通恩給証書下賜」(『台湾総督府公文類纂』大正 14 年・永久
號 02781 －文號 15)、「尾島音治郎、張迺纈、守屋善兵衛、三好重彦、藤井乾助私立学校設立各認可ノ件」(『台湾総督府公
啓太法院長転補」(『台湾総督府公文類纂』大正 5 年・永久保存進退（高）・第 5 巻。冊號 02572 －文號 11)、「土屋達太郎
件」(『台湾総督府公文類纂』明治 29 年・永久保存進退・第 6 巻之二〔4〕。冊號 00109 －文號 137)、「土屋達太郎内務部事
湾総督府法院判官豊田俊助検察官ニ任シ検察官松岡十次郎判官ニ任ス」(『台湾総督府公文類纂』明治 33 年・永久保存進
年・永久保存進退（高）・第 12 巻〔2〕。冊號 01429 －文號 43)、「山口十次郎恩給証書送付ノ件（台北庁)」(『台湾総督府
44 年・十五年保存・第 53 巻。冊號 05392 －文號 5)、「検事従五位勲六等尾立維孝任法院検察官補覆審法院検察官長及法
00469 －文號 21)、「元覆審法院検察官長尾立維孝功労調書及履歴書送付（鈴木秘書官)」(『台湾総督府公文類纂』大正元
久保存・第 3 巻。冊號 01913 －文號 18)、「正四位尾立維孝外二名特ニ錦鶏間祗候被仰付様宮内大臣ヘ照会ノ件」(『任免裁
官ニ任命ス」(『台湾総督府公文類纂』明治 33 年・永久保存進退追加・第 7 巻〔2〕。冊號 00567 －文號 61)、「法院検察官
、「検察官西内金吾病気危篤ニ付特旨叙位、賞與、昇級ノ件」(『台湾総督府公文類纂』明治 41 年・永久保存進退（高）・
219 －文號 19)、「台湾総督府法院検察官朽木義春免官賞與ノ件」(『台湾総督府公文類纂』大正 3 年・永久保存進退（高）・
進退追加・第 16 巻〔2〕。冊號 00576 －文號 42)、「〔府法院検察官〕小野得一郎任府法院判官、退職、賞與」(『台湾総督府
文類纂』大正 11 年・永久保存・第 1 巻。冊號 03264 －文號 14)、「藤井臺中法院長の退職」・「藤井院長を送る」(『台法月
一郎「二十有餘年の臺灣生活を回顧して」(『台法月報』第 15 巻 12 号、1923 年 12 月、27-28 頁)。なお、「判事検事登用試

』－ 1910-1920 年代を中心に－」(『社会科学』第 42 巻 2･3 合併号、同志社大学人文科学研究所、2012 年 12 月、103-144 頁)、
志社大学人文科学研究所、2020 年 2 月、225-254 頁)、をもとにしている。このほか、『臺灣總督府職員録』の検索サイト
通訳についての出典は、以下を参照。「横田次郎通訳生ニ任用（元台中県）」(『台湾総督府公文類纂』明治 29 年・元台中県
永久保存進退追加・第 11 巻〔2〕。冊號 00346 －文號 43)、「施錫文国語学校雇員ニ採用認可」(『台湾総督府公文類纂』明治
・乙種永久保存第 2 巻〔2〕。冊號 00261 －文號 54)。
科大学（1897 年～）・東京帝国大学法学部（1919 年～）と改編されたが、本稿では総称として東京帝国大学法学部と呼称

覆審法院検察局	検察官	2 等下級（年 3,000）		尾立　維孝	大分	検察官長	司法省法学生徒（1880 年 2 月申付）	1883 年 7 月	1887 年 3 月（判事登用試験）
		4 等 6 級（年 1,800）		西内　金吾	高知		英吉利法律学校〔1905 年中央大学に改称〕(特別認可生)	1889 年 9 月	1890 年 12 月
		5 等 7 級（年 1,600）		朽木　義春	東京		東京帝大 (法)	1899 年 7 月	① 1893年 10月 ② 1896 年 3 月
		6 等 9 級（年 1,200）		小野　得一郎	山梨	本官は台北地方法院検察官	東京専門学校（英語第一法律科）〔1902 年早稲田大学に改称〕		① 1898 年

	本官名	官等俸給		氏名	本籍地	その他の官職	
		高等官	判任官				
覆審法院	法院通訳	7 等 1 級（年 1,000）		鉅鹿　赫太郎	長崎	覆審法院検察局通訳を兼官	前掲表 1、参照。
			3 等	横田次郎	熊本		1895年3 月陸軍省雇員（月俸 18 円）、通訳 1895 年 8 月台湾総督府雇員（月俸 23 円）。 → 1896 年 2 月民政局附・台南民政支部詰)。 年10月台中県通訳生(彰化支庁・判任官 7 等)
			6 等	陳　文渓	「本島人」		1898 年 11 月―1909 年法院通訳（覆審法院
覆審法院検察局			7 等	施　錫文	「本島人」	覆審法院通訳を兼官	1897年4月総督府国語学校第一附属学校雇員 北地方法院検察局)

註 1：本表の「1903 年時の在任者」欄は、台湾総督府編『台湾総督府職員録』1903 年 6 月（台湾日日新報社、1903 年）〔
「本島人」と記載されているため、その記載を本表でもカギカッコを付して採用した。
註 2：本表の「経歴」欄は、以下の資料より岡本が作成。「法院判官鈴木宗言外二名昇等及叙位進階」・「台湾総督府法院判
40)、「法院判官鈴木宗言昇等」(『台湾総督府公文類纂』明治 40 年・永久保存進退・第 10 巻。冊號 01339 －文號 19)、「検事
小五郎外数名兼補職」(『台湾総督府公文類纂』明治 31 年・甲種永久保存進退追加・第四巻〔2〕。冊號 00335 －文號 44)、「
「判官寺島小五郎判事ニ転任」(『台湾総督府公文類纂』明治 40 年・永久保存進退・第 13 巻。冊號 01342 －文號 36)、大蔵
興信所編『人事興信録』3 版（人事興信所、1911 年）て 19-20 頁、「判事従六位櫻庭棠陰外二名任法院判官検察官及同人
17)、「判官櫻庭棠陰退職賞與ノ件」・「判官藤井乾助転補ノ件」(『台湾総督府公文類纂』明治 42 年・永久保存進退 (高)・
第 7 巻。冊號 01606 －文號 8)、「判官安井勝次外一名判官補職」(『台湾総督府公文類纂』明治 40 年・永久保存進退・第 13 巻
第 8 巻。冊號 02645 －文號 1)、「判事渡邊啓太法院判官ニ任命」(『台湾総督府公文類纂』明治 33 年・永久保存進退追加・
保存・第 3 巻。冊號 03867 －文號 23)、「藤井乾助恩給証書送付ノ件」(『台湾総督府公文類纂』大正 7 年・永久保存・第 4 巻。
文類纂』明治 39 年・永久保存追加・第 15 巻。冊號 01254 －文號 1)、「〔法院判官〕藤井乾助法院長転補」・「〔法院判官〕
恩給証書下付」(『台湾総督府公文類纂』大正 10 年・永久保存・第 10 巻。冊號 03142 －文號 20)、「嘱託土屋達太郎手当増
務嘱託任命ノ件川上虎雄解嘱ノ件」(『台湾総督府公文類纂』明治 29 年・永久保存進退・第 11 巻〔2〕。冊號 00114 －文號 59
退追加・第 18 巻〔1〕。冊號 00578 －文號 23)、「判官松岡十次郎外十名履歴事項訂正届出ノ件」(『台湾総督府公文類纂』明
公文類纂』明治 44 年・永久保存・第 8 巻。冊號 01774 －文號 18)、「山口十次郎弁護士名簿登録」(『台湾総督府公文類纂』
院検察官川淵龍起覆審法院検察官長心得ヲ解ク」(『台湾総督府公文類纂』明治 32 年・永久保存進退追加・第 19 巻〔1〕。
年・永久保存・第 2 巻。冊號 01912 －文號 14)、「尾立維孝恩給下賜上申及同証書送付」(『台湾総督府公文類纂』大正元年・
可書・大正元年・任免巻二十六』国立公文書館デジタルアーカイブ〔請求番号：任Ｂ 00657100〕)、「検事西内金吾法院検
西内金吾覆審法院検察官ニ補ス」(『台湾総督府公文類纂』明治 33 年・永久保存進退追加・第 8 巻〔1〕。冊號 00568 －文
第 12 巻〔2〕。冊號 01429 －文號 34)、「朽木義春恩給証書下付」(『台湾総督府公文類纂』大正 3 年・永久保存・第 8 巻。冊
第 7 巻。冊號 02301 －文號 15)、「検事小野得一郎台湾総督府法院検察官ニ任ス」(『台湾総督府公文類纂』明治 33 年・永久
公文類纂』大正 10 年・永久保存進退 (高)・第 8 巻〔2〕。冊號 03198 －文號 40)、「小野得一郎恩給証書下付」(『台湾総督
報』〔國立臺灣図書館「臺灣學數位圖書館」の「日治時期期刊影像系統」所収〕第 12 巻 5 号、1918 年 5 月）92-94 頁、小
験」欄の①は第 1 回試験合格年月、②は第 2 回試験合格年月をさす。
註 3：法院通訳の「主な履歴」欄については、岡本真希子「日本統治前半期台湾の官僚組織における通訳育成と雑誌『
岡本真希子「植民地統治前半期台湾における法院通訳の使用言語－北京官話への依存から脱却へ」(『社会科学』第 49 巻 4 号
「臺灣總督府職員録系統」(中央研究院臺灣史研究所・檔案館 https://who.ith.sinica.edu.tw/）により、在職期間情報を補充した。
公文類纂・永久保存進退第 3 巻〔3〕。冊號 09389 －文號 95)、「陳文溪法院通訳任命」(『台湾総督府公文類纂』明治 31 年・
30 年・乙種永久保存進退・第 9 巻〔2〕。冊號 00200 －文號 48)、「施錫文覆審法院雇ヲ命ス」(『台湾総督府公文類纂』明治
註 4：「出身大学」欄における「東京帝大（法）」は、東京大学（1877 年～）・帝国大学法科大学（1886 年～）・東京帝国大
し、本表では「東京帝大（法）」と略称を用いることとする。

に関して何等の規定も見られない[70]。したがって、言語面においても、司法官が本国と台湾を越境移動する上で、制度面での支障はなかったといえよう。

これらを踏まえて、『職員録』一九〇三年版から、覆審法院および同検察局について、判官・検察官・通訳の在任者と、その経歴を示したものが表2である。

判官・検察官の出身校を見ると、司法省法学校や東京帝国大学法学部[71]、のちの私立大学（早稲田大学・中央大学）の前身となる私立法律学校などを卒業しており、明治前半期に始まる近代日本の法学教育の揺籃期に、西洋近代の伝統に倣った「法律家という専門職」を養成する法学教育を受けていたことがわかる。また、判事の登用資格を定めた判事登用規則や試補制度など、本国で整備されつつあった司法官の養成制度を経たのち[72]、司法官としての最初のキャリアとして本国で判事・検事に任命され、本国の裁判所の勤務を経て、台湾の法院に判官・検察官として赴任するという経歴が大部分を占めていることがわかる。

次に、赫太郎の退官間際の一九一〇年版の『職員録』から、覆審法院および同検察局について、判官・検察官・通訳の在任者と、その経歴を示したものが表3である。

ここでは、一八九〇年施行の「裁判所構成法」以降に東京帝国大学法学部を卒業した者が多数であり[73]、かつ、一八九九年七月卒業者が四名も含まれており（大内信・富島元治・松井榮堯・三好一八）、本国で整備されつつあった官学の法学教育で育成された人材で占められていたことがわかる。概して、卒業後まもなく司法官試補となり、本国で判事・検事に任命されて裁判所勤務を経てから、台湾の法院に判官・検察官への転官という経歴が大部分を占めていた。さらには、検察官・三好一八のように、本国・台湾・関東州の間を転官した例もあった。

このように、台湾と本国の間で司法官の人事交流が行われるなかで、本国の法学教育・司法官養成制度が排出した人材、とりわけ官学の出身者が多数を占めていた。翻って見れば、「日本語」を基調とし任官先の現地の諸言語を要しない司法官が、帝国日本の司法制度のなかで越境しつつ補填されていったことがわかる。ここからは、統治政策としては「特別統治主義」期に該当する時期にあっても、司法官の人材供給においては「内地延長主義」の貫徹が指摘できよう。

前述のように、赫太郎の主張する「台湾に於て台湾人に対しては、一言一句も通訳に信頼するに非らざれば裁判はできぬ」という自負は、こうした構造のなかで発せられたものであった。多言語社会・台湾と法院が向き合うとき、両者の狭間を言語面において架橋するのは、法院通訳の領域だったのである。

4−4　法院通訳の自負

しかし実態としては、法院通訳に対して以下のような司法官の無理解があると赫太郎は言う。

少しく語を解すれば、そこらの小使でもよいと言ったやうな調子で軽く採用し、甚しきは、なに通訳がと叫はり全く相応待遇してゐない傾のあるのは誠に遺憾千万である、語を解せない裁判官は全く通訳に信頼せねばならぬのである[74]

さらに赫太郎は、司法官の無理解の一例として、寺島小五郎判官の民事事件裁判における自身の通訳の経験を、以下のように述べている[75]。判官の訊問に対する答が得られない際に、赫太郎が「暫らく私と被訊問者との間に於て問答をした」とき、寺島判官は赫太郎に対して「君は何を問答してゐるのか通訳が勝手に訊問してはいけない、こちらの問ふたことだけを伝ふればよい。又相手の答へた通りに訳すればよい」と言って叱られたという。そのた

経歴				
	本国	台湾		
司法官試補	渡台前の勤務先	任官日	最初の勤務先(法院)	備考
1887年7月(判事試補)	判事（横浜地方裁判所長）	1907年8月	覆審法院	1917年7月死去
1894年8月、1896年5月	検事（高知区裁判所）	1897年12月	台南地方法院	司法官試補を2回（1894年8月—1895年2月、1896年5月—1897年7月）。1897年7月検事。1907年以後、北埔事件・林圯埔事件・土庫事件・苗栗事件・六甲事件・西来庵事件などの各臨時法院で裁判長。1921年9月—1924年12月台北州知事
1888年12月(判事試補)	判事	1899年11月	覆審法院	1890年判事。1898年8月時点で水戸地方裁判所判事
1891年11月	判事（奈良区裁判所）	1900年5月	台北地方法院	1893年2月森から渡邊へ氏変更。1893年10月検事、同年12月判事。1913年12月—1914年3月・1915年8—12月臨時法院判官兼任。1913年3月台中方法院長。1916年5月台南地方法院長。1917年7月退職
1893年10月	判事（沼津区裁判所）	1899年9月	台南地方法院	1888-1889年小学校訓導。1896年判事。1908年覆審法院判官
1899年7月	検事（神戸地方裁判所）	1902年12月	台南地方法院	1901年3月判事。1916年に再び判事に転官（名古屋地方裁判所）
1899年8月	判事（宇都宮地方裁判所部長）	1908年6月	台北地方法院	1901年3月判事。1916年南投庁長に転官、1917年台北庁長、1919年5月台湾総督府警視総長、1919年6月台湾総務局長、1920—1924年高雄州知事
1901年7月	判事（甲府地方裁判所）	1906年1月	台北地方法院	
	判事	1909年7月	台北地方法院	
1892年7月	検事（東京控訴院）	1901年6月	台北地方法院(判官)	1895年9月判事。1918年6月19日死去
1898年12月	検事（小田原区裁判所）	1900年10月	台北地方法院	1897年5月—1898年1月衆議院属。1900年7月検事。1912年1月台北地方法院検察官長。1913年11月苗栗事件で臨時法院検察官。1921年12月判官に転官し退職
1899年9月	判事（函館区裁判所）	1901年8月	台北地方法院	1901年判事。1914年台南地方法院検察官長、1921年12月台北地方法院検察官長。1923年12月—1924年12月台南州知事
1899年7月	判事（佐賀区裁判所）	1901年10月	台北地方法院	1901年3月判事。1902年11月判事に転官（長崎地方裁判所）。1906年9月関東都督府判官へ転官。1908年5月関東都督府法院判官（1907年11月休職）から台湾総督府法院検察官に転官。1923年12月台北地方法院検察官長。1928年12月台湾総督府法院判官に転官し退官
	判官（関東都督府法院）	1908年5月	台北地方法院	

表 3　1910 年の覆審法院および同検察局の判官・検察官・通訳

		1910年時の在任者							
	本官名	官等俸給		氏名	本籍地	その他の官職	出身大学	大学卒業年月	判事検事試験合格
		高等官	判任官						
覆審法院	判官	2等2級		石井　常英	佐賀	院長	東京帝大（法）	1888年7月	
		4等2級		高田　富蔵	兵庫	部長	東京帝大（法）	1894年7月	
		4等3級		原　誠一	東京		東京帝大（法）	1888年7月	
		4等3級		渡邊　啓太	愛媛		東京専門学校（法律科）〔1902年早稲田大学に改称〕	1892年7月	1891年7
		4等3級		望月　恒造	山梨		東京専門学校（英語法律科）〔1902年早稲田大学に改称〕	1891年7月	① 1893 月 ② 1896年
		5等4級		大内　信	東京		東京帝大（法）	1899年7月	
		5等5級		富島　元治	京都		東京帝大（法）	1899年7月	
		6等6級		久保　惟修	熊本	台北地方法院判官を兼官	東京帝大（法）	1901年7月	
		6等7級		金子　保次郎	新潟	本官は台北地方法院判官	東京法学院〔1905年中央大学に改称〕	1900年	① 1901年
覆審法院検察局	検察官	2等3級		手島　兵次郎	広島	検察官長	東京帝大（法）	1892年7月	
		5等4級		小野　得一郎	山梨		東京専門学校（英語第一法律科）〔1902年早稲田大学に改称〕		① 1898年
		5等4級		松井　榮堯	石川	本官は台北地方法院検察官	東京帝大（法）	1899年7月	② 1901年
		5等6級		三好　一八	佐賀		東京帝大（法）	1899年7月	

在学中、参謀本部派遣の北京留学生として派遣。1886 年 12 月陸軍助教（判任 7 等）。1887 年 8 月陸軍幼年学校兼陸軍
93 年 1 月兵庫県属（知事官房勤務・判任官 5 等）→ 1894 年 12 月非職。1894 年 12 月陸軍省雇、通訳官（大本営附。月
締・通訳官採用試験係担当を申し付け→ 1895 年 2 月大本営より通訳官教授を命ぜられる→ 1895 年 5 月大本営附を免じ
）。1895 年 11 月陸軍省雇を免じ陸軍通訳を命ぜられる（占領地総督部附。奏任官待遇月俸 75 円）→ 1896 年 2 月占領
品出帆→ 1896 年 4 月陸軍通訳を免ぜられる
北県景尾辨務署長（高等官 7 等・2 級俸）、1898 年 9 月臨時台湾土地調査局事務官を兼任（高等官 7 等）→ 1899 年 6 月
→ 1901 年 11 月廃官)。1902 年 4 月台湾総督府翻訳官（高等官 6 等・9 級俸）、1902 年 7 月—1903 年 10 月台湾総督府秘
通訳。この間、台湾総督府翻訳官を兼任または本官が台湾総督府翻訳官・法院通訳を兼任→ 1910 年 12 月依願免本官並

95 年 5 月清国旅順口へ出張、1895 年 6 月台湾総督府へ派遣、1895 年 8 月陸軍省雇員を免ぜられる
湾総督府雇員。1895 年 11 月陸軍通訳（判任待遇)。1896 年 5 月台南県通訳生（1896 年 9 月依願免本官)。1896 年 10
98 年 7 月台湾総督府法院通訳（判任官通訳）→ 1910 年 10 月—1918 年 6 月法院通訳（高等官通訳)。この間、1915 年
等)。1924 年 6 月翻訳事務を嘱託（総督官房参事官室勤務・月手当 95 円→ 1924 年 12 月総督官房審議室勤務→ 1927 年
書掛→ 1927 年 3 月月手当 100 円→ 1929 年 3 月月手当 105 円)。1937 年 12 月 17 日死去（警務局保安課嘱託。470 円賞

際に萬得（台中県牛頭出身)・偕服英（宜蘭打馬烟社出身「熟蕃」）に日本語を教えながら「土語」・「熟蕃語」を研究。
地方に滞在、土語研究に努める。1897 年 11 月－ 1899 年 9 月台湾守備隊混成旅団司令部附通訳。1899 年 9 月台北地
1924 年 8 月法院通訳。この間、1904 年台南地方法院通訳兼掌者銓衡委員、1906 年台南庁警察職員通訳兼掌者銓衡委
20 年高等官に昇進。1913 年警察及監獄職員通訳兼掌銓衡委員、1914 年 1 月台湾総督府臨時法院通訳、1919—1920 年警
警察及監獄職員通訳兼掌者銓衡委員、1921—1924 年府評議会通訳。1912 年私立土語専門学校校長（総督府認可。民政
16 日喉頭癌により死去（享年 50 歳）
版。1921 年 12 版)、『通信教授　台湾語講義録』(台湾語通信研究会、1912 年再版)、『簡易速成　日台語入門』(台湾語通
法』(台湾語通信研究会、1913 年初版)、『台湾笑話集』(台湾日日新報社、1915 年)、『新撰註解　日台会話独修』(台湾語通

常小学校入学、1887 年卒業。1888 年福岡県安積郡喜久田村字堀ノ内高等尋常小学校高等科入学、1891 年卒業。1891 年
退校（家事都合)。1892 － 1893 年喜久田高等小学校長・榎木與一郎に通学し漢学を修学。1893—1894 年下富永作に就
普通学を修学。1898 年 10 月大日本中学会へ入学。1895 年 12 月第二師団入隊
渡台。1898 年 9 月台湾第八憲兵隊に転科。1898 年 12 月－ 1903 年 11 月憲兵隊台湾土語通訳。この間、1902 年 5 月大
03 年 12 月台湾採脳拓殖合資会事務員兼通訳。1904 年 7 月－ 1923 年 4 月法院通訳（1923 年 4 月免官に際して高等官通
は、憲兵隊所属時に「土語ニ通ジ」ること・「土語通訳」任命履歴が事由で採用。出身地福島における陸軍勤務演習召集
ニ通スルモノ」との事由で、1911 年 3 月は「通訳事務ニ従事」の事由で、「余人ヲ以テ代フヘカラサル職務ニ、従事」
事件）関連で江定らの取調・起訴・公判などを行った台南地方法院検察局における「残匪処分」の「勤労」功績で 1917

013 年)、『台湾風俗』第 1-3 巻（台湾語研究会、1913—1914 年)、『台湾文官普通試験土語問題答解法』(台湾語研究会、
21 年)

910 年)〔國立臺灣図書館「臺灣學數位圖書館」の「日治時期圖書影像系統」所収〕 12-13・47-52 頁、より岡本が作成。
久保存進退・第 12 巻〔1〕。冊號 01341 －文號 15)、「〔元台北州知事〕高田富蔵普通恩給証書下賜」(『台湾総督府公文類
」(『台湾総督府公文類纂』明治 32 年・永久保存追加・第 29 巻〔1〕。冊號 00449 －文號 10)、「原誠一恩給証書送付ノ
湾総督府公文類纂』明治 33 年・永久保存進退追加・第 7 巻〔2〕。冊號 00567 －文號 63)、「〔法院判官〕渡邊啓太法院長
『台湾総督府公文類纂』大正 6 年・永久保存・第 8 巻。冊號 02645 －文號 1)、「望月恒造公証人ニ任ス所属」(『台湾総督
官ニ任セラレ高等官六等ニ叙セラル十級俸下賜シ台南地方法院判官ニ補ス」(『台湾総督府公文類纂』明治 35 年・永久保存
進退 (高)・第 5 巻。冊號 02572 －文號 13)、「尾島音治郎、張迺顯、守屋善兵衛、三好重彦、藤井乾助私立学校設立各認
用ノ件」(『台湾総督府公文類纂』明治 41 年・永久保存進退 (高)・第 6 巻〔1〕。冊號 01423 －文號 10)、「〔元高雄州知事〕
法院判官ニ任用ノ件」(『台湾総督府公文類纂』明治 39 年・永久保存進退・第 1 巻〔1〕。冊號 01222 －文號 26)、「久保惟
官ニ転任ノ件」(『台湾総督府公文類纂』明治 42 年・永久保存進退 (高)・第 7 巻。冊號 01549 －文號 10)、「検事正七位手
20)、「検事小野得一郎台湾総督府法院検察官ニ任ス」(『台湾総督府公文類纂』明治 33 年・永久保存進退追加・第 16 巻〔2〕。
久保存進退 (高)・第 8 巻〔2〕。冊號 03198 －文號 40)、「小野得一郎恩給証書下付」(『台湾総督府公文類纂』大正 11 年・
『台湾総督府公文類纂』明治 34 年・永久保存進退追加・第 10 巻〔3〕。冊號 00692 －文號 64)、「〔元台南州知事〕松井榮
一八台湾総督府法院検察官ニ叙任及台北地方法院検察官ニ補ス」(『台湾総督府公文類纂』明治 34 年・永久保存進退追加・
昭和 3 年 10 月至 12 月・高等官進退原議〔3〕。冊號 10054 －文號 61)、「休職判官三好一八法院検察官任用ノ件」(『台湾総
1887 年 7 月 27 日)・第 2711 号（1892 年 7 月 12 日)・第 4372 号（1898 年 2 月 1 日)・第 4534 号（1898 年 8 月 10 日)・
石井常英外一名判事試補ニ被任ノ件」(『官吏進退・明治二十年官吏進退十五・司法省五』〔国立公文書館デジタルアーカイ

	本官名	官等俸給		氏名	本籍地	その他の官職	主な履歴
		高等官	判任官				
覆審法院	法院通訳	5等 (年1,700)		鉅鹿　赫太郎	長崎	総督府翻訳官を兼官	前掲表1、参照。
		5等 (年2,200)		谷　信敬	栃木	本官は総督府翻訳官	【渡台前】1879年11月東京外国語学校漢語 士官学校附→1889年6月依願免本官（疾病 俸50円）→1895年1月大本営より通訳 占領地総督部附を命ぜられる（8月：月俸 地総督部附を免じ台湾総督府附を命ぜられ 【渡台後】1896年3月基隆着→1897年8 休職（文官分限令第11条第1項第4号に 書官を兼任。1904年6月―1910年12月 兼官。1916年死去まで在台
			1等	飛松　次郎	熊本		【渡台前】1895年3月陸軍省雇員（大本営附 【渡台後】1895年6月基隆着→1895年8 月台中県通訳生（1897年1月依願免本官）。 3月以降、台湾総督府翻訳官を兼任（高等 1月警務局保安課勤務（総督官房審議室兼務 与）。1937年死去まで在台
			3等	川合　真永	山梨	台北地方法院通訳を兼官	【渡台前】1896年東北学院（仙台）嘱託。 【渡台後】1896年12月偕服英を同伴して 方法院通訳（月手当30円）。1899年10 員、1907年台北地方法院通訳兼掌者銓衡委 察監獄職員通訳兼掌者銓衡委員、1923―192 部構内通訳事務練習所内に設置）。1924年 【出版物】『新撰実用　日台会話自在』(1912 信研究会、1913年)、『独習自在　日台会 信研究会、1916年)
覆審法院検察局			月俸43円	片岡　巌	福島		【渡台前】1884年福岡県白川郡常豊村大字 福岡県県立開成山桑野村中学校入学、189 き数学を修学。1894―1895年冨田安教の 【渡台後】1896年9月台湾守備隊編入、 稲埕江義塾土語部入塾、1903年5月卒業。 訳に昇進)。1904年7月法院通訳任官に際 を、1904年7月法院通訳任官直後には「 として召集免除。1915年噍吧哖事件（西 年賞与を受ける 【出版物】『日台俚諺詳解』(台湾語研究会, 1916年)、『台湾風俗誌』(台湾日日新報社、

註1：本表の「1910年時の在任者」欄は、台湾総督府編『台湾総督府及所属官署職員録』1910年7月（台湾日日新報社、
註2：本表の「経歴」欄は、以下の資料より岡本が作成。「判事石井常英任法院判官」(『台湾総督府公文類纂』明治40年・
纂』大正14年・永久保存・第3巻。冊號03867－文號23)、「法院判官原誠一外一名位階進級方上奏ニ関スル件内務大
件」(『台湾総督府公文類纂』大正7年・永久保存・第5巻。冊號02782－文號11)、「判事渡邊啓太法院判官ニ任命」(『台
転補」(『台湾総督府公文類纂』大正5年・永久保存進退(高)・第5巻。冊號02572－文號11)、「渡邊啓太恩給証書送付」
府公文類纂』昭和2年7月至9月・高等官進退原議〔2〕。冊號10048－文號10)、「判事従七位大内信台湾総督府法院判
進退追加・第20巻〔3〕、冊號00801－文號54)、「〔法院判官〕大内信賞與」(『台湾総督府公文類纂』大正5年・永久保存
可ノ件」(『台湾総督府公文類纂』明治39年・永久保存追加・第15巻。冊號01254－文號1)、「判事富島元治法院判官任
富島元治普通恩給証書下賜」(『台湾総督府公文類纂』大正14年・永久保存・第7巻。冊號03871－文號15)、「久保惟修
修恩給証書下付」(『台湾総督府公文類纂』大正3年・永久保存・第6巻。冊號02217－文號25)、「判事金子保次郎法院判
島兵次郎総督府法院判官ニ任ス」(『台湾総督府公文類纂』明治34年・永久保存進退追加・第7巻〔1〕。冊號00689－文號
冊號00576－文號42)、「〔府法院検察官〕小野得一郎任府法院判官、退職、賞與」(『台湾総督府公文類纂』大正10年・永
永久保存・第1巻。冊號03264－文號14)、「判事松井榮堯台湾総督府法院検察官ニ叙任シ台北地方法院検察官ニ補ス」
堯普通恩給証書下賜」(『台湾総督府公文類纂』大正14年・永久保存・第12巻。冊號03876－文號28)、「判事従七位三好
第13巻〔1〕。冊號00695－文號19)、「三好一八任法院判官、俸給、勤務、退職ヲ命ス、賞與」(『台湾総督府公文類纂』
督府公文類纂』明治41年・永久保存進退(高)・第5巻〔1〕。冊號01422－文號1)、大蔵省印刷局編『官報』第1223号
第5398号（1901年7月2日）・第5823号（1902年11月29日）・第6955号（1906年9月3日）、「大学法律学第一科生

人事興信所編『人事興信録』6 版（人事興信所、1921 年）た 89 頁、「原覆審部長の退職」(『台法月報』第 12 巻 5 号、1918
高田富蔵君栄転」(『台法月報』第 15 巻 10 号、1921 年 10 月）122 頁、雉本朗造「本島法曹略伝」((『台法月報』第 4 巻 3 号、
内判官送別会」(『台法月報』第 10 巻 6 号、1916 年 6 月）80-81 頁、松木孤舟「故手島兵次郎氏の事共」(『台法月報』第 24
名家精彩』(成文社、1910 年〔国立国会図書館デジタルコレクション〕）365-366 頁、錦谷秋堂『大学と人物：各大学卒業
言所編『人事興信録』6 版（人事興信所、1921 年）を 17 頁・み 12 頁、『東京帝国大学一覧』明治 33-34 年（東京帝国大学、

苑』－ 1910-1920 年代を中心に－」(『社会科学』第 42 巻 2･3 合併号、同志社大学人文科学研究所、2012 年 12 月、103-144
49 巻 4 号、同志社大学人文科学研究所、2020 年 2 月、225-254 頁)、をもとにしている。このほか、『臺灣總督府職員録』
情報を補充した。各通訳についての出典は、以下を参照。川合真永は、「勲八等小池信美外五人任法院通訳」(『台湾総督府
旨銓衡委員ヲ嘱託ス」(『台湾総督府公文類纂』大正 2 年・永久保存進退 (判)・第 3 巻甲〔1〕。冊號 02187- 文號 30)、「台
高)・第 11 巻〔1〕。冊號 02305 －文號 21)、「〔府法院通訳〕川合真永任法院通訳」(『台湾総督府公文類纂』大正 9 年・
E 13 年・永久保存進退 (高)・第 3 巻甲〔1〕。冊號 03853 －文號 25)、「私立土語専門学校設立認可（川合真永）」(『台湾総
1924 年 8 月）無頁数・62-68 頁、「台湾語学界の恩人川合法院通訳官逝く」(『台湾日日新報』1924 年 8 月 17 日)。片岡巌は、
號 34)、「〔府法院通訳兼法院書記〕片岡巌任府法院通訳、退官」(『台湾総督府公文類纂』大正 12 年・永久保存進退 (高)・
久保存・第 3 巻。冊號 03757 －文號 15)、「兵籍者法院通訳片岡巌勤務演習召集免除認可ノ件」(『台湾総督府公文類纂』明
治 44 年・十五年保存・第 13 巻。冊號 05352 －文號 20)。谷信敬については、「文部省訳漢語学生徒 11 名清国語学生徒中
師田代安定外十九名叙勲上奏ニ関スル件」(『台湾総督府公文類纂』明治 31 年・永久保存追加・第 18 巻。冊號 00331 －文
號 01021 －文號 28)、「谷信敬恩給証書送付ノ件（台北庁）」(『台湾総督府公文類纂』明治 44 年・永久保存・第 6 巻。冊
37 年・永久保存・第 3 巻。冊號 00930 －文號 5)、『台湾総督府府報』第 148 号（1897 年 8 月 26 日）・第 1141 号（1902
国語教育史の研究』(東方書店、1988 年）175-176 頁、「台湾語学界の回顧」(『語苑』第 17 巻 12 号、1924 年 12 月）1-2 頁。
「法院通訳飛松次郎総督府法院通訳任官之件」(『台湾総督府公文類纂』明治 43 年・永久保存進退（高）・第 10 巻〔2〕。冊
議〔4〕。冊號 10255 - 文號 115)、『台湾総督府府報』第 3086 号（1910 年 10 月 30 日)。

め、翌日の訟廷で赫太郎は、

> 前日命ぜられた通りやった、一問一答、一言一句、判官と被訊問者の言ふ通り訳した。さあまあ聞いて下さいで饒舌るは饒舌るは、それを私は少しも止めずにゐると判官はなぜ通訳は注意してやらぬかと言ふ、いや謹んで昨日の御命通りに致してゐますと答へてその通りにやった、之がため、極めて簡単な一事件の取調べに遂に半日を費した

というように逐語訳で臨んだところ、今度は寺島判官から「君あれじゃいかん」と言われたため、赫太郎は、通訳の役割として、以下のように答えていた。

> 単に語を右から左に移すのが通訳の役目ではない。我等は尤も穎敏に頭を動かせ、訊問者の訊問の主眼は何處にあるかを察し、之に対する答弁を得べく或は問答を重ねる場合もある、通訳

ブ〕)、東京経済雑誌社編『大日本人名辞書』(東京経済雑誌社、1921 年〔国立国会図書館デジタルコレクション〕) 2601 頁
年 5 月〔以下、『台法月報』記事は、國立臺灣図書館「臺灣學数位圖書館」の「日治時期期刊影像系統」所収〕) 94-95 頁、
1910 年 3 月) 98 頁、「全島司法官大異動」(『台法月報』第 14 巻 6 号、1920 年 6 月) 52-53 頁、寒燈素狂生「情報一束－大
巻 8 号、1930 年 8 月) 67-74 頁、「検察官長の更迭」(『台法月報』第 18 巻 1 号、1924 年 1 月) 83-86 頁、成文社編『現代
生月旦』(国光印刷出版部、1914 年) 314 頁、人事興信所編『人事興信録』5 版（人事興信所、1918 年）ま 29 頁、人事興
1900 年) 493 頁。なお、「判事検事登用試験」欄の①は第 1 回試験合格年月、②は第 2 回試験合格年月をさす。
註 3：法院通訳の「主な履歴」欄については、岡本真希子「日本統治前半期台湾の官僚組織における通訳育成と雑誌『語
頁)、岡本真希子「植民地統治前半期台湾における法院通訳の使用言語――北京官話への依存から脱却へ」(『社会科学』第
の検索サイト「臺灣總督府職員録系統」(中央研究院臺灣史研究所・檔案館 https://who.ith.sinica.edu.tw/) により、在職期間
公文類纂』明治 32 年・永久保存進退追加・第 17 巻。冊號 00467- 文號 10)、「法院通訳川合真永警察及監獄職員通訳兼掌
北地方法院通訳兼覆審法院通訳川合真永兼補台湾総督府臨時法院通訳」(『台湾総督府公文類纂』大正 3 年・永久保存進退
永久保存進退 (高)・第 10 巻。冊號 03096 －文號 5)、「法院通訳川合真永三級俸下賜、賞與」(『台湾総督府公文類纂』大
督府公文類纂』明治 45 年・十五年保存・第 55 巻。冊號 05501 －文號 7)、「主事川合真永君を弔ふ」(『語苑』第 17 巻 8 号
「片岡巌総督府法院通訳ニ任命セラル」(『台湾総督府公文類纂』明治 37 年・永久保存進退・第 13 巻〔2〕。冊號 01023 －文
第三巻之一〔1〕。冊號 03743 －文號 19)、「台南州片岡巌普通恩給証書送付ノ件」(『台湾総督府公文類纂』大正 13 年・永
治 37 年・十五年保存・第 17 巻〔1〕。冊號 04804 －文號 6)、「片岡巌勤務演習召集免除ノ件」(『台湾総督府公文類纂』明
付に付通報方申入」(JACAR：C04028651700)、「4.11 近衛師団参謀長へ 通訳官に付通報」(JACAR：C06061668100)、「技
號 8)、「谷信敬法院通訳兼総督府翻訳官ニ任セラル」(『台湾総督府公文類纂』明治 37 年・永久保存進退・第 11 巻〔1〕。冊
號 01772- 文號 4)、「大嶋久満次外一名及尾立維孝外二十五名叙勲上奏ノ件及勲章伝達ノ件」((『台湾総督府公文類纂』明治
年 4 月 17 日)・第 3134 号（1911 年 1 月 7 日)、「谷信敬氏」(『台湾日日新報』1916 年 9 月 10 日、第 2 面)、六角恒廣『中
飛松次郎は、「飛松次郎恩給証書送付ノ件」(『台湾総督府公文類纂』大正 7 年・永久保存・第 7 巻。冊號 02784 －文號 8)、
號 01716 －文號 18)、「飛松次郎（賞與；死亡；囑託)」(『台湾総督府公文類纂』昭和 12 年 10 月至 12 月判任官以下進退原
註 3：「出身大学」欄における「東京帝大（法)」は、前掲表 2 の註 4、参照。

の重任は此處に在る、権威も態度も、要点を捉へるといふ心理も殆んど問者と一体になったつもりで通訳をするのが真に通訳の役目である

このように、通訳の役目として、自ら能動的に考え問答も辞せずという姿勢を主張しており、その際には権威・態度・心理における「問者」＝司法官との一体化を前提としていた。

このほかに赫太郎は、法院通訳の役割について、「司法の取調べは絶対の威信を持し、法廷の神聖を保たねばならぬ」とし、「苟も権利に名誉に、財産に生命に身分に重大関係があるのだから、その間に隻語半句でも間違ひがあってよかろうか」と喝破しつつ、以下のようにいう。

通訳は日本国民性を有する人格者にして、その心理も態度も理智も略問者と同一になってこそ通訳としての任務は遂行し得らるるのである。これは私が元この職にゐたからいふといふ我田

引水論では決してない、真理である。実際である。私は決して本島人諸君を排斥するものではないが、司法の通訳だけは本来の国民性を有する而かも品性の良き理智に富み語に熟達せる人でなくてはいけないと思ふ[76]

赫太郎はここでも、法院通訳の任務遂行の前提として、心理・態度・理智における「略問者」＝司法官との同一化を主張しつつ、法院通訳には技能のみならず、「日本国民性」が必須であるとしたうえで、遠回しな言い方ではあるが「本島人」通訳（台湾人通訳のこと）を敬遠する主張をしていた[77]。

他方で、司法官にとっては、〝法院通訳と同列にみられたくない〟という側面があったようである。判官で台北地方法院長の高田富蔵の一九一九年の談話[78]では、台北地方法院の訟廷の模様替えについて質問された際に、「従前の訟廷は一つの高段に判官、書記、通訳が一列に竝ぶのであって」「兎角不便が多かった」が、今度の模様替えの新機軸として、「座席を雛壇の如くして書記通訳を前方の下段に降し其後方の上段に判官席を設けた」という。その理由として、

只単に法廷の尊厳上より観るも判官が書記通訳と同列に竝ぶのは面白くない。殊に通訳には一定の法服もなくまた時に雇員をして之れをなさしむる場合あるに想致せば蓋し思ひ半ばに過ぐるものがあらう。

というように、判官と法院通訳は、視覚的に区別されるべきとの持論を述べていた。とりわけ通訳には法服がないことも、その理由としてあげられていた。

ここで、法廷の視覚的な側面を、図4から確認しておきたい。

図４　法廷における鉅鹿赫太郎の様子（1899 年）

註：本図は，「於台北地方法院盧錦春公判庭見取図」(『高山國』第５号、1899 年 12 月号、14 ～ 15 頁）に、岡本が図の外に説明を加えて作成。『高山國』は國立臺灣図書館（台湾：台北）のデジタル資料庫「臺灣學數位圖書館」の「日治時期期刊映像系統」(https://hyerm.ntl.edu.tw:3501/cgi-bin/gs32/gsweb.cgi/login?o=dwebmge&cache=168380037609）所収。図中の説明にある「判事」「検事」は、判官・検察官のこと。

図４は一八九九年の台北地方法院の裁判の様子を描いたもので、台湾で出版された雑誌『高山國』に掲載されたものである。図の上段にいる「判事」・「検事」(判官・検察官のこと)・「書記」は、頭に帽を戴きながら法服を着用している。この台湾の法服は本国の法服を援用したもので[79]、日本の古代の官服に倣った独特の仕様であり、黒色の地質の上衣をまとい、上衣の首回りの「飾」部分の色と模様の数によって、官職が区別される仕様になっていた。ただし、台湾におけるこの法服制定過程では、法服を着用する対象は判官・検察官・書記までとされ、法服で可視化される対象から、法院通訳は意図的に排除されていた[80]。図４において、赫太郎が着用しているのは、総督府の文官が着用する官服であり、洋服の仕様で黒色ベースにボタンや肩章で金色を点在させ厳めしく視覚的に訴えるものであったが、行政官一般が着用するもので、法院職員に固有のものではなかった[81]。

このように図４では、法服を着用した司法官と官服を着用した法院通訳が、法廷内で同列に並んでいる。法廷内のこうした状況に対して、前述の高田院長の談話では、両者を並列せずに上・下段に分けて視覚的に差異を設けようと試みていた。翻って、高田のこうした主張は、前述のような赫太郎の自負と主張――法院通訳の地位向上と優遇――とは、隔たりがあるものといえよう。

5　法院の通訳言語の変化のなかで

5―1　法院の北京官話通訳と複通訳制度

赫太郎と同時代の高等官通訳が使用する通訳言語は、北京官話であった[82]。しかしながら、台湾においては多言語からなる言語状況があり、北京官話では対応できない側面が生じていった。

ここでいったん、当時の台湾の言語状況を概観すると、原住民族[83]の複数の言語に加えて、対岸の中国大陸の福建省からの漢族系の移民にルーツを持つ言語があり、「福建語」「閩南語」「台湾語」などと呼ばれた（以下、本稿では台湾語と呼称）。この台湾語は、いわゆる北京語とは発音が異なり、かつ、正書法を持たない。植民地期台湾では、エリート層が使用する北京官話に加えて、台湾語などの複数の言語が存在していた。このほかの広東語（客家語）などの複数の現地社会の言語を総称して、台湾総督府では「土語」と呼ぶこともあった。こうした多言語社会・台湾において、赫太郎の通訳言語である北京官話は、極めて限定的なものにすぎなかった[84]。

多言語社会・台湾において、音声面での言語不通を補うものが、「漢字漢文」であった。陳培豊の研究によれば、内地人と台湾社会での意思疎通は「漢字漢文」を通して行われていた。そして、「表意文字である漢字漢文」には

「言文分離」という特質があり、「音声としての「言」の分離を前提に、「文」という意思疎通の一致性を図る」ものであった。そして、「極端にいうと、漢字漢文というビジュアルな記述法は読むのではなく、見る文体」であり「本来、話すだけでは意味の通じない言語や方言を、可視化、文字化、つまり脱音声化によって意思疎通を図る」ものと指摘する。日本の台湾統治においては、「漢文を通した多言語抜きの意志疎通の方法」が各方面の交流に援用されていたのである[85]。

他方で、留意すべきなのは、赫太郎も勤務する法院では、審理の方式において弁論や証拠調べを口頭で行うという、口頭審理の原則があるということである。口頭審理主義を採るためには、「音声としての「言」」は不可欠である。そのため、法院における通訳の使用言語をめぐっては、「土語」の一つであり台湾社会で最大話者数を持つ台湾語と、話者が極めて限定的である北京官話との間で、そのどちらを使用するかをめぐる論争があり、また、通訳制度についても複通訳制度と単通訳制度との可否をめぐって議論が行われていた[86]。

赫太郎が通訳する様子については、一八九九年の台北地方法院における裁判を描いたポンチ絵が残されており（前掲図４）、台湾人の副通訳と共に行う、複通訳制度をとっていたことがわかる。

ただし、赫太郎自身としては、複通訳制度は過渡的なものとみなしていた。退官後の一九二九（昭和四）年の赫太郎の談話では、以下のようにいう。すなわち、かつての台湾の「司法通訳」は、内地人で「台湾語を解するものなきため」に、「悉く我輩共官話通訳が、官話を解する台湾人を使用して、所謂複通訳でやって来た」が、「実際複通訳は二重通訳である故、時間経済から見ても、能率の増進を図る上から言ふても、単独通訳の簡便なるに及ばぬこと萬々である」といい、内地人の台湾語精通者の漸増に伴い、

私は複通制度を廃止し、全部単通に改むべしと時の覆審法院長鈴木宗言氏及台北地方法院長寺島五郎氏に建

言した。所が寺島院長曰く、さすればイの一番に君が罷めねばならぬぞと言はれた、固より覚悟のまへ。二重に訳するといふことはその間益す隔を生し、意が遠くなり、誠に不便である。之を単通に改むるは、法院のため、将又台湾の為なりと利害損失の点を説いて、大なる建言をした。それは実際法院の為めに言ふたので、さうすることが法院の利益であるとすれば、私達は何んにも法院かじりついてゐなくてもよいとかう考へて遂に自ら辞したのであった[87]

と自身の辞職理由について、単通訳制度への移行がその一因と述べていた。

なお、赫太郎のこの「建言」がなされた時期だが、この資料中では、「覆審法院長鈴木宗言氏及台北地方法院長寺島五郎氏に建言した」とあるため、鈴木の覆審法院長在任期（一九〇〇年八月〜一九〇七年八月）と寺島の台北地方院長在任期（一九〇四年五月〜一九〇七年九月）の重複時期、すなわち一九〇四年五月から一九〇七年八月の間と考えられる。このように一九〇〇年代半ば頃にはすでに、複通訳制度を要する北京官話通訳ではなく、台湾語による単通訳制度が必須の情勢になりつつあった。

5−2　法院における台湾語奨励方針

台湾語による単通訳制度を検討する前提として、覆審法院長・鈴木宗言の台湾語奨励方針を確認しておきたい。鈴木宗言の履歴は前掲表2に示したように、渡台前は本国の判事で名古屋地方裁判所長であり、一九〇〇年二月に覆審法院の部長および法院長心得として台湾に転官し、同年八月に覆審法院長となった。一九〇七年八月に本国の最上級審である大審院に検事として転官するまで、約七年の間（心得の時期も含めれば七年半の間）、覆審法院長として在任した人物である。

この本国への転官に際して『台日』紙上の記事「鈴木前院長と司法事務」では、鈴木院長在任期における「裁判事務に関する著しき改良」として、「単通制度の確立」をあげている。従来は「本島人の審理には、必らず複通訳を以て原則」としており、その理由として、「北京語は所謂官話として本島人の尊ぶ所」であり「堂々たる訟廷にして直ちに土語を用ゐば、裁判の尊厳を害すること少なからざるべし」との主張があったが、「今の官話は則ち日本語」なので、鈴木院長はこの「妄説を排し、主義として単通制を用」いて「審理の敏速」を得たという[88]。

単通訳制度の実施には、台湾語と日本語の両言語の能力が必要となるが、一九〇三年の鈴木院長の演説[89]「台湾語研究の必要」[90]は、内地人の台湾語習得の必要性を主張して、以下のようにいう。まず現状として、在台内地人で「台湾語を研究する者の至って少ない」ことを指摘し、二つの要因をあげている。要因の第一は「永住の考がない」こと、第二は「台湾語を学ぶのは応用上の利益が少ない」という考えで、後者は「台湾を軽蔑し、斯かる未開地の言葉を研究するも応用の途が狭まいから利益が少いと云ふ考から台湾語に向かない」と喝破する。そして、「欧州各国」に範をとりつつ、「世に立つには適者生存、優勝劣敗の原則が免れざるもの」との前提のもと、事業で成功しようとするならば「比較的文明の程度が低き方に於てするのが唯一の策」とし、「欧米人が東洋及阿弗利加の語学研究に重きを置く」ことを挙げる。これと対比して、「日本人は島国根性は免れないで、他を知るの必要を感じない、語学上の攘夷鎖国である」と批判した上で、「兎に角比較的文明の低き国の語は生存競争場裏にありては必要のもの」と主張していた。以上のように鈴木院長は、台湾語を「文明の低き」地域の言語という前提のもと、「生存競争」のために内地人の台湾語習得が必要と主張していたのである。

さらに同記事で鈴木院長は「台湾法院に於ける将来の理想」として、法院における台湾語人材の登用にも言及して、以下のようにいう。

法律学及裁判術に通じ且之に加ふるに台湾語を能する人才が出来て、今日の所謂通訳を要せぬことになるのを企望して居る、斯る人物が出来れば予は即ち今日の判官は潔よく悦んで自己の椅子を与ふるのである、学術が同一の力で言葉が優りて居れば其人の為め敗を取るは優勝劣敗の結果当然である[91]

すなわち、通訳不要の台湾語話者の判官が排出されれば、その登用により現在の判官のポストを譲ることは「優勝劣敗」の必然的結果との希望を述べていた。

なお、鈴木のこの演説の趣旨は、一九〇六年に台湾の雑誌『安平』に、記者による鈴木院長インタビューをまとめた記事にも掲載されている。鈴木院長曰く、「所謂生存競争に打ち勝たうと為す者」にとっては、「欧米の諸国語よりも劣等なる人種の言語を学ぶを得策とする」といい、植民地の官吏について、「私は将来に於ひては、是非共、土語を解せぬ者は採用せぬと云ふ方針を取って貫いたい」として、「土語の研究」の必要を強調していた[92]。

こうした台湾語学習の必要性は、法院を拠点とした台湾語研究や「旧慣」研究の奨励と表裏一体であった。前述の『台日』記事の「鈴木前院長と司法事務」では、鈴木院長の功績として、「屡訓令を発して土語の研究を奨励し、今は各法院土語研究会の設けあらざるはなし」といい、また、「土語奨励と同時に、旧慣の研究を奨励し、各法院に旧慣諮問会を設け、本島人の耆宿故老を集め、判官をして慣習上の質疑研鑽を為さしめたり」[93]という。

なお、上記のように内地人の台湾語学習の必要性を主張する際に、鈴木院長は「優勝劣敗」「適者生存」「生存競争」の語を用いており、社会進化論の影響を受けた同時期の民政長官・後藤新平の統治原理[94]に沿うものとなっていた。

周知のように後藤新平は、台湾を本国とは異なる「異法域」として「特別統治主義」を推進したが、その立法政策・法整備については、後藤長官と法学者・岡松参太郎が主導した臨時台湾旧慣調査会（一九〇一～一九一九年）が代表的なものとされる。ただし、臨時台湾旧慣調査会とは別に、裁判実務における必要から、一九〇一年から判官・検察官らにより、「旧慣」を研究する会が各法院で開催されており、近年の研究では、臨時台湾旧慣調査会と法院とは緊張関係をはらむこともあり、必ずしも一枚岩ではなかったことが明らかにされてきている[95]。

上記のような鈴木院長在任期の法院を拠点とした台湾語研究や「旧慣」研究の奨励は、こうした裁判実務における必要から生じたものと考えられ、台湾語による単通訳制度もこうした流れのなかにあるものといえよう。翻って、赫太郎をとりまく法院の通訳言語は、法院通訳創設時の北京官話通訳の重用から、次第に台湾語通訳の重視へと変化しつつあったことが看取できる。

５─３　台湾語通訳の台頭／北京官話通訳の退場

では、一九〇〇年代初頭からはじまる法院関係者による台湾語研究の動向は、法院通訳の構成員にどのような変化をもたらしたのだろうか。以下では再び、一九〇三年と一九一〇年の覆審法院および同検察局の構成員について、前掲の表２と表３から検討してみたい。

まず、一九〇三年（表２）においては、四名の法院通訳が在任している。内地人通訳は二名で、赫太郎のほか、判任官の横田次郎が在任した。横田の経歴を見ると、日清戦争から渡台まで陸軍省雇員・陸軍通訳となり、台南県・台中県など台湾の地方行政機構で判任官の通訳生をしたあと、一八九八年から法院通訳となっている。もう二名は、台湾人通訳である。

次に、一九一〇年（表３）においては、五名の法院通訳が在任しているが、すべて内地人である。このうち、赫太郎・谷信敬と飛松次郎は北京官話通訳、川合真永と片岡巌は台湾語通訳である。川合は、一九〇八年創刊の台湾語学習雑誌『語苑』の初代編輯主任で、一九二四年の死去まで約一五年間に及び『語苑』の中心的存在であり、日台会話テキストを複数出版した「台湾語学界の恩人」と称されたレジェンド的存在である[96]。また、片岡は「土語」能力の故を以て憲兵隊から法院通訳に採用され、軍隊の召集を「土語」能力を事由として免れるなど、台湾語能力を評価されるとともに、台湾の習俗に関する複数の書籍を出版するなどの履歴を持っていた。

このように、赫太郎の勤務した一九〇三年と一九一〇年の覆審法院をみるとき、台湾人通訳の減少と内地人の台湾語通訳の増加という現象が確認できるが、こうした現象は、台湾全島の法院で進行した状況でもあった。すなわち、判任官の通訳ポストは内地人が占有してゆく一方で、台湾人は正規の官吏ではない雇員として下支え的役割へと周辺化され、かつ、内地人の法院通訳たちを台湾語学習の組織化の一端に組み入れてゆくことが、パラレルに進行していた[97]。

こうした構造のなかで、内地人の台湾語通訳による単通訳制度への移行が進み、一九一〇年代に入る頃から、法院通訳を中心とした台湾語学習雑誌『語苑』の発行が行われ始め、一九二〇年代以降には警察組織ともリンクしながら台湾語通訳育成が行われてゆくこととなる[98]。

では、台湾語と日本語の両者間の対応は、どのようになされていたのだろうか。ここでは図5に示した一九〇九年の『語苑』の誌面から、日台両言語の対応テキストを確認しておきたい。図5は、上段に台湾語の文章、下段に同内容の日本語の文章があり、日台対応文になっている。上段の台湾語部分は、漢字の横に片仮名を使用し独自の発音符号を付しているが、このテキストの末尾部分で筆者の岩崎敬太郎は、読者への注意として「本欄漢字に重きを措かず仮名及び発音符号に注意ありたし」[99]と付記しており、表記上で漢字を使用しているものの、音声部分を重視している。

前述のように多言語社会・台湾においては、音声面での言語不通を補うものが「漢字漢文」であり、内地人と台湾社会での意思疎通は「見る文体」である「漢字漢文」を通して、「脱音声化によって意思疎通を図る」ことが各方面の交流に援用されていた[100]。他方で、法院では口頭審理の原則があり、「音声としての「言」」は不可欠であり、台湾語による単通訳制度へ移行のなかで、図5のように「漢字漢文」を借用しつつも音声部分を重視する方向が示されてゆく。

こうした台湾語通訳の台頭のなかで、北京官話通訳は覆審法院に限定して置かれていた。その理由としては、以下のようである。

図5　台湾語学習雑誌『語苑』に掲載された日台対応文

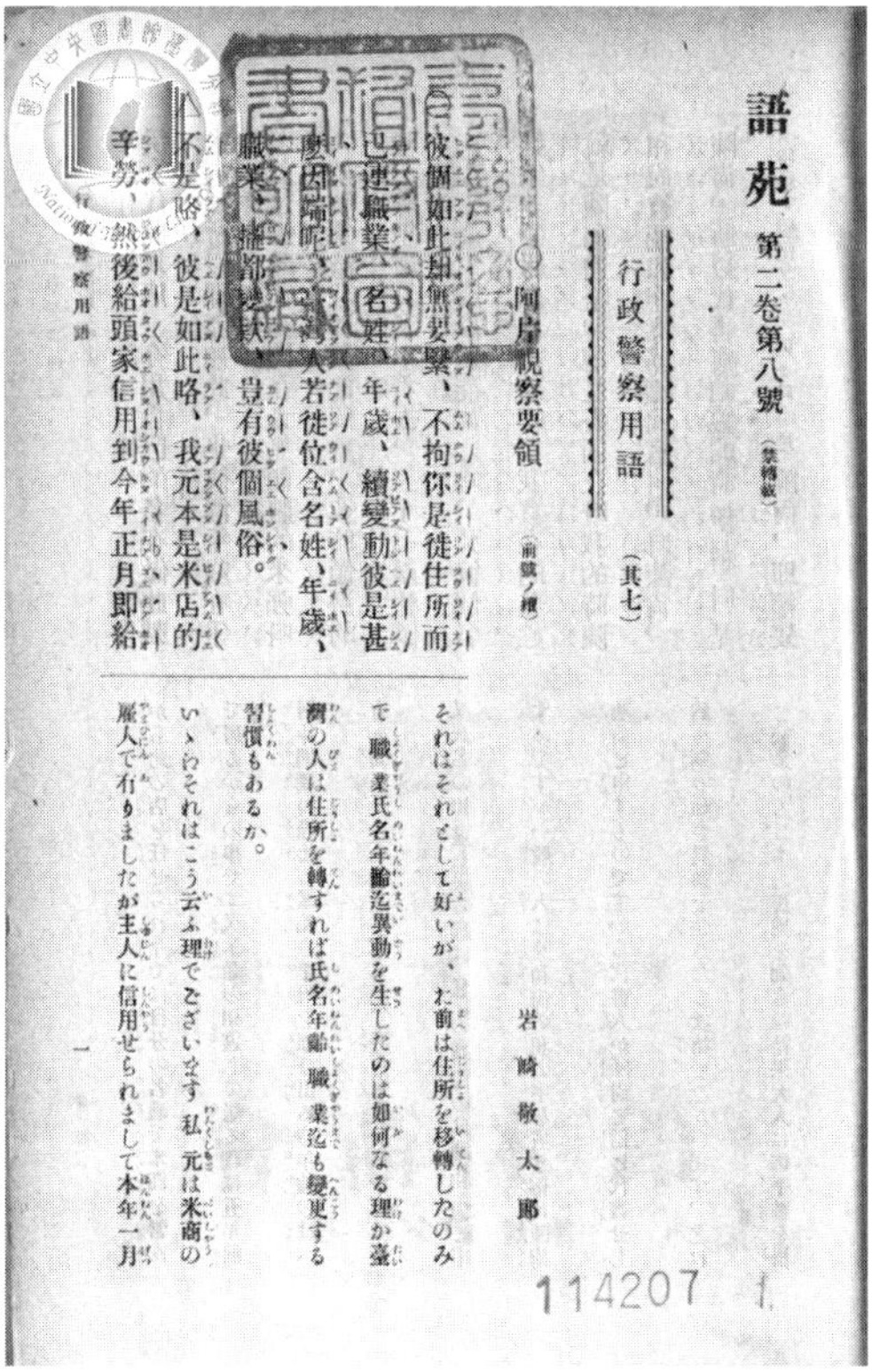
語苑　第二巻第八號（禁轉載）

行政警察用語（其七）　岩崎敬太郎

阿片視察要領（前號ノ續）

彼個如此抑無要緊、不拘你是徙住所而已、連職業、名姓、年歲、續變動彼是甚麼因端呢、人若徙位含名姓、年歲、職業、攏都變款、豈有彼個風俗。

不是咯、彼是如此咯、我元本是米店的辛勞、然後給頭家信用到今年正月即給

それはそれとして好いが、お前は住所を移轉したのみで職業氏名年齡迄異動を生したのは如何なる理か臺灣の人は住所を轉すれば氏名年齡職業迄も變更する習慣もあるか。

いゝゑそれはこう云ふ理でございます私元は米商の雇人で有りましたが主人に信用せられまして本年一月

一

114207 1

出典：岩崎敬太郎「行政警察用語（七）」(『語苑』第2巻8号、1909年8月）1頁。『語苑』は國立臺灣図書館（台湾：台北）のデジタル資料庫「臺灣學數位圖書館」の「日治時期期刊映像系統」所収。

唯覆審法院は最終審にして、其審理は苟くも一言一句の誤なからんことを期せざるべからず、且文書の翻訳、事務多きが故に、高給の官話通訳官を置き、以て一般の通訳事務を統理せしめたり[101]

このように「高給の官話

通訳官」、すなわち赫太郎のような高等官の北京官話通訳は、「覆審法院は最終審」であるがゆえに「一般の通訳事務を統理」する稀少な地位とされていたのである。

法院通訳としては次第に役割を終えてゆく北京官話通訳であったが、稀少な高等官通訳の存在は、新たに生み出されてゆく台湾語通訳にとっては、ロールモデルとして映ることもあった。法院の台湾語通訳の小野真盛（西洲）は、一八九九年に一六歳で渡台してまもなく、覆審法院検察局の雇に採用された頃について、以下のように回顧している。

法院には鉅鹿といふ高等官通訳がゐた、私は考へた、普通教育を受けてゐない私には、如何に独学しても出世することはできない、せめてこの通訳を志して進まう

このように「立志」した小野は、言語学習には「実地に這入って学問と実地で錬って進まねば成功は期し得られぬ」と信じ[102]、いわゆる無学歴をカバーしようと「立身出世」のために法院通訳を志し、台湾語一筋に生き、『語苑』の屋台骨を支え続け、一九三〇～四〇年代の台湾語通訳育成のキーパーソンとなってゆく[103]。

以上のように、多言語社会である台湾で、台湾語を含む「土語」の生命力の前では、赫太郎が渡台前に獲得した北京官話の存在意義は減少せざるをえず、法院における過渡期の通訳言語である北京官話通訳としての赫太郎は、その役割を次第に終えていったといえよう。

6　退官後と唐通事の後裔をめぐる語り

6―1　大稲埕居住と「内台融和」団体

赫太郎は、一九一〇（明治四三）年に法院通訳兼翻訳官を退官した後も、一九三三（昭和八）年の死去まで台湾に在住し続けた。明治末期から昭和初期にかけての退官後の生涯は、台湾内も世界情勢も大きく変化するなかにあった。統治方針は「特別統治主義」から「内地延長主義」の時代へ、台湾人の抗日運動は武装抗日運動から合法的政治・社会運動の時期へと変遷し、とりわけ一九二〇年代以降は、台湾人アイデンティティの高揚を伴いながら、植民地自治を標榜する台湾議会設置請願運動が展開されていった[104]。

そうしたなか赫太郎は、台北の大稲埕を拠点に活動してゆくが、しかし上述のような台湾人の抗日運動とは一線を画すような、台湾人と内地人から構成される「内台融和」を志向する組織に身をおいてゆく。

台北にある大稲埕は、清朝統治末期の一九世紀後半から発展し、台湾人を中心とした交易・商業文化が盛んで富裕層も多く居住する地域であり、日本統治期の一九二〇年代以降には台湾人による文化運動や政治・社会運動の中心地となった。他方で政治的中心地域である台北の城内は、総督府や法院・官舎があり近代以降に内地人が創出した地域であったが、大稲埕はそれとは対照的な地域である。退官後の赫太郎については、「建成町の粋老人」[105]とか、「稲江に閑居して居られる先輩鉅鹿翁」[106]などと記されたように、大稲埕の居住者として認識されていた。

一九一〇年代以降の赫太郎はこの大稲埕において、内地人・台湾人の「融和」を標榜する組織「大正協会」[107]や大稲埕倶楽部などの会合に参加し、あるいは大稲埕の区長交替時の招宴で発起人になっている。『台日』紙上の記事では、李春生・黄玉階などの大稲埕の有力者とともに赫太郎の名が見られ、かつ、赫太郎が講演や挨拶などを行っていたことが確認しえる[108]。

そして、退官後の赫太郎の活動でとりわけ目をひくのは、辜顕栄との密接な関係である。辜顕栄は、一八九五年の日本の台湾領有に際し日本軍の台北城への無血入城を推進し、一九三四年には台湾人初の貴族院の勅選議員にもなり、日本統治時代に「協力」関係のなかで栄華のうちに一生を終え[109]、前述の抗日運動側からは「御用紳士」とみなされた人物である。この辜顕栄との関係については、赫太郎自身が一九二二（大正一一）年に総督府専売局に提出した「履歴書」に、「退官後ハ大和行辜顕栄ノ事業ノ総支配人ト為リ」[110]と記している。

赫太郎と辜顕栄の両者の名は、『台日』記事における総督府関係者の顕彰行事の報道でしばしば現れる。例えば、一九一一年に台北で挙行された元民政長官・後藤新平の寿像除幕式では、辜顕栄が工程報告をした際に、赫太郎が通訳を行っていた[111]。また、一九一七年の基隆における初代総督・樺山資紀の寿像除幕式の際には、発起人総代として辜顕栄が祝辞を述べたあと、赫太郎が事務報告をしている[112]。このほか、一九一八年に後藤新平夫人死去時に台北で行われた追懐談会では、辜顕栄は赫太郎の通訳により談話を披露していた[113]。

一九二〇年代後半の赫太郎は、大稲埕の内地人・台湾人が参加する実業団体「台北商業会」の内地人側の発起人となり、ここでも辜顕栄との関連が確認できる。『台日』記事によれば、大稲埕・萬華方面の実業家たちが「台北市の城内区域には商工会もあり実業会もあるのに大稲埕其の他の方面に之れなきを遺憾」とし、一九二七年末に台湾人・内地人の実業家の「内台融和」団体の発起人会を開催している。内地人側発起人の一人に赫太郎、台湾人側発起人は辜顕栄・許丙[114]などであり、これを受けた翌年一月の「台北商業会」発会式では、赫太郎も選考委員となって辜顕栄を会長に推挙し承認されていた[115]。赫太郎は、一九二九年には同会を代表して全島実業大会に出席したほか、一九三二年には満洲視察を発議するなどの活動が確認できる[116]。なお、この頃の赫太郎は七〇歳近くであったが、「机を払ふ底の白髯」[117]という風貌であり、前述の全島実業大会でも「長白銀髯」の姿で、議事進行の過程でも「博学の講義」と皮肉られる長演説を伴う動議を連発し、時間短縮を促されても「聞き度くない者は耳を塞いで居なさい」と我流を通すなど[118]、豪放磊落かつ意気軒高な様子が報道されている。

以上にように、退官後の赫太郎は、台湾人の居住地域である大稲埕に居住しながら、しかし台湾人の民族運動が高揚するなかでもそれとは一線を画し、総督府との「協力」関係を志向した「内台融和」団体に身を置き続けていた。こうした姿勢は、次項にみるように、赫太郎死去後の台湾において、唐通事の後裔という系譜と結びつけられた語りとなってゆく。

6―2　赫太郎死去後の台湾における語り

一九三三年四月の赫太郎死去に際して、『台日』紙上の記事では、「内台融和に努力　祖先は明の臣」と題して、以下のようにいう。

> 逝去した鉅鹿赫太郎翁は明治二十九年乃木大将と共に来台三十一年翻訳官《〔ママ〕》となり四十三年退官し爾来煙草、塩の仲売人となり内台人の間に立って融和に努めた同氏の祖先は魏姓で福建の福清の出だ、その遠祖は阿南鉅鹿の人である故に鉅鹿の姓を用ゐたといふ明末に明朝の為め戦ひ一族八十余名戦死し氏の先代は日本に援兵を請ふべく行ったが厚遇されて長崎に止り帰化したものであると[119]

このように、「福建の福清」出身の魏之琰の後裔であり、明朝に由来を持つ日本への「帰化」者という出自が強調されている。そもそも赫太郎の出自は天草の小山家からの養子入籍だが（本稿2−1、参照）、この記事ではそれには触れられておらず、「魏姓」の「帰化」者である鉅鹿家という系譜とともに、退官後の活動につき内地人・台湾人の「内台融和」の尽力者という語りとなっていた。

ここでいったん、上記の「内台融和」言説の時代背景を補足すると、一九三〇年代前半期は、台湾人の政治運動では台湾議会設置請願運動が後退を余儀なくされ、国際情勢では、満洲事変から「満洲国」建国といった中国大陸における日本の軍部の一連の策動と国際連盟脱退があり、東アジア情勢が大きく変動するなかで、台湾の統治政策では民族間対立の解消を標榜する「内台融和」言説が喧伝されてゆく時期にあった[120]。赫太郎に向けられた、福建出身で日本への「帰化」者の系譜を持つ「内台融和」の尽力者という評価は、この時期の統治側の言説を補完する役割を持つものといえよう。

このほか、赫太郎は一九二〇年代半ばに辜顕栄の中国大陸訪問時に同行していたが、この訪問についても、唐通事の後裔という系譜を強調した語りがなされていた。以下では、赫太郎の死去後、日中全面戦争期の一九三九（昭和一四）年に、台湾で刊行された辜顕栄の伝記『辜顕栄翁伝』[121]における赫太郎についての記述を検討したい。

『辜顕栄翁伝』は、尾崎秀真が主導した同伝記編纂会によるもので[122]、一九三七年に死去した辜顕栄の顕彰を基調としており、大正末期以降に辜顕栄が行ったという「日支親善」の文脈のなかに赫太郎を位置付けていた。辜顕栄による三回の中国大陸訪問と要人歴訪のうち、初回の一九二五年四月〜五月の訪問時に赫太郎を伴ったという。一九二〇年代前半の中国大陸では軍閥が割拠し奉直戦争・北伐などの変動の時期にあり、かつ、排日運動が高揚するさなかにあったが、辜顕栄の一行は、まず朝鮮を経由して斎藤実朝鮮総督を訪問ののち、中国東北地域の奉天・北京・張家口へ赴き、奉天総領事や段祺瑞（臨時政府執政）・馮玉祥（西北軍総司令）などの要人と会談している。

この中国大陸訪問につき『辜顕栄翁伝』の記述では、「支那《ママ》人は直ぐ反抗的な考へを起すので」「日本人の力では如何ともすることが出来ない」が、「幸にして台湾人が彼等と同根の関係からして、説得するのに有利な立場」にあるとし、台湾人である辜顕栄自身が率先してその任にあたり、その際に赫太郎を伴ったことは、その「周到なる用意」の一環という。なぜなら、「歴史的の帰化人の家として有名な鉅鹿赫太郎氏」は、

民末の滅亡と共に、安南に進出し、更に我国に帰化したる鉅鹿氏の、歴史的伝統を根拠とせる日支親善論とを齎らして、支那に遊説したる使命の、如何に重大なるものなりしかは、之を想像するに餘りあるものがある[123]

ためという。このように、日中全面戦争後に台湾で出版された『辜顕栄翁伝』では、「日支親善」論における台湾人の役割を強調するなかで、赫太郎の出自はその先駆者として位置づけられていた。

以上のように、亡国から移住そして日本への「帰化」という鉅鹿家の系譜の語りは、民族間対立や日中戦争などの状況下で「内台融和」や「日支親善」のスローガンが喧伝されるとき、台湾における日本側による赫太郎の評価として前景化していったことが指摘できよう。

6―3　「長崎学」における語り

他方で、鉅鹿家という旧唐通事の家に出自を持つことついては、本国においては「異国」文化と結びつけられた独特の視線が向けられていた。以下では、一九二〇年代以降における赫太郎の親族と「長崎学」との関連から検討したい。

まず、赫太郎の親族からは、赫太郎が「本家の当主であるにも拘わらず、鉅鹿家の歴史の詮索に冷淡」という視線があった。鉅鹿家第一〇代・鉅鹿義明は、一九二六（大正一五）年に中国大陸の撫順（現・遼寧省の都市）にいた伯父・鉅鹿貫一郎を訪ねた際に、貫一郎から聞いた話として、以下の内容を書簡に記している。

私が大正十五年高等学校一年当時に台湾から満洲撫順に居ました貫一郎伯父を訪ねた時は、伯父は、私の養父赫太郎が、本家の当主であるに拘らず、鉅鹿家の歴史の詮索に冷淡であることを嘆き、実は自分が聖福寺から古文書を借り出したが、研究の上は、発表するし、又七郎〔貫一郎の養子：岡本注〕や義明にも伝える積り（研究の結果を）だと申して居りました。[124]

貫一郎は、第八代・篤義の直系の実子だが、赫太郎が鉅鹿家に入籍した二年後に生まれており、家督はすでに赫太郎が相続していた（前掲図1、参照）。長崎から遠く離れた撫順で生活していた貫一郎は、鉅鹿家の系譜の歴史研究と次世代への伝達に意欲を燃やし、赫太郎の態度を「冷淡」と嘆いていたというのである。

これに先だち、鉅鹿家の系譜について貫一郎は、すでに一九二四年に奉天[125]（現・遼寧省の都市）で書いた書簡[126]において、詳細な家系図を付しつつ長文の考察を記していた。その背景としては、一九二〇年代の長崎市で創出された「長崎学」との関係が考えられよう。

この貫一郎の書簡は「長崎学の先駆者」と称される古賀十二郎に宛てたものだが、古賀は一九二〇年代に始まる長崎市の事業として展開された『長崎市史』の編纂事業の編修委員であった[127]。この貫一郎書簡には、「幣家の故事」につき、数年前より古賀と連絡があることが記されており、近代の長崎で創出されてゆく「長崎学」を通じて、奉天にいる旧唐通事の後裔・貫一郎との接点があったことが浮かび上がる。

古賀の牽引する「長崎学」において、鉅鹿家は「明楽」の系譜で記載されている。古賀編修で一九二五年に刊行された『長崎市史』風俗編[128]では、第一七章「音曲」の「異国の楽器」という項目において、長崎の特徴の一つとして「唐土の楽器も亦行はれた」とし、鉅鹿家の祖である「帰化唐人魏九官は明学を伝へた」「裔孫鉅鹿民部は明楽を以て世に知られた人物であった」という。また、「明楽」の項目では、「長崎に帰化した明人のうち鉅鹿富豪として知られた明人魏九官」が「明学に堪能」であり、「魏氏は代々姓を鉅鹿と称してゐた」と鉅鹿家に言及し、その但し書きに「現時裔孫鉅鹿赫太郎氏、鉅鹿貫一郎氏等が居る」と付している。さらに、「鉅鹿家に明治時代まで」「遺存してゐた」ものとして、太鼓・小鼓・瑟・長簫・龍笛・檀板・月琴などを列挙していた[129]。このように、江戸時代の長崎における「異国」文化の担い手として、「帰化」者の系譜を持つ鉅鹿家という語りのなかで、その後裔として赫太郎が位置づけられていた。

なお、貫一郎は一九二七年に死去し、『長崎市史』は一九三八（昭和一三）年に刊行を終えた。しかし一九四二年に長崎の古賀を訪問した「中国語学者」に対して、古賀は「現になほ旧通事の家に私蔵されて居る書物、文書が相当あり、然もそれが散逸の恐れがあること」を「深く嘆いて居られた」というように[130]、旧唐通事の家の歴史資料継承に意欲を持ち続けていたようである。

以上のように、古賀が牽引した「長崎学」においては、鉅鹿家は江戸時代の長崎の特色である「異国」文化の担い手という語りのなかにあった。こうした「長崎学」における語りは、前項に見たような台湾における語り、すなわち緊迫する東アジア情勢を背景とする「内台融和」論・「日支親善」論とは異なる位相を持つものであるとともに、近代以降の赫太郎の活動や植民地台湾への視座は見受けられないといえよう。

おわりに

以上のように本稿では、一九世紀後半以降の東アジアにおいて、帝国日本が新たな国際秩序のなかで国境の変化と人の移動を伴いながら、対外戦争と植民地統治を経て新たな諸言語と向き合うなかで、その狭間で活動した唐通事の後裔・鉅鹿赫太郎に焦点をあてて検討した。

2節・3節で明らかにしたように、渡台前の赫太郎は、国際関係のなかで、清国と日本という二つの帝国の狭間で、北京官話通訳として活動の領域を得ていった。

4節・5節では、日清戦争で国境が変化し清国から日本へ割譲された台湾に移動してからを検討した。法院の北京官話通訳で高等官である赫太郎は、日本語を用いる司法官との待遇の格差に異議を唱え、台湾人社会と司法官を言語により架橋するという法院通訳としての自負を強く持っていた。しかし、とりわけ「文字」ではなく「音声」に重きを置く口頭審理原則を採る法院においては、話者の多い台湾語の社会との狭間において、通訳言語として北京官話は次第に淘汰されていかざるをえず、赫太郎も法院通訳を辞していった。

6節で検討した退官後の赫太郎は、死去まで台湾に在住し、台湾人の居住地である大稲埕に居をかまえながらも、台湾人の民族運動とは一線を画しつつ「内台融和」団体に身を置いていった。そうした姿勢は赫太郎死去後の台湾における語りにおいて、唐通事の後裔という系譜と結び付けられながら、民族運動とは対極にある「帰化」者の先駆者としての像に収斂していった。他方で、「長崎学」においては、台湾における活動は視野に入れられず、江戸時代の「異国」文化の担い手の後裔として位置づけられていた。台湾と長崎における日本語による赫太郎像は、それぞれの需要に合致する唐通事の後裔としての人物像が想起されていたといえよう。

以上の検討を通して、一九世紀後半以降における赫太郎の使用する通訳言語である北京官話の通訳の場は、日本と清国の狭間、日本と台湾の狭間において、それぞれ異なる位相を見せていたことがわかる。日清の二つの帝国の狭間で、国際関係で使用される通訳言語である北京官話は、植民地統治下の多言語社会・台湾においては、複通訳制度を要し単独では成立しえず次第に淘汰され、単通訳制度の台湾語通訳に主役の座を譲っていった。

このように本稿では、通訳という「音声」を職業とした人々の通訳の場を分析することで、可視化されない「音声」が重層的に満ちていた多言語社会・台湾の歴史について、その一端を逆照射することができたのではないかと考える。

註

1　本稿は、岡本真希子「越境する唐通事の後裔・鉅鹿家の軌跡――対外戦争と植民地統治のなかの通訳」（『青山史学』第三八号、二〇二〇年三月、七三―八五頁）をもとにしつつ、1―1、1―2、2―1以外は全面的に加筆・改稿・増補したものである。なお、本稿は、文部科学省の科学研究費の基盤研究（B）「言語帝国主義と「翻訳」――帝国とその「辺境」の文化変容」（16H03467）・基盤研究（B）「近世・近代世界におけるトランスカルチュレーションの比較研究」（21H00561）の共同研究の成果であり、基盤研究（A）「岡松参太郎を起点とする帝国と植民地における法実務と学知の交錯」（18H03618）、および同志社大学人文科学研究所の第二〇期部門研究会（二〇一九～二〇二一年度）第八研究会「現代レイシズムの批判的比較分析」・同第二一期部門研究会（二〇二二～二〇二四年度）第一三研究会「移民・多文化共生・歴史認識の現在――植民地研究との融合に向けて」の成果の一部である。なお、上記の「言語帝国主義と「翻訳」」科研研究会では、本研究の方向性につき多くの示唆をいただいた。代表者の平田雅博先生に深く感謝を申し上げたい。

2　六角恒廣『中国語教育史の研究』（東方書店、一九八八年）一八・二〇頁。

3　中嶋幹起「唐通事の担った初期中国語教育――南京官話から北京官話へ」（東京外国語大学史編纂委員会編『東京外国語大学史――独立百周年（建学百二十六年）記念』東京外国語大学、一九九九年、「II　個別史　中国語」所収）八五五―九一一頁。

4　許海華「幕末における長崎唐通事の体制」（『東アジア文化交渉研究』第五号、二〇一二年二月）二六七―二八〇頁、許海華『幕末明治期における長崎唐通事の史的研究』（関西大学大学院文学研究科博士論文、未公刊、二〇一二年五月）一―一五二頁。

5　松岡雄太『長崎唐通事の満洲語学』（明石書店、二〇一九年）、参照。

6　研究史の概要は、冨田哲「日本統治期台湾の通訳者、通訳をめぐる近年の研究動向」（『世界の日本研究　2017――国際的視野からの日本研究』国際日本文化研究センター、二〇一七年、三二一―三三四頁）、参照。なお、この冨田論文には「岡本は台湾の成功大学在職中、楊〔承淑：岡本補足〕主催の研究会に参加していたことがあり」（三三一頁）との記載があるが、岡本の通訳関連の一連の研究は、国立成功大学人文社会科学研究所に依るものであり、冨田のいう当該研究会とは関係はない。また、唐通事の後裔およびその薫陶を受けて台湾総督府法院の高等官通訳となった者について、本稿筆者は、初歩的分析を以下の拙稿で行っている。岡本真希子「植民地統治前半期台湾における法院通訳の使用言語――北京官話への依存から脱却へ」（『社会科学』第四九巻四号、同志社大学人文科学研究所、二〇二〇年二月）二四〇―二四六頁、参照。

7　前掲六角『中国語教育史の研究』一九六―二〇三頁。

8　冨田哲「統治の障害としての「通訳」――日本統治初期台湾総督府「通訳」に対する批判」（『淡江日本論叢』第二三号、新北市（台湾）：淡江大学日本語文学系、二〇一一年、二〇五―二二九頁〔冨田哲『植民地統治下での通訳・翻訳――世紀転換期台湾と東アジア』（台北市：到良出版、二〇一三年）第四章〕）。

9　岡本真希子「日清戦争期における清国語通訳官――陸軍における人材確保をめぐる政治過程」（『国際関係学研究』第四五号、津田塾大学研修・紀要委員会、二〇一八年三月、二七―三九頁）。

10　台湾語学習者・通訳に関しては、岡本真希子「日本統治前半期台湾の官僚組織における通訳育成と雑誌『語苑』――一九一〇―一九二〇年代を中心に」（『社会科学』第四二巻二・三合併号、同志社大学人文科学研究所、二〇一二年一二月、一〇三―一四四頁)、同「「国語」普及政策下台湾の官僚組織における通訳育成と雑誌『語苑』――一九三〇―一九四〇年代を中心に」(前掲『社会科学』第四二巻四号、二〇一三年二月、七三―一一一頁)、および、同「植民地統治初期台湾における法院通訳の人事――制度設計・任用状況・流動性」(前掲『社会科学』第四八巻四号、二〇一九年二月、七九―一〇六頁)。

11 周婉窈『増補版　図説　台湾の歴史』(平凡社、二〇一三年)の第一章「誰の歴史か?」(一一―一六頁)、呉密察「台湾史を教える――通説、俗説、誤説への挑戦」(『日本台湾学会報』第二四号、二〇二二年六月、一―一五頁)参照。

12 台湾語流行歌を対象として「台湾人庶民史」を描き出した成果として、陳培豊『歌唱台湾――重層的植民地統治下における台湾語流行歌の変遷』(三元社、二〇二一年〔中文版は陳培豊『歌唱臺灣：連續殖民下臺語歌曲的變遷』衛城出版、二〇二一年〕)、参照(引用は同書七頁)。

13 創設年には一六〇四年説と一六〇三年説がある。本稿では長崎市の公刊物に依拠して一六〇四年とする(長崎市史編さん委員会編『新長崎市史』第二巻近世編〔長崎市、二〇一二年〕五八三頁、注12参照)。

14 前掲『新長崎市史』第二巻近世編、五五八―五八三頁。

15 前掲『新長崎市史』第二巻近世編、五七八頁。

16 劉序楓「近世日本における「華僑」社会の形成と変遷」(徐興慶・劉序楓編『十七世紀の東アジア文化交流――黄檗宗を中心に』(台北：国立台湾大学出版中心、二〇一八年)四九―五〇頁。

17 宮田安『唐通事家系論攷』(長崎文献社、一九七九年)九六二―九六三・九六八頁。

18 潁川君平『訳司統譜』(潁川君平発行、一八九七年〔長崎県史編纂委員会編『長崎県史』史料編・第四巻、吉川弘文館、一九六五年に翻刻所収〕)七六五―七六六頁、若木太一「東京通詞魏氏の家系――魏五左衛門龍山を中心に」(『長崎大学教養部紀要　人文科学篇』第三七巻三号、一九九七年一月)一―三頁。

19 錦織亮介「長崎唐通事の肖像画」(長崎歴史文化博物館編『長崎歴史文化博物館　研究紀要』第六号、長崎歴史文化博物館、二〇一二年三月)九〇―一〇〇頁。

20 前掲宮田『唐通事家系論攷』九六七・九八四―九八五頁。

21 長崎市西山町二丁目三六番地にあり、一九六四年に長崎県指定史跡になった。「鉅鹿家魏之琰兄弟の墓」(長崎市教育委員

会編『長崎市の文化財』第一〇版、長崎市教育委員会、二〇〇九年）一五一頁。宮田安「鉅鹿家の墓地について」（長崎史談会編『長崎談叢』第四七号、長崎史談会、一九六八年一〇月、六五―八四頁）。

22 前掲岡本「越境する唐通事の後裔・鉅鹿家の軌跡」七五―七九頁、参照。

23 前掲宮田『唐通事家系論攷』では出自は未記載で、「篤義二女ゑいの婿」とのみ記載（九九四頁）。

24 「鉅鹿赫太郎恩給証書送付ノ件（台北庁）」（『台湾総督府公文類纂』明治四四年・永久保存・第六巻。冊號 01772―文號 3）に所収されたコマ№41～44の戸籍謄本（一九一一年一月一〇日付）。鉅鹿赫太郎が台湾総督府へ提出したもの。

25 菱谷武平「外人居留地に関する若干の長崎古地図について」（二）（『社会科学論叢』第一五号、一九六六年）八一―一二頁。

26 「鉅鹿赫太郎君」（内藤素生編『南國之人士』台湾人物社、一九二二年）七九頁。

27 宮川次郎『新台湾の人々』（拓殖通信社、一九二六年）二三七頁。

28 西洲「谷信敬君を惜む（上）」（『台湾日日新報』〔以下、『台日』と略す〕一九一六年九月一七日、第三面）。

29 「台湾視察記　広東記者団」（『台日』一九二〇年九月七日、第二面）。

30 日本における北京官話学習の経緯については、前掲六角『中国語教育史の研究』一一九―一九三頁、前掲中嶋「唐通事の担った初期中国語教育」八六九―八七二・八八五―八九四頁、参照。

31 前掲中嶋「唐通事の担った初期中国語教育」八五六―八五七・八六九・八八五・八八九―八九一頁。

32 「麹町区永田町二丁目一番地清国公使館用トシテ貸渡一件」（アジア歴史資料センター所蔵。レファレンス番号：B12083349700〔以下、同資料センターの資料はJACARと略し、「資料タイトル」およびレファレンス番号を記す〕）のコマ№202～204・208～209、参照。資料中では「鉅鹿赫泰郎」と記載されている箇所もある。

33 「経学に関する根本教授と何公使の筆談」（『東亜学会雑誌』第一巻一号、東亜学会・文学書房、一八九七年二月）七五―七六頁。

34 慶応義塾編『慶応義塾五十年史』（慶応義塾、一九〇七年）三五三―三五六頁。なお、六角恒廣『近代日本の中国語教育』（播磨書房、一九六一年、六三頁）では、金子を「教師」、その後任を赫太郎としているが、前掲『慶応義塾五十年史』では金子を教師とする記述はなく、龔思録の「助手兼ねて通弁」と記載。

35 前掲「鉅鹿赫太郎恩給証書送付ノ件（台北庁）」。
36 岡本真希子『植民地官僚の政治史――朝鮮・台湾総督府と帝国日本』（三元社、二〇〇八年）第一章・第四章、参照。
37 前掲「鉅鹿赫太郎恩給証書送付ノ件（台北庁）」。内閣官報局『職員録 明治二七年（甲）』（印刷局、一八九四年）二三九頁。
38 日清戦争期における資料中の用語としては、「支那語」「清国語」「清語」などと表記されているが、本稿では資料中の表記はそのまま使用し、本文中では清国語という用語を用いる。なお、先行研究においては、現在の用法を前提とした「中国語」という呼称を用いることが多いが、本稿では、「中国語」自体が歴史的な変遷と様々な種類を包含することや、台湾において使用される台湾語（福建語、閩南語などとも呼ぶ）の存在を視野に入れて論ずることから、日清戦争期の用語のうち、清国語という用語を用いる。
39 以上の清国語通訳官をめぐる陸軍の動向については、前掲岡本「日清戦争期における清国語通訳官」、参照。
40 前掲「鉅鹿赫太郎恩給証書送付ノ件（台北庁）」。内閣官報局『職員録 明治二九年（甲）』（印刷局、一八九六年）三四五頁。
41 前掲「鉅鹿赫太郎恩給証書送付ノ件（台北庁）」。
42 「履歴書」（一九二二年五月一一日付。赫太郎の捺印あり〔以下、「履歴書（一九二二年五月一一日付）」と略す〕）。以下の資料に所収「鉅鹿赫太郎」（『台湾総督府専売局公文類纂』自大正一一年七月至一四年六月酒類売捌人指定関係、指定申請書（第一冊ノ五）〔一〕）。
43 王泰升『台灣日治時期法律改革』（台北：聯經、初版＝一九九九年）八六―一一七頁、王泰升『台灣法律史概論』（台北：元照出版、二〇一七年〔第五刷〕）一一〇―一一二頁。
44 「鉅鹿赫太郎製薬所通訳事務嘱托ノ件」（『台湾総督府公文類纂』明治二九年・永久保存進退・第一〇巻〔三〕。冊號 00113-文號 63）。
45 「鉅鹿赫太郎〔総督府〕製薬所事務嘱託ヲ解ク一ケ月七拾五円法務部勤務」（『台湾総督府公文類纂』明治三〇年・乙種永久保存進退・第九巻〔一〕。冊號 00200―文號 22）。
46 「鉅鹿赫太郎依願民政局事務嘱託ヲ解ク」（『台湾総督府公文類纂』明治三〇年・乙種永久保存進退・第一四巻〔一〕。冊號 00205―文號 5）。

47 日本本国（「内地」）に本籍を置く日本人のこと。日本統治期の戸籍は血統主義であり、出生地主義をとらなかった。日本統治期には「内地人」と呼称（以下、カッコを省略する）。

48 植民地在勤の内地人官吏への「恩給在官年加算」の優遇制度については、前掲岡本『植民地官僚の政治史』二一二—二一六頁、参照。

49 前掲「鉅鹿赫太郎恩給証書送付ノ件（台北庁）」。

50 「台湾総督府法院奏任通訳官等俸給ノ件」（明治三一年七月勅令第一六五号）。

51 赫太郎の実際の在官期間は合計一五年二箇月（神戸地方裁判所書記＝三年一箇月、台湾総督府法院通訳・翻訳官＝一二年一箇月）だが、さらに、台湾在官期間をもとに「恩給在官年加算」として六年が加算され、合計二一年二箇月の期間が恩給支給算出の対象期間とされた（前掲「鉅鹿赫太郎恩給証書送付ノ件（台北庁）」）。

52 「植民地在勤加俸」については、前掲岡本『植民地官僚の政治史』一八〇—二〇二頁、参照。

53 前掲岡本「植民地統治初期台湾における法院通訳の人事」七九—九一頁。

54 「総督府法院通訳鉅鹿赫太郎外一名初叙位上奏」（『台湾総督府公文類纂』明治三一年・永久保存追加・第一六巻。冊號00329—文號22）、大蔵省印刷局編『官報』第四五七〇号（一八九八年九月二一日）。

55 叙位の対象者は、叙位条例（明治二〇年勅令第一〇号）の第一条において、「凡ソ位ハ華族勅奏任官及国家ニ勲功アル者又ハ表彰スヘキ勲績アル者ヲ叙ス」とされた。

56 「法院通訳鉅鹿赫太郎外四名補職」（『台湾総督府公文類纂』明治三一年・甲種永久保存進退追加・第三巻〔一〕。冊號00334—文號6）。

57 「鉅鹿赫太郎覆審法院通訳兼検察局通訳藤野貞順台北地方法院通訳検察局通訳ニ任ス」（『台湾総督府公文類纂』明治三三年・永久保存進退追加・第五巻〔一〕。冊號00565—文號23）。覆審法院通訳の武藤百智の辞表提出に伴い、その後任人事。

58 「鉅鹿赫太郎翻訳官ニ任命セラレタル件」（『台湾総督府公文類纂』明治三七年・永久保存進退・第一一巻〔一〕。冊號01021—文號27）。

59 「谷信敬法院通訳兼総督府翻訳官ニ任セラル」（『台湾総督府公文類纂』明治三七年・永久保存進退・第一一巻〔一〕。冊號

01021―文號27）。

60 「総督府翻訳官兼法院通訳鉅鹿赫太郎法院通訳兼総督府翻訳官谷信敬総督府翻訳官等ニ任用ノ件」（『台湾総督府公文類纂』明治三九年・永久保存進退・第一一巻〔一〕。冊號01232―文號20）。

61 前掲岡本「植民地統治前半期台湾における法院通訳の使用言語」二三九頁。

62 前掲中嶋「唐通事の担った初期中国語教育」八八五―八九一頁。

63 前掲岡本「植民地統治前半期台湾における法院通訳の使用言語」二三九・二四一―二四三・二四八頁。谷信敬の履歴は、本稿表3、参照。

64 西洲「司法通訳官の優遇を望む　鉅鹿赫太郎翁談」（『語苑』第二二巻七号、一九二九年七月）三頁。筆者の西洲は、法院通訳で台湾語通訳である小野真盛のこと。

65 前掲岡本『植民地官僚の政治史』五七―五九頁。『台湾総督府職員録』における本籍地の記載は明治三六（一九〇三）年版から始まっている。

66 岡本真希子「植民地統治初期における台湾総督府法院の人事――判官・検察官の任用状況と流動性を中心に」（『社会科学』第四八巻二号、同志社大学人文科学研究所、二〇一八年八月）二六六―二七二頁。

67 「台湾総督府法院職員官等俸給及定員令」（明治三二年八月勅令第三七〇号）の第一条。

68 「本島人」の記載は一九二〇年まで続き、一九二一年からは台湾の地名（台北や新竹など）が本籍地として記載されたものの、台湾の地名があることで民族の出自が明示される機能を果たした（前掲岡本『植民地官僚の政治史』五七―五八頁）。

69 前掲岡本「植民地統治初期における台湾総督府法院の人事」二四一―二四四頁。

70 前掲岡本「植民地統治初期台湾における法院通訳の人事」八一―八二頁。

71 本稿における東京帝国大学法学部の呼称と、表2・表3の「出身大学」欄における「東京帝大（法）」の略称については、表2註4と表3註3を参照。

72 本国の司法官養成の概要は、新井勉・蕪山嚴・小柳春一郎『ブリッジブック　近代日本司法制度史』（信山社、二〇一一年）一〇八―一一八頁、参照。

73 「裁判所構成法」の規定では、判事・検事に任ぜられるためには二回の競争試験に合格することを要する（第五七条）もの の、帝国大学法科大学卒業生は第一回試験を経ずして試補に任ぜられることができた（第六五条二項）。前掲新井勉ほか『ブリッジブック　近代日本司法制度史』一三九・一四六頁、参照。

74 前掲西洲「司法通訳官の優遇を望む　鉅鹿赫太郎翁談」三頁。

75 以下、寺島判官との談話は、すべて前掲西洲「司法通訳官の優遇を望む　鉅鹿赫太郎翁談」三―四頁。

76 前掲西洲「司法通訳官の優遇を望む　鉅鹿赫太郎翁談」四頁。

77 なお、台湾人が司法官に初任用されるのは一九三二年であり、この赫太郎の談話の発表は一九二九年なので、ここでは台湾人司法官は想定されていないと考えられる。

78 「訪問録　台北地方法院長　高田富蔵氏」（『台法月報』第一三巻五号、一九一九年五月）一〇三―一〇四頁。以下、高田院長の談話は、すべてこの資料による。

79 「台湾総督府法院判官検察官及書記ノ服制ニ関スル件」（明治三二年勅令第三二四号）。一八九九年七月公布。

80 法院通訳はその創設当初から、台湾人官吏を包含する稀有な官職であったが、それを理由として、法服着用対象から法院通訳は排除された（岡本真希子「植民地台湾における官服と法服――行政官・司法官の可視化の政治過程」『社会科学』第五一巻二号、同志社大学人文科学研究所、二〇二一年八月、一七―二三頁、参照）。

81 官服については、前掲岡本『植民地官僚の政治史』第三章、参照。

82 前掲岡本「植民地統治前半期台湾における法院通訳の使用言語」、参照。

83 台湾に居住するオーストロネシア語系先住諸民族をさす。「原住民族」の用語については、宮岡真央子「重層化する記憶の場――〈牡丹社事件〉コメモレイションの通時的考察」（『文化人類学』第八一巻二号、日本文化人類学会、二〇一六年九月）二七八頁、参照。

84 台湾における重層的な言語構造や呼称については、前掲冨田『植民地統治下での通訳・翻訳』、前掲岡本「植民地統治前半期台湾における法院通訳の使用言語」、参照。

85 陳培豊『日本統治と植民地漢文――台湾における漢文の境界と想像』（三元社、二〇一二年）一三―一八頁。

86 前掲岡本「植民地統治前半期台湾における法院通訳の使用言語」第二・三章、参照。
87 前掲西洲「司法通訳官の優遇を望む　鉅鹿赫太郎翁談」二―三頁。
88「鈴木前院長と司法事務（二）」(『台日』一九〇七年八月八日、第一面)。
89 私立の「殖民地行政学校」における演説。校舎落成式及び第一回卒業生証書授与式におけるもので、来賓として総督府関係者から鈴木院長のほか石塚参事官長・大島総長も出席（「殖民行政学校落成式」『台日』一九〇三年五月一二日、第二面。「殖民行政学校落成式の景況」『台日』一九〇三年五月一七日、第二面）。
90「台湾語研究の必要（鈴木覆審法院長演説）」(『台日』一九〇三年五月二一日、第二面)。記事末尾の但し書きに、記者が「演説の大要を筆記したもの」との記載がある。
91 前掲「台湾語研究の必要（鈴木覆審法院長演説）」。
92「鈴木覆審法院長談話　『土語研究の必要』」(『安平』第一八号、一九〇六年二月、安平税関員倶楽部、一四―一八頁)。
93 前掲「鈴木前院長と司法事務（二）」。
94 陳培豊『「同化」の同床異夢――日本統治下台湾の国語教育史再考』(三元社、二〇〇一年〔新装版：二〇一〇年〕) 六七―六八・三二三頁。
95 王泰升『建構台灣法學：歐美日中知識的彙整』(台北：國立臺灣大學出版中心、二〇二二年) 四九―五三頁、浅古弘「慣習と法――臨時台湾旧慣調査会と法院の対立」(『早稲田大学法学会百周年記念論文集　第一巻　法学・基礎法編』(成文堂、二〇二三年一月) 一八五―二〇五頁、参照。
96 前掲岡本「日本統治前半期台湾の官僚組織における通訳育成と雑誌『語苑』」一〇三―一四四頁、参照。
97 前掲岡本「植民地統治初期台湾における法院通訳の人事」九五―九九頁。
98 前掲岡本「日本統治前半期台湾の官僚組織における通訳育成と雑誌『語苑』」、参照。
99 岩崎敬太郎「行政警察用語」(『語苑』第二巻八号、一九〇九年八月) 一―五頁。筆者の岩崎敬太郎は、一九〇二年一二月～一九〇三年九月・一九〇四年八月～一九〇八年一一月法院通訳。『新撰　日台言語集』(日台言語集発行所)・『台湾語発音独習』などの著書がある。

100 前掲陳培豊『日本統治と植民地漢文』一三一一八頁。
101 前掲「鈴木前院長と司法事務（二）」。
102 小野西洲「自叙漫言」（『語苑』第二八巻一二号、一九三五年一二月）八一一八八頁。
103 前掲岡本「『国語』普及政策下台湾の官僚組織における通訳育成と雑誌『語苑』」七三一一一一頁。
104 若林正丈『台湾抗日運動史研究』〔増補版〕（研文出版、二〇〇一年〔初版一九八三年〕）、陳翠蓮『台湾人的抵抗與認同』（台北：遠流出版、二〇〇八年）、参照。
105 前掲宮川『新台湾の人々』二三七一二三八頁。建成町は大稲埕地区にある地名。
106 前掲西洲「司法通訳官の優遇を望む　鉅鹿赫太郎翁談」二頁。稲江は大稲埕の別称。
107 一九一〇年代の大正協会については、波形昭一『植民地期台湾の銀行家・木村匡』第七章（ゆまに書房、二〇一七年、一七三一一九八頁）、参照。
108 「大正協会例会」（『台日』漢文欄、一九一四年一二月九日、第三面）、「大正協会例会」（『台日』漢文欄、一九一五年一〇月一三日、第六面）、「大稲埕倶楽部発会式」（『台日』一九一六年八月一三日、第二面）、「新旧区長招宴会」（『台日』漢文欄、一九一七年三月一五日、第六面）、「大正協会例会　附会員鉅鹿氏南洋談」（『台日』漢文欄、一九一八年四月四日、第四面）、「大稲埕新旧区長送迎会」（『台日』一九一八年七月六日、第二面）、「故黄玉階氏葬儀」（『台日』漢文欄、一九一八年九月一一日、第六面）、「大正協会春宴　鉅鹿氏の支那旅行談」（『台日』一九一九年一月一七日、第七面）、「大正協会例会」（『台日』漢文欄、一九二一年七月六日、第六面）、「大正協会紀念会」（『台日』漢文欄、一九二二年九月二日、第四面）、「大正協会幹部会」（『台日』漢文欄、一九二三年一月一四日、第六面）、「歓迎小野白山両氏」（『台日』漢文欄、一九一八年四月四日、第四面）。
109 辜顕栄の評価は、さしあたり、前掲周婉窈『増補版　図説　台湾の歴史』一〇〇一一〇三頁、参照。
110 前掲「履歴書（一九二二年五月一一日付）」。
111 「寿像除幕式況」（『台日』漢文欄、一九一一年六月一九日、第二面）。
112 「樺山伯寿像除幕式」（『台日』一九一七年三月一九日、第五面）、「寿像除幕式詳報」（『台日』漢文欄、一九一七年三月二〇日、第六面）。

113 「思出多き一夜」（『台日』一九一八年四月一七日、第七面）。

114 許丙は一九四五年四月に、帝国議会の貴族院議員に勅選されている。

115 「実業家の新団体　大稲埕萬華方面を網羅して」（『台日』一九二七年一一月一〇日、第二面）、「台北商業会発起人会」（『台日』漢文欄、一九二七年一二月一〇日、第二面）、「台北商業会発会式　十二日盛大挙行」（『台日』漢文欄、一九二八年一月一三日朝刊、第四面）。

116 「実業大会の閻魔帳」（『台日』一九二九年五月三日、第五面）、「台北商業会　慰労鉅鹿」（『台日』漢文欄、一九一七年三月一五日夕刊、第四面）、「楊松氏将赴満洲　総督府及台北商業会　嘱託考察台満経済関係」（『台日』漢文欄、一九三二年一〇月一六日、第八面）。

117 前掲西洲「司法通訳官の優遇を望む　鉅鹿赫太郎翁談」二頁。

118 前掲「実業大会の閻魔帳」。

119 「内台融和に努力　祖先は明の臣」（『台日』一九三三年四月二五日、第二面）。

120 岡本真希子「一九三〇年代における台湾地方選挙制度問題」（『日本史研究』第四五二号、日本史研究会、二〇〇〇年四月）一六五―一九四頁。

121 辜顕栄翁伝記編纂会編『辜顕栄翁伝』（台湾日日新報社〔非売品〕、一九三九年）。

122 前掲『辜顕栄翁伝』五九七―五九八頁。

123 前掲『辜顕栄翁伝』一四六―一五二頁。

124 「渡辺庫輔宛書簡　鉅鹿義明より　昭和三八年一月五日」（長崎歴史文化博物館所蔵。オリジナル番号「へ17　436」。一九六三年一月五日付。封筒一・便箋一〇枚、ペン書き書簡）五枚目。

125 一九一七年発行の東亜同文会調査編纂部編『支那年鑑　第二回』（東亜同文会調査編纂部、一九一七年、四一頁）では、貫一郎は奉天の「株式会社光明洋行奉天支店」（光明洋行の本店は大連市）で「紙、綿布、砂糖等」を扱う営業をしている。

126 「書翰郷土研究に関する照会　大正一三年六月　鉅鹿貫一郎より古賀十二郎宛」（長崎歴文化博物館所蔵。オリジナル番号

「シ17　67」。一九二四年六月二六日付。封筒ナシ・便箋一二枚。ペン書き書簡）。書簡冒頭に「大正十三年六月廿六日長崎　古賀十二郎様侍史　奉天　鉅鹿貫一郎頓首」とある。

127 中嶋幹起『古賀十二郎──長崎学の確立にささげた生涯』（長崎文献社、二〇〇七年）一一九─一二四頁、藤本健太郎「『長崎市史』編纂事業と古賀十二郎」（『長崎学』第一号、二〇一七年三月、長崎市長崎学研究所、五一─七一頁）。

128 「風俗編」は一九二五年に古賀十二郎編修で刊行（前掲中嶋『古賀十二郎』一三五─一四二頁、参照）。

129 長崎市編『長崎市史』風俗編・下巻（長崎市、一九二五年）三〇七─三〇八・三二三─三二四頁。

130 前掲中嶋『古賀十二郎』三〇八─三一〇頁。古賀についての引用は、金子二郎「長崎訪書行」（大阪外語支那研究会編『支那及支那語』第四巻一二号、宝文館、一九四二年一一月）三頁。

第6章

翻訳し合う社会は

――ハプスブルク君主国世紀転換期のスラヴ語話者

佐々木 洋子

はじめに

一九世紀を通じてハプスブルク君主国は、多民族国家を維持した。多民族の共存は、互いに言語・文化を翻訳し合う社会の成立が前提となる。しかしヴォルフは、このような見方を「ノスタルジックな理想化」として、「未来の統一ヨーロッパのモデル」を目指すものだ、と述べている。同君主国の「国家語」の地位にあったのはドイツ語であり、他の言語、とりわけスラヴ系言語との非対称性は明らかだった。他地域から帝都ウィーンに流入する労働者たちは、自らの母語をドイツ語に翻訳することを余儀なくされた。「第二の、もしくは第三の言語を習得することは、都会の労働の社会への、迅速かつより良い統合を保証する」[1]。

君主国教育省は、全土でドイツ語教育を行い、ドイツ語話者の育成をひとつの目標としたものの、地域の事情はその達成を拒んだ。後述するように、たとえばスロヴェニア語地域の就学年齢の子どもたちは、そもそも小学校へ通うことすらままならなかった。中学・高校に相当する中等学校ギムナジウムでは、ドイツ語を習得するべき教科として教えるのか、それともその習得を前提として各教科の授業語とするのか、議論になった。

知らない言語で新しい知識を与えられて、よい成績を取れるとも思えないし、だから思考や創造の基礎となる母語で教育を受けるのが理想なのか。一方で、君主国内で大学へ進学し、たとえば官職に就くためには、ドイツ語の習得が前提となるため、子どものうちからドイツ語教育を受けるのがよいのか。君主国内の少数者であるスロヴェニア語話者たちは、どちらを選ぶのか。それは、君主国の中で、閉ざされたスロヴェニア語世界に住み続けるのか、絶えず翻訳しながら社会的上昇をはかるのか、の選択でもある。しかし一方で、一八六七年のアウスグライヒの理念、諸民族の平等が実現すれば、翻訳し合う社会が成立し、この選択は意味をなさなくなる。果たして、この理念はどこへ行くのか。

これらの問いに答えるために、一八九九年から一九〇一年という短い間に発行された、『南』(Der Süden) 紙[2]を分析する。同紙は「クロアチア人とスロヴェニア人の政治・文化・経済的関心のための機関紙」という副題がつけられた、ドイツ語の新聞である。ドイツ語を習得した、クロアチア語話者とスロヴェニア語話者のエリート層が読者であり、さらにはドイツ語話者に自分たちの立場を訴えるために発行されていたわけだ。同紙はまさに、多数派言語の話者に対し、母語を、あるいは自文化を翻訳しつづける少数者の代弁者である[3]。

ハプスブルク君主国の歴史を扱った一二巻シリーズの九巻に収録されている、フリードリヒ、マツォール、シュラハタの共著論文 (Friedlich, et al., 2010) は、君主国の学校制度改革について論じている。アウスグライヒ以降の、諸言語の権利と平等について論じたブルガー (Burger, 1995)、ハプスブルク君主国の、広義・狭義の翻訳と通訳を扱ったヴォルフ (Wolf, 2012)、教育と忠誠心の養成との関係を論じたムーア (Moore, 2020) もまた、上記の問いに答える一助となる。これらをふまえて本論で、ハプスブルク君主国の少数者スラヴ系言語話者と学校教育との関係を明らかにしたい。

1　三月前期からターフェ時代までの小学校と中等学校

ハプスブルク君主国の義務教育制度は、一八世紀のテレージア時代から始まる。勤勉で忠誠心の篤い臣民を育てるのがその目的だったが、授業語としてドイツ語を共通語とする試みは、成功しなかった。

1－1　三月前期までの学校制度

ハプスブルク君主国で最初の学校制度は、一七七四年の「全世襲領におけるドイツ語上級・下級小学校および尋常小学校の一般法規」で定められた。一七六〇年に宮廷教育委員会が創設されていて、小学校はこの委員会の監督下に置かれた。同様の法規で、ハンガリー王国の領域にドイツ語による義務教育を課す試みは挫折したが、この時すでに、授業語はドイツ語と指定されている[4]。実際、ドイツ語話者がいない地域で、果たしてどれほどドイツ語が授業語となっていたか知りようもないわけだが、子どもたちは、ヴォルフが分類する「制度的な翻訳」を強制されれる建前となっていた[5]。もちろん当時は多くの臣民たちにとって、子どもは守り育てる対象というよりも、小さな労働力であって、地域によってはその労働力を奪われることに対し、反乱も起きた[6]。

一八〇五年の「政策的学校法（ポリーティッシェ・シュールフェアファッスング）」により、さらに学校に対する監視が強められ、実際の教育は教会に委ねられた。学校では子どもたちに読み、書き、計算の基礎を教えたのだが、それは、「イエス・キリストが啓示された信仰を、良く、そして心から」学ばせるためであった。農村では尋常小学校（トリヴィアールシューレ）が一般的であり、後述するようにたった一年の就学という例もあった。一方で、下級小学校（ハウプトシューレ）で三年の教育を受けた後、男子に限り、上級小学校（ノルマールシューレ）で、さらに二年の教育を継続する可能性も与えられた。あるいは、下級小学校を卒業した商業者、起業家、都市住民の子弟は、実科学校（レアールシューレ）へ通うこともできた。

三月前期の間、上級小学校は制度が始まった当初と同じ一一校にとどまった。一方で下級小学校と尋常小学校を合わせて、就学児童の数は増加した。ただし地域によって、大きな差があった。ドイツ語話者が集中する居住地域ニーダーエスターライヒ州、オーバーエスターライヒ州、フォアアールベルク州、少数者としてイタリア語話者も居住するティロール州、チェコ語話者が多数派であるベーメン州、メーレン州、ポーランド語話者が混じるシュレージエン州では、六才から一二才の児童のほぼ全員が、実際に通学していた。しかしスロヴェニア語話者が混住するシュタイヤーマルク州では、義務教育制度が適用される児童一〇〇人あたり八三人、イタリア語話者の居住地ロンバルディア州とヴェネチア州ではそれぞれ七一人、六二人、スロヴェニア語話者が多数居住するダルマティア州、ケルンテン州、クライン州では四三人で、同じくスロヴェニア語地域であるキュステンラント、つまりイストリア州、ゲルツ州、グラディスカ州の、アドリア海沿いの三州では三八人である。それより少なかったのはポーランド語地域のガリツィア州で、二一人であった[7]。

1―2　三月革命の影響

革命を機に、小学校から大学まで、教育制度全般の改革を求める声が高まった。授業と学習の自由、より良い、そして統一された教員養成のシステム、授業内容の検討、わけても「実用的な」科目への配慮などについて、多くの議論が重ねられた。この時期に定められた制度は、君主国の最後まで存続し、さらに現代に至るまで、教育制度の中に生き続けた[8]。だが革命後、四九年に教育大臣に任命されたレオ・トゥーンは、初等教育を、相変わらず教会に委ねておくのが得策だと考えた。

一方で彼は、ギムナジウムの改革には熱心であり、ラテン語を授業語とする「ラテン語学校」からの転換を図った。長らく知識人の共通語はラテン語であり、ヨーロッパの知識人や聖職者の間では、小さな「互いに翻訳し合う世界」が実現していた[9]。しかしトゥーンは、母語による知識の習得と思考の能力を重視したと考えられる[10]。地域住民の母語を必修科目の授業語とし、また選択科目として、地域の言語の授業を提供することになった。古典語は授業科目となったものの、数学、自然科学をもカリキュラムに取り込んだ。諸改革に合わせて、教員養成システムも整備しなければならなかった。革命直後は教員に占める聖職者の割合が高く、一八五一年には全教員の六〇パーセント、一八五七年でも五七パーセントだった[11]。

1―3　アウスグライヒの影響

対プロイセン戦争に敗れ、かつての神聖ローマ帝国領域の覇権を失ったハプスブルク君主国は、ロシアの南下政策を警戒し、一八六七年、ハンガリー王国との間にアウスグライヒ（妥協、和協）を成立させる。オーストリア側、ハンガリー側それぞれの国内法である一二月憲法でアウスグライヒの条文が定められ、ここにオーストリア＝ハンガリー二重君主国が成立した。君主国内の最多数派ドイツ語話者と、二番目のハンガリー語話者が手を組み、外交、財政、軍隊を共通業務としたが、それぞれが独自の議会を持ち、内政についての自治権が保証された。

このことで他の言語グループ、とりわけ三番目の多数派であったチェコ語話者は、不満をつのらせた。一二月憲法では、「複数の民族が居住する州では、公立の教育機関は以下を目指すものである。それは、第二地方語の習得に強制を伴ってはならないということである。この第二地方語とは、それらの民族が、教育のために必要な手段として持っているものである」と定められている。この条項は、ベーメン州のドイツ語話者の議員が強く求めたもので、チェコ語話者が居住するベーメン州、メーレン州のドイツ語ギムナジウムで、チェコ語教育の必修を外すことを意図したものである。数年のうちにこの条項が施行されると、それまで初等、中等学校で採用されていた二言語制は、著しく後退した[12]。

この二言語制とは、小学校（下級小学校〔フォルクスシューレ〕および上級小学校〔ビュルガーシューレ〕）と中等学校（下級ギムナジウム、上級ギムナジウム、実科学校〔レアルシューレ〕）で、ドイツ語と州の多数派言語を授業語とする方法である。シュタイヤーマルク州、ケルンテン州、クライン州、キュステンラントなど、スロヴェニア語話者が比較的多く住む州では、下級学年ではスロヴェニア語が使われるが、ドイツ語が必修科目として教えられ、上級学年ではドイツ語を授業語とした。「二形色主義／ウトラキズム」と呼ばれている[13]。

二形色論というのはキリスト教用語で、聖餐式にはパンだけでなく、ワインも必要である、とする議論のことである。ドイツ語と地域語を、それぞれパンとワインになぞらえたものと想像されるが、カトリックであるハプスブルク君主国の、独特の翻訳であると言える。現場の教師たちは、ドイツ語による教育を求められている場合でも、子どもたちに新しい知識を与え、それを説明するために、現地語の使用を必然とした。これを許容するため、「二言語制」という直裁な表現を避けた、婉曲表現としての翻訳であると言ってよい。君主国の法規で定められていたわけではないが、のちに教育省通達で追認された[14]。

一二月憲法はまた、「全授業と教育の制度に関して、最高の権限は国家にある」として、教育から教会を完全に閉め出した。六八年五月の法規では、さらに国家の学校監督権、および学校と教会との関係が規定された。州、市町村、地区それぞれに学校監督機関が設置され、それらは教育省の直接の管轄下に置かれた。中等学校には科目として宗教が残されたが、修道院付属の中等学校であっても、多くの聖職者が教員の資格を持たない場合や、国家の補助金なしに経営が立ちゆかない場合は、国家か州に移管されることになった。教育に対する教会の影響力は弱められ、その結果、授業語をめぐる対立が次第に顕著になった[15]。

たとえばスロヴェニア語話者の居住地域では、それまで信徒にスロヴェニア語で説教を行う聖職者たちが、子どもたちがスロヴェニア語で教育を受けられるように世話をしていた。今や彼らはその任を解かれ、学校の授業語は、学校の管理者への聞き取りにもとづいて、州学校管理局の決定に委ねられた。だが、当時のスロヴェニア語話者居住地域の市町村議員や地域学校委員会では、ドイツ語話者が支配的であり、スロヴェニア語の使用をめぐって、地域の聖職者と村長が対立する事例もあった[16]。

政府は諸民族の平等と共存を強調したが、それこそがむしろ、人々の民族への帰属意識を喚起し、民族分化が進んだとも言える。チェコ語話者の都市ピルゼンの実科学校では、ドイツ語とチェコ語が授業語として採用され、共存が実現した、という例もあった[17]。だがチェコ語話者の居住地ベーメン、メーレン両州全体では、一八七〇年代の経済発展に伴って中等学校の数が増加したにもかかわらず、そのほとんどはドイツ語話者の子弟のための学校であって、数の少ないチェコ語の中等学校は貧相なしつらえと、ひどい収容状況だった。あるいはまた、トレビッチュのギムナジウムは、一八七一年に「スラヴ言語を授業語とする」として創設されたにもかかわらず、二年後に、ドイツ語話者が強い影響力を持つ市当局の要望によって、授業語がドイツ語になった。ここには一二〇人のチェコ語話者の生徒と、三人のドイツ語話者の生徒が通っていたにもかかわらず、であった[18]。

この頃のドイツ語とスラヴ系言語の非対称性は明らかで、一八七〇年と、一八七一年から八〇年に教育大臣を務めたカール・シュトレマイヤーの発言は、これをよく表している。「どの民族も、彼らの母語で初等教育を受けることを要求できる、というのは努力目標であって、義務ではない」、と彼は言い切った。民衆の中からドイツ化に対する苦情は上がってこないし、逆に、スラヴ語地域のスラヴ系言語の学校では、ドイツ語の授業が軽視されているという苦情が上がっている、と、一八七四年に下院で発言した[19]。

一方で、スロヴェニア語話者の居住地域クラインの州都ライバッハのギムナジウムは、多数派であるドイツ語授業語派に反撃を開始した。教育省のお墨付きを得て、並行コース、つまり同時開講コースの開設に乗り出したのである。一八七二年から、Aコースでは一年生と二年生はスロヴェニア語、Bコースでは全学年ドイツ語、ただし一年生と二年生はスロヴェニア語必修、また上級学年にも選択授業が行われた。生徒はふたつのコースのどちらかを、自ら選ぶことができた。もちろんこれは、生徒たちを徐々にドイツ語に慣らす、つまり多かれ少なかれドイツ化を促す方便とも言えるのだが、現場の教師たちにとって、よりましな選択であったと見られる。

このギムナジウムを視察に訪れた州学校監察官は、生徒たちの現状に照らして、並行コースに好意的な評価を下している。生徒たちは、全体として我々の期待に応えられるものではなく、どの学年にも、文字や口頭で自らの考えを表現する能力に欠けた生徒が目立つ。しかしそれは、あまりに早くからドイツ語を授業語としたことに原因があり、スロヴェニア語授業語の下級学年の方が良い結果を出すだろう、と監察官は考えた。ドイツ語授業語クラスの問題点は、生徒の非均質性にある、というのが監察官の意見だった。

上級学年になればドイツ語が授業語となるわけだが、ドイツ語を母語とする者も、そうではない者には、地方語で仲介しなければならない。また、生徒がドイツ語を自由に使えない場合、通常の進歩が多かれ少なかれ妨げられる。それでも生徒に両言語による学習を義務づけたことで、互いが近づいた、として、監察官は並行コースの可能性を評価している[20]。だがここからは、わずか二年ほどの猶予期間があっても、両言語が翻訳し合う環境は、容易に成立し得ないことが読み取れるのである。

並行コース新設の許可は、七一年のホーエンヴァルト内閣の方針に沿うものではあったが、当時の教育大臣シュトレマイヤーは、このライバッハのギムナジウムに、かなり批判的であった。七三年に、同校のスラヴ語授業語導入に明らかな反対意見を述べ、より多くのドイツ語の時間を導入するよう求めた。そして二〇人以上のクラスができる場合には、ドイツ語準備クラスを開設するよう提案している[21]。議員シャッファーは七四年の議会で、「帝国内ではドイツ語に比べて好まれる地方語などないのである」と断言したのだが、これこそが君主国西半部で多数派である、ドイツ・リベラル派の立場を明確に表している[22]。

1―4　ターフェ時代の学校

一八六九年から七〇年と、一八七九年から九三年、エドゥアルド・ターフェがオーストリア側首相を務めた。同内閣は基本的に、スロヴェニア語話者たちの穏健な民族的要求に対し、一貫して好意的な態度であった[23]。ターフェ政権下で、中等・高等教育の授業語は、当地住民の言語使用状況に合わせて採用されること、と憲法に合わせて規定された。ベーメン州では、一八八三年にプラハ大学がドイツ語とチェコ語に二分され、またブリュンに第二チェコ技術大学が設立された。こうした政策は、スラヴ人たちを甘やかすことに他ならない、として、ドイツ語話者たちを急進化させた[24]。

九〇年代半ば、スロヴェニア語を授業語とする下級ギムナジウムを、ケルンテン州のツィリに設立せよ、という法案が帝国議会に提出されると、ドイツ・リベラル派、ドイツ民族主義派にイタリア語話者の議員が加わり、議案は否決された。九五／九六年に、当地では四二人のドイツ語話者、一三二人のスロヴェニア語話者の生徒が登録していたにもかかわらず、であった。事態を打開するため、ターフェ内閣はスロヴェニア語の並行クラスの設置に合意したが、これも次の政権下で取り消された。ドイツ語話者のみならず、イタリア語話者もまた、スロヴェニア語授業語を受け入れず、「親スラヴ的」政策を拒否した[25]。

それでもフランツ・ヨーゼフ帝は相変わらず、翻訳し合う社会を夢見ていた。一八七九年の帝国議会開会宣言で彼は、チスライタニア（君主国のオーストリア側）の全ての民族の精神的・物質的な利益には同等の配慮がなされる、そして特に学校と公的生活においては、民族の同等の権利が共有される、と述べている。しかしその実現は、遙かに遠かった。公立ギムナジウムは国家の管理下にあったが、小学校の設立と運営は市町村に委ねられていたため、特に後者では、少数者の立場が反映されない構造ができていたのである[26]。

たとえばチェコ語を授業語とする公立小学校の新設は難しく、これを解決するために、チェコ語話者たちは民族学校協会を作り、私立の小学校を運営した。数少ない公立小学校と、資金の乏しい私立学校で、チェコ語話者たちは母語による教育を死守したのである。

だがドイツ語・チェコ語混住地域では、父親が働く職場で圧力をかけられる例がみられた。ベーメン州の都市ドゥヴァイスの鉄道監督官が、監督下の鉄道員に対し、彼らの子どもたちをとにかくドイツ語の学校に通わせようと仕向けた、という例が、一八八五年の通達に応じて、ベーメン州知事に報告されている。

さらにミースの炭鉱で一八八七年に、子どもをチェコ語授業が行われている公立小学校か、私立の小学校に通わせている、チェコ語話者の労働者たちを、契約終了をちらつかせて脅した、という例もある。解雇の脅しを回避するため、労働者たちの子ども二七人は次の学年から、近隣ソリダムのドイツ語授業語の小学校か、ヴラノヴァのドイツ語私立学校への転校を余儀なくされた。プラハの鉄工業会社でも、同様の事例が発生した。ドイツ語・チェコ語話者混住地域には、一方が他方に、選択の余地なく翻訳を強要する社会が出現していた[27]。

君主国で三番目の多数派チェコ語話者と異なり、圧倒的少数者であったスロヴェニア語話者たちは、どうにか二言語制、ウトラキズムの小学校を維持した。だがこれには前述のとおり、子どもたちにドイツ語を身につけさせる意図があった。教育学の専門家でウィーンのギムナジウム教員でもあったヨーゼフ・シュマンは、小学校の二言語制を批判し、子どもたちは一貫して母語で教育を受けるべきであると、一八八〇年、教育大臣からの諮問に答えた。子どもたちの精神的な活動は、一つの言語の中で、つまりは母語の中でなされるものである。精神的な活動を通じて母語は、授業により、家族の言語から、本と筆記の言語にまで高められる、として、スロヴェニア語話者の児童には、スロヴェニアで教育するよう主張している。ただし、生活の必要上、スロヴェニア語を授業語としながらドイツ語を教科として教えることには同意していて、この限りにおいては複数言語クラスを設置してよい、と彼は答申した[28]。

ゲルツ州代表議員のヨーゼフ・トンキもまた、一八八一年の帝国議会で、ウトラキズム批判の立場を明らかにしている。ゲルツでは、州教育局が、四学年の小学校のみならず、二学年、あるいは一学年しかない学校にすら、ドイツ語を導入しようとしている、しかも必修科目としてである、と述べた。州政府が教育のドイツ化を目指している点、そして一九世紀後半になってもまだ、一学年、二学年しかない小学校があった点が、トンキの発言から見て取れる[29]。

こうした情況下で、ケルンテン州のサンクト・ヤーコプでは一八八一年、市町村区域学校委員会から州教育局に、スロヴェニア語のみを授業語とする小学校設立の要求が出された。区域学校委員会によれば、第一に、小学校で母語以外の言語で授業するのは、非教育的かつサンクト・ヤーコプでは手に余るし、第二にドイツ語の授業語導入は、現行法に反する、と主張した。この議論から、実は同地では、それまで小学校では、「手に余る」ドイツ

表1　スロヴェニア語話者居住地域の小学校授業語

州	全小学校数	ドイツ語学校	スロヴェニア語学校	イタリア語学校	セルボ・クロアチア語学校	二言語学校
ケルンテン州	359	274	3	0	0	82
クライン州	312	27	277	0	0	8
シュタイヤーマルク州	820	568	212	0	0	40
ゲルツ州とグラディスカ州	179	0	124	53	0	2
イストリア州	153	3	23	62	53	15
トリエステ市	43	3	11	29	0	0

(Burger, 124 より作成)

語授業がほとんど行われていなかったものと推察される。ドイツ語習得のせいで、子どもたちが小学校教育の到達目標に届かなくなる、という主張は、もっともである[30]。

サンクト・ヤーコプの小学校を視察に訪れた州学校委員会の査察報告によれば、一年生と二年生にはスロヴェニア語のみで授業が行われていて、三年生と四年生でドイツ語の練習が行われ、五年生になってようやくドイツ語が授業語として使われるようになっていた。帝国教育省は、スロヴェニア語を唯一の授業語とする小学校についても検討させたい意向を持っていたのだが、授業語を決定する権限を持つ州教育局は、上記の現行制度を追認するにとどまった。やはり少数者の側が、一方的に翻訳する立場に置かれていたのである[31]。

学事暦一八九三／九四年、現地語／二言語学校は、表1のように設置されていた。

2　世紀転換期のスロヴェニア語学校とイストリア州の「公用語」

アウスグライヒ以降、教育制度は徐々に整えられてきた。世紀転換期になると、ニーダーエスターライヒ州、オーバーエスターライヒ州など、ドイツ語話者の地域では、小学校の就学率は一〇〇パーセントに達した。しかしスロヴェニア語話者が多かったイストリア州の様相は、それと全く異なっていた。

2―1　イストリア州の初等・中等教育の「惨状」

一九〇〇年の『南（der Süden）』紙では、イストリアの小学校の情況が伝えられている。イストリアのスラヴ語系住民のうち、約二〇万人がクロアチア語とスロヴェニア語話者で、二万人のクロアチア語、スロヴェニア語話者の子どもは授業を受けていない、それは学校が足りないからである、と報じた。これに対し、同地のプロミンにはイタリア語の小学校がある。だがここでは、たった一人の高齢の男性教師が、一八〇人もの子どもを教えている。これらの子どもたちは、三〇人ほどの定員を想定した一つの部屋に詰め込まれている、というのである。いったい、これで授業が成立するものか。しかしこれが、比較的恵まれたイタリア語話者の子どもたちの情況だったのである。「二万人のスラヴ系の子どもたちに、一人の教師も学校もないということに、これで驚く者がいるだろうか？」と『南』紙は読者に訴えた[32]。

スロヴェニア語話者の子どもたちのために、サンクト・ヤーコプの「キリル文字協会」は、私立の四学年制の小学校を運営していた。ここには一六一人の子どもたちが通っており、教室はそんな人数には全く足りず、そのため多くの子どもたちの入学を断わらざるを得なかった。女性教師たちは、学校の屋根裏部屋に住み込みで働いていた。彼らは同じ「キリル文字協会」のトリエステ支部に、せめて教室の確保のために援助してほしいと要求したのだが、これは受け入れられなかった。

数年前にサンクト・ヤーコプとその周辺地域にトリエステ市立の小学校が設立される際、市議会では、スロヴェニア語話者のためにどのくらい教室を割り当てるか、という議論になった。しかしイタリア語話者の議員は、「スロヴェニア語に対するいかなる承認にも同意せず、市の学校には、イタリア語の排他的な使用を求めた」のだった。スロヴェニア語話者の子どもたちは、就学時にひとこともイタリア語を理解できない。しかも、母語で行われるはずの宗教の授業すら、イタリア語である、という事業報告があげられた[33]。

こうした事情のため、イストリア州で学事歴一八九八／九九年には、一万七八六五人が一六三校の公立小学校のうち、クロアチア語とスロヴェニア語で授業が行われている学校は九一校、イタリア語は六四校で、それならスロヴェニア語話者の子弟も授業を受けられそうに思うのだが、イタリア語話者は住民の三分の一に満たないという事情を考慮すれば、両者の割合は不適切だと言える。

さらに目を向けなければならないのが、スラヴ系言語を採用している九一校の小学校のうち、五六校が一学年制で、四年制の学校は、たった一校だった、という事実である。これに対し、イタリア語の小学校では、一四校が一学年制、一六校が二学年制、一六校が三学年制、六校が四学年制、一二校が五学年制、さらに二校は六学年制だった[34]。

三年生クラスを設置しようという、スラヴ系言語のある小学校の試みは、イタリア語話者によって阻まれた。設置反対の訴えが、地方裁判所で勝訴したのである。裁判所は、そのクラスは無駄である、との見解を示した。司法によって、一七〇〇人もの生徒たちに、三年制の教育は必要ない、と判断されたわけである[35]。

これらの例から見て取れるように、イストリア州のスロヴェニア語話者のための小学校は、その数も、就学年限も、圧倒的に不足していた。就学年限が足りなければ、ギムナジウムへの進学もできないということになる。

教科としてスロヴェニア語が週二、三時間教えられているドイツ語の小学校でも、一〇〇人以上のスロヴェニア語話者の子どもたちが、入学を断られていた。もちろん前述のキリル文字協会の私立学校も、定員いっぱいである。両親はその子どもたちを、「イタリア語学校に送るか、授業を受けさせずに市当局に罰金を払うかを強制される」という結果になった[36]。ドイツ語への翻訳を強要される立場でありながら、翻訳の能力すら育成されていなかったということである。

2―2　ギムナジウムとスロヴェニア語・クロアチア語

こういう情況で小学校を卒業し、中等学校であるギムナジウムに進学しても、スロヴェニア語話者の子どもたちは、授業語ドイツ語に苦しめられる。トリエステ市のドイツ語ギムナジウムでは、「授業の結果は考えられる限りにおいて最悪である」。それは、四七一人の生徒のうち、一二八人、たった二八パーセントしか、学期末試験に合格しなかった、という結果だったからである。その原因は明白で、生徒たちのうち、ドイツ語話者は一二九人で、一五五人がスロヴェニア語話者、一一七人がイタリア語、三〇人がクロアチア語話者で、生徒の三分の二以上が非ドイツ語話者であるにもかかわらず、授業語がドイツ語だったという点にある。「非ドイツ語話者の生徒たち、特に一番下の学年では、授業語はまったくわからない。というのも、学校の外では、家でも、通りでも、人間にドイツ語で話しかけるのをほとんど聞くことがないからである」。どうやら多くの小学校でドイツ語授業が制度上強要されているにもかかわらず、生徒たちはほぼドイツ語を身につけないまま、ギムナジウムへ進学していたようだ。

教師のほとんどはドイツ語話者で、「彼らの気持ちを、生徒たちに対してあけすけに表明することを、めったに遠慮しない」という態度だったから、生徒たちの学習意欲があがるはずもない。『南』紙は強調する。「我々は、急進的な対策だけが有効だと見ている。：トリエステにスロヴェニア語のギムナジウムを創設することである！（傍点太字）」[37]。これは多くのスロヴェニア語話者の両親たちの願いだったのだろう。

スロヴェニア語話者と同じく、イストリアのスラヴ系言語、クロアチア語話者たちもまた、母語による子弟の教育を求めていた。「政府は、イストリアの農業がひどく不振であるということを、よく知っている」という理由から、クロアチア語話者の有志が、子どもたちの小学校卒業後、実科学校へ進学させるという選択肢として、クロアチア語を授業語とする農業学校の設立を、イストリア州の学校委員会に打診した。しかし地方権力はイタリア語話者たちの手に握られていたため、州委員会は当然のように、「そのような学校に対する要望もないし、必要もない」と返答している。

『南』紙はこれを激しく非難し、「イストリア州委員会の義務と課題は、イストリアのイタリア・イレデンティストの綱領の最高機関として、スラヴ人住民の非民族化を実現することである」と訴えた[38]。「クロアチア語の農業学校は、イストリアの農業者たちにとって、恵みである」にもかかわらず、「彼らがスラヴ人だからこそ、州委員会はこうした学校の設立に反対するのである」。そして彼らは、政府がこうした州の権力者たちに耳を貸さないよう望む[39]。この記事から、政府はドイツ語教育の普及につとめる一方、地域語による教育への寛容を示しているにもかかわらず、地域＝州の権力者たちはイタリア語話者であり、彼らがスラヴ系言語少数派の、母語による教育を排除している様相が読み取れる。

一方で、クロアチア語話者の悲願が叶い、ピシーノにクロアチア語のギムナジウムが設立され、学事暦一八九九年から授業が開始された。そして一年後、その教育の成果は、「実にすばらしいものだった。」八九人の生徒のうち七〇人が、上級学年に進んだのだった。一年の間、イタリア語新聞によって熱心にばらまかれた、このギムナジウムの失敗についてのウソは、この統計によって否定された、として、クロアチア語話者たちは多いに溜飲を下げた。『南』紙が強調するように、「生徒たちはぎゅうぎゅうに詰め込まれた小学校で、半分しか行われない授業（傍点太字）を受けた後に入学した、ということを考えると、このすばらしい成果がますます目立つ」。だから、「教師たちも、同様に生徒たちも、祝辞を述べられてしかるべきである」と、クロアチア語授業語のギムナジウムは絶賛された。彼らが直面している現実を見れば、その喜びも理解できるものである[40]。

君主国政府はアウスグライヒ以降も「諸民族の平等」を掲げ、地域語による初等、中等教育に理解を示した。しかし世紀転換期のイストリアでは、イタリア語話者が地域の政界、財界に強い権限を持ち、その結果、少数者であるスロヴェニア語話者の子弟の、母語による教育の機会は著しく制限されていたのである。

2−3　「公用語」とスロヴェニア語

スロヴェニア語話者の政治協会「エディノスト」は、一八九九年の一一月六日に年次集会を開き、ここでイストリア州議会の問題が取り上げられた。州議会選挙において、政府機関が非合法な手段でスロヴェニア人、クロアチア人に対し、考え得る限りの妨害を行っている、しかしイタリア人には全く自由にやらせている、と議員シュピネチッチが選挙制度の不備を糾弾した。その結果、州住民の三分の二を占める多数派が州議会では九人の少数派となり、三分の一の少数派が二一人を占める多数派となっている。議会多数派のイタリア語話者たちは、「オーストリア的に考えもしないし感じもしない。彼らは諸民族の平等という君主国の根幹を顧みない」と述べ、君主国政府の理念を掲げてイタリア語話者たちを非難した。そして彼らは、「クロアチア人やスロヴェニア人の存在を、また州議会における彼らの代表の存在も認めない」という、いわば「見えない人々」として扱われているスラヴ系少数派の現実を訴えた[41]。

事実上の公用語ドイツ語とイタリア語使用の対立、そしてないがしろにされる、地域のスロヴェニア語という図式は、地方裁判所下級職員の公募の例にも見て取れる。州裁判所の総務部が、ポドグラド郡裁判所の下級職員を募集する際、その告知がイタリア語で作成された。だがポドグラド郡の住民は、例外なくスロヴェニア人かクロアチア人であり、役所の日常言語はこの二言語であるはずだった。『南』紙によれば、実際は「公的機関の公募がスロヴェニア語で書かれることは、当地では、およそ聞いたことがない」という情況だった。一方で、役所の内務語はドイツ語と定められていて、イタリア語による公募は本来、許されていない。ドイツ語話者がひとりもいない役所の中で、ドイツ語を業務語とするなど、明らかにばかげている、という『南』紙の主張には、説得力がある。その上で、事実上イタリア語を強制する州裁判所に、強い憤りを表明した[42]。

二重王国内のドイツ語話者とスラヴ系言語話者の混住地域では、ドイツ語話者たちが自分たちの優位を脅かされることを危惧していた。一八九九年、ドイツ語話者とスロヴェニア語話者の混住地域シュタイヤーマルク州では、シュタイヤーマルク・ドイツ人教員協会が発足し、地域のドイツ人教員とドイツ文化を守ることに邁進した[43]。同協会は、「ドイツ民衆の徳を高め、守るために、偉大なドイツの指導者たちの足跡に従うこと」が教員の義務だとする、一八九七年のドイツ人教員協会の年次集会で行われた教員ルッセルのスピーチを、協会誌に掲載している[44]。

社会評論家のハートマンに至っては、二重君主国は将来、スラヴ連邦国家に再編される、そのことでかえって、パンスラヴィズムの破壊的な拡大を阻止できる、と論じた。だからドイツ語話者たちはこの現実を敢えて受け入れ、ドイツ語の学校ではただちにスラヴ系言語を教え始めるべきだ、とさえ主張した。さすがにこの論文は、激しい批判を浴びたのだが、ドイツ語話者が感じていた「スラヴ」の脅威が読み取れる[45]。

保守系ドイツ語話者教員のための『教育展望』誌は一九一二年、こうした危惧を減じ、高まる諸民族間の緊張を緩和するために、そしてオーストリア社会の結合力を維持するために、民族の歴史や文化を教えることを控えめにするべきだ、と提案している。しかしこうした書き手たちが目指しているのは現状維持であり、それは、二重君主国におけるドイツ語とドイツ文化の優位を保ち続けることを許すものだった[46]。多数派であるドイツ語話者たちは、翻訳し合う社会を全く望んでいなかった。

おわりに

「このあたりに住む南スラヴ」というぐらいのゆるやかな自己認識は、ドイツ語話者、イタリア語話者との対峙で、「スロヴェニア人」意識を形成していった。アウスグライヒ後、一八六八年に君主国内でクロアチア＝スラヴォニア王国が統合された上で、二重制のハンガリー側に組み込まれた。クロアチア＝スラヴォニア王国は、一八四八年以来使われていた、赤・白・青の三色旗の中央に徽章を描いた国旗を採用したのだが、中央の徽章のない三色旗が市民旗として、同王国外のスロヴェニア人たちにも使われていた。王国の枠組みから取り残されたキュステンラントのスロヴェニア人たちは、この市民旗を自分たちのアイデンティティーのよりどころとしたのである。

一九〇〇年八月二九日、ゲルツ伯領のハプスブルク君主国への編入四〇〇年記念の祝祭が予定され、皇帝のゲルツ州訪問が計画された。こうした祝祭と皇帝の巡幸は、二重君主国の統合に重要な役割を果たしていた。ムーアが述べるとおり、君主国内のナショナリズムを「飼い慣らし」、ナショナリズムの衝突を和らげ、国家への忠誠という、より広いゴールへ向けようとしたのである[47]。

二年前、一八九八年の皇帝巡幸の際、当地のスロヴェニア人たちが、三色旗を掲げて皇帝を歓迎しようとすると、官吏の命令で、家々から三色旗が引きずり下ろされる、という事件が起きていた。この経験から、祝祭に訪れる皇帝の歓迎にあたって、スロヴェニア三色旗を掲げないよう、郡庁から厳命が下った。イタリア語話者たちは、相変わらず彼らを「見えない」存在に押しとどめることを意図していたのである[48]。

二九、三〇日にかけて、ゲルツ、グラディスカ両州の、君主国への編入の祝祭がとり行われ、フランツ・ヨーゼフ帝は各地で歓迎を受けた。同地の州知事に対し、皇帝は九月三〇日付けの手書きの書簡で、謝意を伝えている。彼は同地での歓待を喜び、満足と感謝が心を満たしたこと、人々に対し、受け取った愛情と同じ愛情が向けられていることを伝えた。そして、「祝祭の間の、人々の模範的なふるまいに、私は気づいていた」と付け加えている[49]。皇帝は、従順な臣民の歓迎に満足したに過ぎず、それはイタリア人であれスロヴェニア人であれ、大きな問題ではなかった。

フランツ・ヨーゼフ帝は、帝国内のマイノリティーとしてイタリア語話者とスロヴェニア語話者に同等の権利を認めている、という認識だったに違いない。帰路の途中、ノブレシチナ駅でも歓迎の行事が催され、各協会の代表や周辺地域の聖職者たち、その他の大勢の人たち二〇〇〇人あまりが、これに参加した。ここには私人として、スロヴェニア語話者の代表、帝国議会議員のイヴァン・ナベルゴイも姿を見せていた。彼に目を留めた皇帝は、わざわざ個人的に話しかけている。「彼に会えたことに対する満足を表明し、健康について尋ね、すぐにまたウィーンで会えるだろうという希望を述べた」[50]。

しかし当のスロヴェニア語話者たちは、民族旗を掲げて皇帝を歓迎することが許されなかったことに、強い不満を覚えた。彼らは心をこめて皇帝を歓迎し、「感動的な愛情と忠誠の証」を捧げた。もちろん巡幸の間、スロヴェニア語話者たちは不満を表明することを控え、「祝祭はいかなる騒音にも妨げられることはなかった」。だが「スロヴェニア人たちの心はふさいでいた」し、「祝祭の後、イタリア人や、一定のイタリア人に従属する役人たちの側から受けた侮蔑、民族的な感情に対する重大な侮辱に対し、まっとうな憤慨を噴出させた」。

また、ここに引用されている『エディノスト』紙も、ゲルツにおける同様の問題を指摘している。「この機会に不幸な伝統のシステムが忠実に守られたにもかかわらず、ゲルツのスロヴェニア人たちは、皇帝に対し、彼らの忠誠と誠実さを示そうとした。我々が高貴な賓客を我々の地域の真ん中に迎えている間、我々には、我々の深い敬意に対する返事をもらえない」として、スロヴェニア人アイデンティティーが地域権力によって否定されている事実を指摘している[51]。

第一次世界大戦によってハプスブルク君主国は崩壊し、各民族は国民国家の形成に奔走した。互いに翻訳し合う社会は、幻想に終わった。イストリアのスロヴェニア人たちの多くは、単独で独立国を創造することなく、また「ドイツ化」あるいは「ハンガリー化」されることもなく、クロアチア・スラヴォニア王国と共に、「セルビア人・クロアチア人・スロヴェニア人王国」に組み込まれることを選択した[52]。それは、彼らの民族アイデンティティーが国家の構成要素として承認され、少なくとも、彼らは「見える」人々となったということである。

史料

Der Süden, 1989-1901.

二次文献

Burger, Hannelore, *Sprachenrecht und Sprachgerechtigkeit im österreichischen Unterrichtswesen 1867-1918*, Wien, 1995.

Friedlich, Margaret / Brigitte Mazohl / Astrid von Schlachta, „Die Bildungsrevolution“ in: *Die Habsburger Monarchie 1848-1918, Bd. IX., Soziale Strukturen, 1. Teilband. Von der feudal-agrarischen zur bürgerlich-industriellen Gesellschaft*, Wien, 2010.

Höbelt, Lothar / Thomas G. Orte (Eds.), *A Living Anachronism? European Diplomacy and the Habsburg Monarchy. Festschrift für Francis Roy Bridge zum 70. Geburtstag*, Wien / Köln / Weimar, 2010.

Moore, Scott O. *Teaching the Empire. Education and State Loyalty in Late Habsburg Austria*. West Lafyett, 2020.

Wolf, Michaela, *Die vielsprachige Seele Kakaniens. Übersetzen und Dolmetschen in der Habsburgermonarchie 1848 bis 1918*, Wien / Köln / Weimar, 2012.

マックス・フォン・ベーン『ドイツ十八世紀の文化と社会』(飯塚信雄他訳) 三修社、一九八四年 (Max von Boehn, *Deutschland im 18. Jahrhundert. Die Aufkläung*, Berlin, 1922)。

拙稿「一九世紀トリエステにおける国立ギムナジウムの授業語」『青山史学』第三十五号、二〇一七年。

拙稿「なに語で授業を受けるのか――ハプスブルク君主国の教育制度と辺境都市」、平田雅博、原聖編著『帝国・国民・言語――辺境という視点から』三元社、二〇一七年。

同「彼のゆりかごはスロヴェニア人の家にあったのに――世紀転換期のハプスブルク帝国におけるスロヴェニア語」青山史学第三十八号、二〇二〇年。

註

1 Wolf, 63 / 89.

2 当初は毎月一日、一〇日、二〇日と三回発行され、一部一二クロイツァーで販売された。半月、ひと月の予約販売も可能だった。編集部はウィーンの中心、一区のプランケンガッセにオフィスを構え、毎週金曜の午後二から三時まで、対話も受け付けている。投書はクロアチア語、スロヴェニア語、ドイツ語で受け付けていた。

3 Der Süden, Nr. 48. 1. Dez. 1899.

4 Friedlich, et al., 70.

5 Wolf, 90

6 拙稿「なに語で授業を受けるのか」五八頁。

7 Friedrich, 71.

8 Friedrich, 68.

9 ベーン、二二九頁。拙稿「なに語で授業を受けるのか」五七頁。拙稿「ギムナジウムの授業語」六〇頁。
10 Friedrich, 80.
11 Friedrich, 81.
12 Burger, 104.
13 Burger, 117.
14 Burger, *ibid.*
15 Friedrich, 72 / 81.
16 Burger, 117. 拙稿「彼のゆりかごはスロヴェニア人の家にあったのに」第二章。現在のイタリア北部の小村ウゴヴィッツァへ、一九一一年に赴任した主任司祭クカチュカが、教会簿の記録言語をめぐって、同村長と対立した事例がある。クカチュカはチェコ語を母語とする司祭だが、スロヴェニア語による記載にこだわり、一方でドイツ語での記載を求める村長と、激しく対立した。
17 Friedrich, 90.
18 Burger, 66f.
19 Burger, 68.
20 Burger, 70ff.
21 Burger, 73.
22 Burger, *ibid.*
23 Burger, 118.
24 Friedrich, 90f.
25 Friedrich, 91.
26 Burger, 92.
27 Burger, 94f.

28 Burger, 118f. 当時スロヴェニア語は、少数者の間にのみ残っている言語で、中等学校の授業語となるような、一つの体系的な言語の地位には届かない、という差別的な議論があった。シュマンはこれを批判し、スロヴェニア語もまた他のインド・ヨーロッパ語属に比べて劣るものではない、としている。ただし小学校とは違って、ギムナジウムでは、二言語による教育を勧めた。スロヴェニア人の子弟が大学へ進学したり官職に就いたりするために、ドイツ語の知識と能力も必要だ、と考えたからである。一方で、どの民族にも教育を受け訓練された階層が必要で、生徒たちがスロヴェニア語の知識を持つことも期待した（Burger, 141f.）。

29 Burger, 119.

30 Burger, 121.

31 Burger, *ibid.*

32 Der Süden, Nr.53, 20. Jän. 1900.「イストリアの学校の情況」。

33 Der Süden, Nr.78, 4. Aug. 1900.「トリエステのスロヴェニア語学校」。

34 Der Süden, Nr.78, 4. Aug. 1900.「イストリアの小学校」。

35 Der Süden, Nr. 61, 7. Apr. 1900.「キュステンラント」。

36 Der Süden, Nr.86. 29. Sep. 1900.「トリエステにおける小学校の惨状」。

37 Der Süden, Nr.75. 14. Juli 1900.「キュステンラントのドイツ語中等学校」。

38 イタリア・イレデンティストは、「イタリア失地回復運動を担う者」であり、具体的には、ハプスブルク君主国内のイタリア語話者の居住地域、南ティロールとトリエステをイタリア王国に「取り戻す」ことを目的とする活動家を指す。ここでは過激なイタリア・ナショナリストを意味する。

39 Der Süden, Nr. 62, 14. Apr. 1900.「クロアチア人の学校に対するイタリア人州委員会」。

40 Der Süden, Nr. 78, 4. Aug. 1900.「ピシーノのクロアチア語ギムナジウムとイタリア語実科学校」。

41 Der Süden, Nr.48, 1. Dez. 1899.「キュステンラント『エディノスト』年集会」。

42 Der Süden, Nr.81, 25. Aug. 1900.「イタリアの国家語」。

43 Moore, 167.

44 Moore, 169. ルッセルは「偉大なドイツの指導者たち」として、フリードリヒ・シラー、マルティン・ルター、神聖ローマ帝国皇帝フリードリヒ二世を挙げている。しかし前二者はもちろん、オーストリアの学校のカリキュラムと齟齬をきたす人物であった。二重君主国のドイツ・ナショナリストの中では、隣国ドイツ帝国のドイツ語話者との連携を目指すのか、二重君主国内のドイツ語話者の統合を目指すのか、微妙に方向性が分かれていた。

45 Moore, 167f.

46 Moore, 171f.

47 実際、君主国官僚たちは、皇帝の視察旅行が最大限に効果を上げるよう腐心した。初期の視察旅行が、あまりに台本どおりで冷たい、と批判されると、その後の旅行のために、地域の権力者たちを巻き込んで、より親しみやすい皇帝イメージを作り上げた（Moore, 11）。

48 Der Süden, Nr. 84. 15. Sep. 1900.「スロヴェニアの三色旗禁止される」。

49 Der Süden, Nr. 87. 6. Okt. 1900.「キュステンラント／皇帝の謝辞」。

50 Der Süden, Nr. 87, 6. Okt. 1900.「皇帝とイヴァン・リッター・フォン・ナベルゴイ」。

51 Der Süden, Nr. 87, 6. Okt. 1900.「皇帝の日のエピローグ」。

52 Höbelt, 240f. 南スラヴ語話者のエリートたちの間でも、第一次世界大戦開戦時には、南スラヴ語話者の統合を支持した者はわずかだった。しかし一九一七年、一八年になると、かなりの支持を集めた。

第7章

「文化的翻訳」の場としての東プロイセン／マズーレン
――「言語」と「民族的マイノリティ」の位相

川手圭一

はじめに

近年、カルチュラル・スタディーズを始め、学際的な観点で「翻訳」に関する関心は高まっている。それは、歴史学においても例外ではない[1]。「翻訳」概念への関心が、言語学や文学、翻訳学にとどまらず、より広い学問諸領域に及ぶとき、その問題関心は、言葉という点での翻訳、ある言葉やその言語的内容を別の言語へと移し替えることから、むしろ文化的・社会的実践という点でのその隠喩的な理解へと拡がる。この点で、「文化的翻訳」という概念は、新しい分析の枠組み、研究対象としてますます関心を寄せられており、歴史学においてもその新たな可能性、認識論的価値が問われている[2]。

言うまでもなく、「翻訳」は、ただ単に言語ないしは文化の交換ではなく、同等のものを生み出す現象でもある。言語や文化の意味を、自己同一的に再現するのではなく、ただ同等の意味を与えることによって、別の言語や文化に置き換えるのである[3]。

その際、「文化的翻訳」は、認識を導く概念として、特に文化間の「中間的な場」の位置を捉える可能性を拡げるとされる。つまり、これは、従来の同化や順応といったただ適応的ないしは不均衡な移動に切り込む概念では十分に認識できなかった「中間的な場」と考えられた[4]。

この言ってみれば「第三の空間」は、様々な属性を持つ者たちの混合というよりも、「文化的翻訳」を実行する際の交渉を特徴づけるのであり、異なる文化間の相互摩擦や重なり合いが生じる接触の場ともなる[5]。その接触の場を巡っては、これまで特に中東欧地域における具体的な事例が歴史研究などの対象となってきた。とりわけ東ヨーロッパ、就中ポーランドのユダヤ人の独自の多言語性、移動、文化接触は、永続的な「翻訳」プロセスを伴うものとして注目された[6]。また、ドイツ・ポーランド関係において、ブレスラウ／ヴロツワフ（Breslau/Wrocław）等を舞台に展開された翻訳や文化受容の活動をドイツ文化とポーランド文化の結節点として捉えることも、この問題を考える手がかりとなる[7]。

本稿では、このような「文化的翻訳」の文脈を手がかりに、第一次世界大戦後の東プロイセン・マズーレンを舞台に、ドイツ人、ポーランド人、そしてマズール人の「民族」と「言語」の問題を考えてみたい。

1　ヴァイマル共和国における言語・文化・民族的マイノリティ

第一次世界大戦に敗れたドイツは、ヴェルサイユ条約によって、海外植民地のみならず、ヨーロッパ大陸における領土もまた、第二帝政期から大きく縮小させることとなった。これにより、拡大していくことを前提としたドイツ国民国家の政策は、言語・文化・民族の諸点をめぐる問題において、一定程度転換することを余儀なくされたと言えよう。無論、それには、ヴェルサイユ体制下で新たに問題となったマイノリティ保護のように、国際的な環境の変化も大きく関係していたが[8]、この転換は、国内の民族政策、とりわけ国内の民族的マイノリティに対する教育政策にも影響を及ぼすこととなった。

すなわち第二帝政期には、プロイセンのゲルマン化政策のように、「国民（Nation）」と「言語（Sprache）」は、「国民語」という概念の下、「高地ドイツ語」へと一体化することを前提としていた。しかし、ヴェルサイユ条約に伴う国境変更と領土の「喪失」は、こうした前提を切り崩した。国家の領土が縮小し、新たな国境の外には在外ドイツ人が存在し、国内には民族的マイノリティを抱える現実を前にすれば、ドイツ国民の創出は、「文化国民」の下で進められるものとならざるを得なかったといえよう。その際、「言語」は、新たに「民族（Volk）」「民族性（Volkstum）」と結びつくものとして、この「民族」への帰属を示す指標となっていく[9]。

かかる状況の中で、一九一九年八月一一日に発効したヴァイマル憲法は、一一三条において「ドイツ国内の外国語を話す人びと（Die fremdsprachigen Volksteile des Reichs）は、立法および行政を通して、彼らの自由で民族的な発展、とりわけ学校の授業ならびに行政・司法における母語の使用を侵害されてはならない」と規定した。これは、大戦の敗戦国であったにもかかわらず、ヴェルサイユ条約とそれに関わるマイノリティ保護条約によってマイノリティ保護を義務づけられなかったドイツが、兎も角も、国内法によって独自にこれに対応しようとしたものであった。しかし他方で、あえて「民族的マイノリティ（nationale Minderheit）」という直截な言葉を用いずに、「ドイツ国内の外国語を話す人々」と表現したことは、ドイツの一九世紀以来の民族的マイノリティに対する消極的な姿勢の表れとともに、こうした変化を背景に理解できるといえよう[10]。

教育行政においてはすでにプロイセンで、一九一八年一二月三一日、プロイセン文部省令が民衆学校において、「ポーランド語話者児童に対してポーランド語の宗教授業、並びに――ドイツ語授業とともに――ポーランド語の読み書き授業が中高学年においては週三時間まで、児童の両親が望む限り認める」としていた。これは、第二帝政期以来の連続性に立ちつつも、新たにポーランド語授業が宗教授業との連結から切り離されたこと、独自の読み書き授業の導入が特にポーランド語に対して開かれたこと、そしてポーランド語授業は、ドイツ語授業に対する時間的代替として設定されることを示した。こうして新時代に合わせてドイツ語以外の少数派話者の言語、とりわけポーランド語による授業が容認されることとなったが、それはあくまで既存の構造の中での例外的な扱いであった[11]。

しかし、この一九一八年一二月三一日のプロイセン文部省令は、邦内の非ドイツ語話者住民を抱える各県への適用においてはさらなる転換を遂げる。特に東プロイセンのアーレンシュタイン（Allenstein / Olsztyn）県では、一九一九年五月三〇日の県令は、ポーランド語の導入にあたっては、これをただカトリック宗教授業との関連においてのみ認めた。これは、明らかに宗教授業と非ドイツ語の読み書き授業を区別するプロイセン文部省令からの後退であったばかりか、――第二帝政期に確立した政策という意味において――ポーランド語の読み書き授業の阻止を狙ったものであった[12]。

これに対して、東プロイセンのポーランド人同盟指導者であり、プロイセン邦議会議員でもあったヤン・バチェフスキ（Jan Baczewski）は、仲間とともに、アーレンシュタイン県におけるポーランド語宗教授業の導入に加えて、ポーランド語読み書き授業のために尽力した[13]。このアーレンシュタイン県の事例は、県政府が、非ドイツ語話者の母語をめぐるプロイセン文部省令の基準から離れて、宗教教育と言語教育の分離を、カトリック宗教教育と結びつく言語授業へと転換しようとしたのに対して、民族的マイノリティの代表者が、単に母語による宗教授業だけでなく、読み書き授業も母語で行われるよう、県令の転換を求めたものであった[14]。

その際、アーレンシュタイン県におけるもう一つの重要な問題は、マズール人の存在であった。このマズール人は、筆者が以前紹介したとおり、一九世紀以降に広く認識されるようになったマズーレン（Masuren）地方に生きた民族的マイノリティであり、一般的にはポーランド語から派生したマズール語（ポーランド語の方言とも見なされる）を話すが、宗教的にはルター派プロテスタントを信仰し、歴史的経緯からプロイセンの王冠に忠誠を誓う人々として知られる[15]。したがって、県令が、カトリック宗教授業においてのみポーランド語の使用を認める限り、ルター派プロテスタントを信仰するマズール人はその枠組みから外れることとなる。しかも、統計上、マズール語は、ポーランド語とは別の言語とされていたのである[16]。このマズール人は、言語の問題をどのように考えるのか。

このように第一次世界大戦後、ヴェルサイユ体制下で民族的マイノリティの保護が国際社会の課題として提起された一方で、ドイツ国内では、民族的少数派の位置づけと言語教育などその権利付与をめぐっては、共和国政府から県レヴェルに至るまで幾重もの転換がなされ、これに民族的マイノリティが対峙した。では、この問題が焦点化された東プロイセン、とりわけその南部地域マズーレンに着目して、その具体的動向の中で、この変遷を考えてみよう。

2　第一次世界大戦後の東プロイセン・マズーレン

大戦後、敗戦国ドイツと新生ポーランドの間では、ポーゼンと西プロイセンの大部分がポーランド領となる一方、

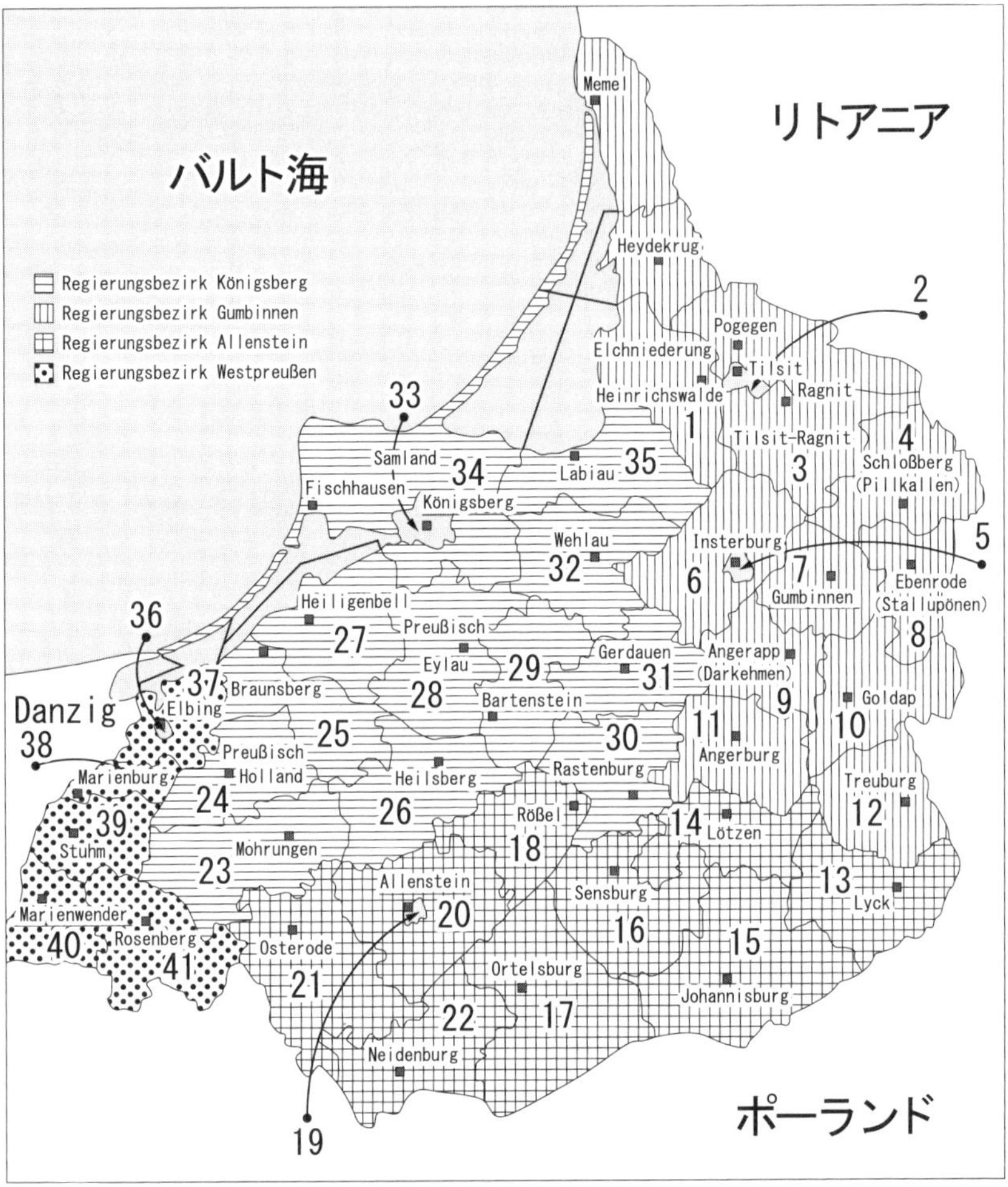
バルト海
リトアニア
ポーランド
Regierungsbezirk Königsberg
Regierungsbezirk Gumbinnen
Regierungsbezirk Allenstein
Regierungsbezirk Westpreußen
Memel
Heydekrug
Pogegen
Elchniederung
Tilsit
Heinrichswalde
Ragnit
Tilsit-Ragnit
Schloßberg (Pillkallen)
Samland
Fischhausen
Königsberg
Labiau
Wehlau
Insterburg
Gumbinnen
Ebenrode (Stallupönen)
Heiligenbeil
Preußisch Eylau
Gerdauen
Angerapp (Darkehmen)
Braunsberg
Elbing
Danzig
Bartenstein
Goldap
Angerburg
Preußisch Holland
Heilsberg
Rastenburg
Treuburg
Marienburg
Stuhm
Rößel
Lötzen
Mohrungen
Allenstein
Sensburg
Lyck
Marienwerder
Rosenberg
Osterode
Ortelsburg
Johannisburg
Neidenburg
1 2 3 4 5 6 7 8 9 10 11 12 13 14 15 16 17 18 19 20 21 22 23 24 25 26 27 28 29 30 31 32 33 34 35 36 37 38 39 40 41

両大戦間期の東プロイセン

地図中の地名一覧

Regierungsbezirk Gumbinnen　グムビネン県

1. Niederung (1938年～Elchniederung) ニーデルング(1938年～エルヒニーデルング)郡
2. Tilsit　ティルジット市
3. Tilsit-Ragnit ティルジット-ラグニット郡
4. Pillkallen(1938年～Schloßberg(Ostpr.)) ピルカレン(1938年～シュロスベルク)郡
5. Insterburg インステルブルク市
6. Insterburg インステルブルク郡
7. Gumbinnen　グムビネン郡
8. Stallupönen(1938年～Ebenrode) シュタルウペネン(1938年～エーベンローデ)郡
9. Darkehmen(1938年～Angerapp) ダルケメン(1938年～アンゲラップ)郡
10. Goldap　ゴルダップ郡
11. Angerburg　アンゲルブルク郡
12. Oletzko(1933年～Treuburg) オレツコ(1933年～トロイブルク)郡

Regierungsbezirk Allenstein　アーレンシュタイン県

13. Lyck　リク郡
14. Lötzen　レッツェン郡
15. Johannisburg　ヨハニスブルク郡
16. Sensburg　ゼンスブルク郡
17. Ortelsburg　オルテルスブルク郡
18. Rößel　レッセル郡
19. Allenstein　アーレンシュタイン市
20. Allenstein　アーレンシュタイン郡
21. Osterode(Ostpr.)　オステローデ郡
22. Neidenburg　ナイデンブルク郡

Regierungsbezirk Königsberg　ケーニヒスベルク県

23. Mohrungen　モールンゲン郡
24. Preußisch Holland　プロイシッシュホランド郡
25. Braunsberg(Ostpr.)　ブラウンスベルク郡
26. Heilsberg　ハイルスベルク郡
27. Heiligenbeil　ハイリゲンバイル郡
28. Preußisch Eylau　プロイシッシュアイラウ郡
29. Bartenstein　バルテンシュタイン郡
30. Rastenburg　ラシュテンブルク郡
31. Gerdauen　ゲルダウエン郡
32. Wehlau　ヴェーラウ郡
33. Königsberg　ケーニヒスベルク市
34. Samland　ザムラント郡
35. Labiau　ラビアウ郡

Regierungsbezirk Westpreußen　ヴェストプロイセン県

36. Elbingエルビング市
37. Elbingエルビング郡
38. Marienburg　マリエンブルク郡
39. Stuhm　ストゥーム郡
40. Marienwerder　マリエンヴェルダー郡
41. Rosenberg　ローゼンベルク郡

マズーレンは、ほぼ次の地域：10,11,12,13,14,15,16,17,21,22
エルムラントは、ほぼ次の地域：18,19,20,25,26
地図では、ドイツ語の地名のみを表記した。引用：拙稿「第一次世界大戦後の東プロイセンにおける民族的相克——ドイツ人とポーランド人の関係をめぐって」『東京学芸大学紀要人文社会科学系Ⅱ』第63集、2012年、85頁の地図。

東プロイセン南部地域の帰属はヴェルサイユ条約によって住民投票に委ねられることとなった。この対象となる地域は、マズーレン諸郡とともに、南エルムラントのアーレンシュタイン二郡とレッセル（Rößel）郡の総面積一万二三九五㎢、住民五五万八〇〇〇人であった。但し、ナイデンブルク（Neidenburg／Nidzica）の南の郡部とゾルダウ（Soldau / Działdowo）は、住民投票を待たずに一九二〇年一月一〇日にポーランド領となった。

住民投票の資格者は、一九二〇年一月一〇日の時点で満二〇歳に達しており、当該地域に生まれた者か一九〇五年一月一日以降に当地に住む者とされた。こうした人々には、現在はルール地域など東プロイセンの外に住む者も含まれた。一九二〇年七月一一日の投票当日に向けて、ドイツ・ポーランド間の対立が深まる中で、その焦点となったのがこの東プロイセンの外＝ライヒ本土に住む住民の投票であった。ポーランド側がこの者たちがすでに「ゲルマン化」されているとみなし、ポーランド回廊を通過して東プロイセンの投票場に来ることを阻止しようとするのに対して、ドイツ側はこの者たちを海上輸送によって送り届けようとしたのである。また、投票用紙の選択は、「東プロイセン」か「ポーランド」の二者択一であり、「ドイツ」か「ポーランド」の選択ではなかった。

この住民投票に向けて、ドイツ側とポーランド側では、それぞれ激しい運動が繰り広げられた。対立は、時に集会やそれぞれの側に立つ新聞誌上での汚い言葉の罵り合い、また街頭での暴力沙汰に及んだ。特にドイツ側では、一九一九年三月三〇日、諸グループを結集した上部組織「ドイツ東部故郷奉仕団（Ostdeutscher Heimatdienst）」が創設された。この組織は、差し迫った目標として、「ドイツ東部に迫った危険について啓蒙し、それに対する防衛措置を統一的に組織し、故郷感情を強化する」ことを掲げた。この「故郷（Heimat）運動」の力強い宣伝によって、マズーレン住民の国民的意識をドイツのために確固たるものとすることが図られていく[17]。その中心にいたのが、重なり合う関連諸組織の要職にあったマックス・ヴォルギツキ（Max Worgitzki）であった。彼は、東プロイセン最大の大衆組織エルムランド・マズーレン同盟（Der Ermländer- und Masurenbund）を創設し、これに属する各故郷協会（Heimatverein）と「ドイツ東部故郷奉仕団」の庇護者とも呼べる存在であった。彼は、一九二四年には週刊誌『我らの故郷（Unsere Heimat）』を創刊するなど、故郷運動・「国境活動（Grenzarbeit）」を牽引していく[18]。「国境活動」の目標とは、ヴォルギッツキの考えに拠れば、混合した言語を話す住民、特に南エルムラントと南マズーレンの住民に、ドイツ文化を伝えることであり[19]。その際、焦点となるのが言語の問題であった。

マズーレン史研究の第一人者であるA・コッセルト（A. Kossert）は、この住民投票を巡るマズーレンの動向を跡づけながら、双方の運動における言語の入り組んだ関係に着目している。たとえば、ドイツ側では、ドイツの宣伝は、ドイツ語メディアを用いるだけではマズール人を十分に獲得できないとみなしていた。その例としてまず、ドイツの宣伝活動を最初に担ったヨハニスブルク（Johannisburg）の教区監督パウル・ヘンセル（Paul Hensel）が、ポーランド語でドイツ愛国主義を訴えるポーランド語（マズール語）のビラを撒いて、マズール人のポーランド側への投票を防ごうとしたことが挙げられる。このドイツのための宣伝をポーランド語で行うヘンセルの活動は、繰り返し批判を受けるのだが、これは、一九二〇年の時点ではドイツ語の積極的な使用はまだ見られず、とりわけ南マズーレンの農村地域では、圧倒的多くがポーランド語を使用していることの証左でもあった[20]。

同様の例は続く。「ドイツ東部故郷奉仕団」の幹部でさえ、メディアとしてポーランド語を使用した。オルテルスブルク（Ortelsburg）郡レーレスケン（Lehlesken）村の故郷協会（Heimatverein）の地区集会は、ポーランド語で開催され、当地の農民詩人ヨハン・グィアスダ（Johann Gwiasda）が、ポーランド人に反対する「投票の詩」をポーランド語で披露した。彼の詩「ポーランド人に対する抗議（Protest naprzeciw Polakom）」は、最も熱烈な喝采を受けた。ナイデンブルク郡でも、「ドイツ東部故郷奉仕団」の地区組織は、二万五〇〇〇部のビラを、ドイツ語とポーランド語で発したのである[21]。

しかし、同様の事例は、親ポーランド側の活動にも見られた。「ポーランド・マズーレン委員会（Das polnische

Masurirsche Komitee)」は、ポーランド語を読めない若年層に向けたドイツ語新聞「マズーレン民族新聞（Masurische Volkszeirung)」を発行した。しかし、ドイツ側、ポーランド側の新聞を用いた宣伝活動の力の差は歴然としており、「ドイツ東部故郷奉仕団」の組織力に比べれば、ポーランド側の活動は素人同然であった。それは、双方の新聞の発行数にも見て取れる。ドイツ側で発行するポーランド語新聞『プロイセンの友たる民族（Pruski Przyjaciel Ludu)』は、宣伝メディアとして毎週五万部を発行し、またアーレンシュタイン地域のドイツ語で発行する新聞は、定期予約購読者を抱えていることもあり、合計で毎日一〇万部を発行していた。これに対して、ポーランド側では、ポーランド語新聞『マズール（Mazur)』が三五〇〇部、『オルシュティンスカ新聞（Gazeta Olsztyńska)』は五〇〇〇部でしかなかった。加えて、先の『マズーレン民族新聞』は、ヴォルギツキらドイツ側からの激しい圧力にさらされて、住民投票当日まで持ちこたえられずに、その二週間前に発行停止に追い込まれたのである[22]。

一九二〇年七月一一日の住民投票の東プロイセン南部における結果は、世に知られるように、全体として「東プロイセン（ドイツ）」の選択が九七・八九％と圧勝であり、マズーレンの町や村では祝賀の凱旋門を飾り立て、ライヒ本土から故郷に帰還した投票資格者たちが、「故郷はドイツ人のマズーレンを歓迎する」、「マズーレンはドイツにとどまる」という横断幕を掲げて祝った[23]。

3　住民投票後のマズーレンにおける言語状況

前節の通り、マズーレンを中心とした東プロイセン南部地域の帰属を決する住民投票に向けては、ドイツ、ポーランド側双方で有権者の投票行動に働きかける運動が激しく展開され、自己の宣伝のために新聞や集会において対峙する側の言語を用いるということが頻繁に見られた。住民投票の結果は、「東プロイセン」を選択するドイツ側の圧勝であったが、住民投票後も当地は、ドイツ・ポーランド双方の民族運動が激しくぶつかり合う係争地であり続けた。

東プロイセン内では、ドイツ側にあっては、住民投票のために各地に誕生した故郷協会が、引き続き「ポーランドの脅威」を掲げた反ポーランド運動を展開するが、他方、ポーランド側でも敗北の失意を乗り越えて、半年後には再び「失地回復（イレデンタ）」の運動が展開していくこととなる。一九二〇年一一月三〇日には、アーレンシュタインに、「東プロイセン・西プロイセンのポーランド人同盟（Polenbund für Ost－Westpreußen）＝（以下『ポーランド人同盟』）」が創設され、新聞では既述の『オルシュティンスカ新聞』が運動を牽引した。[24] こうしたポーランド側の運動の中では、その後も、ポーランド人の主張を、ドイツ語を用いて行うということがしばしば見られた。たとえば、ポーランド人運動の指導者の一人、ドムブコフスキ（Dombkowski）は、東プロイセンと西プロイセンで宣伝の運動を進めていく方針において、ポーランド語を読み書きできない者たちを引き込むためにドイツ語による新聞の発行が無条件に必要であると訴えた。[25]

他方、ポーランド人側のドイツ語使用を巡る問題は、別の形でも現れた。一九二二年七月三〇日、シュトゥーム（Stuhm）において、ポーランド人学校協会（Polnischer Schulverein）の集会が一二〇人の参加者を集めて開催された折、協会事務局長グロホフスキ（Grochowski）がポーランド人学校協会創設についてドイツ語で報告すると、会場からはドイツ語での報告について批判の声が上がった。協会幹部の一人シエラコフスキ伯爵夫人（Gräfin von Sierakowski）が、それを引き取り詫びるとともに、「地区裁判所への規約登録上、規約はポーランド語では書かれていないが、グロホフスキが直ちにポーランド語に翻訳する」と約して、何とかその場を納めた。[26] こうした事柄は、マズーレン住民の言語を巡る状況を反映する事例とみることができよう。

では、その言語状況とは、住民投票を挟んでどのようなものだったのだろうか。特に焦点となるのは、民族的マイノリティとしてのマズール人についてである。一九世紀以降、第二帝政期を中心に第一次世界大戦に至るマズール人の言語を巡る問題は、筆者が以前に論じた通りである。福音派教会によれば、一八六一年にマズーレン住民は、約四二万人以上、一八五六年の福音派教徒の数は四〇万人、そのうち二四〜二五万人がポーランド語話者であった（ここでは、「マズール語話者」というカテゴリーはない）。なお、同じ一八六一年について、ヴィトシェル（Leo Wittschell）は、マズーレンには約二六万人のマズール語話者がいたとしている[27]。また、プロイセン当局による言語調査は、その意図と手法に問題があるということを承知して引用しなくてはならないが、それに拠ると、一八九〇年には東プロイセンに三三万人のマズール人がいて、その約六五％がポーランド語を、三五％がマズール語を選択した。そして一九一〇年の調査では、この地域のマズール人三一万五〇〇〇人のうち、八〇％がマズール語を選択し、二〇％がポーランド語を選択したということであった[28]。ちなみに、ヴィトシェルは、一九一〇年の調査の有効性について多くの疑問を投げつつ、独自にマズーレンには一九一〇年四四万一〇〇〇人の住民の内、ドイツ語話者二〇万八〇〇〇人、マズール語話者二一万三〇〇〇人、ポーランド語話者三〇〇〇人、二言語話者並びにその他の言語話者を一万七〇〇〇人として示し、ここからは急速なドイツ語話者の増加を読み取れるとしている。その際、非ドイツ語話者であってもドイツ語を理解し、話すことはできるとも指摘している[29]。

ここから見て取れるように、マズーレン住民の言語状況の実態を把握することは容易でない。そのことは、当地が戦争と住民投票を経て、ドイツ・ポーランド間のナショナリズムの綱引きの対象となっている中では尚更であった。一九二五年六月一六日のドイツによる言語調査は、マズーレン全住民四三万七一〇七人の内、ドイツ語話者八三・四％、マズール語話者九・三％、ポーランド語話者〇・五％、ドイツ語とマズール語／ポーランド語話者六・

六％としている。ヴィトシェルは、一九一〇年から一九二五年にドイツ語話者が一九一〇年の五二％から急増したことをドイツ化の証とし、マズール語の消滅は「最終段階」に入っており、これは「マズール人自身の意思表明」であるとした[30]。

しかし、コッセルトは、この一九二五年のドイツの言語調査とその解釈等については、ポーランド人研究者の側から厳しい批判が展開されているという。それは、短期間の母語の転換への疑問を前提とした上で、その調査手法を問題とした。たとえば、その一つとして、まず住民はただドイツ語を母語にするかどうかを最初に問われた上で、これに該当しない場合には自らの母語を質問者に表明しなければならなかった。確かなことは、コッセルトに拠れば、二言語話者の割合が一九一四年以降に増えていることだが、積極的あるいは消極的なドイツ語の使用は、必ずしも母語の転換を意味するものではなかった[31]。

総じて言えば、住民投票後も、「マズール／ポーランド語」は、住民の日常語、コミュニケーション手段であり続けたといえる。しかし、言語に対する寛容さを捨てようとする県などの当局の強い意志を見誤ることはできない。また「マズール／ポーランド語」が日常語として残り続けたとしても、ポーランド語で学校の授業を受けられた最後の世代は、一八八八年に学校を去っており、マズール人の大半はポーランド語の読み書きはできず、それはただ口語としてのみ続くものであった[32]。

4　マズーレンにおける日常語としての「マズール／ポーランド語」

住民投票後も、「マズール／ポーランド語」が住民の日常語であり続けたとすれば、その実態はどのようなものであったのだろうか。残念ながら、筆者には現在、それを資料に基づいて跡づける用意がない。そこで、ここではコッセルトの研究に依拠して、素描してみたい。

それに拠れば、マズーレンの実態は、福音派牧師の司牧を通してより多く知ることができる。たとえば牧師は、若いマズール人に対してはドイツ語のみの礼拝を行うものの、年長者には母語での対応が求められたのであり、欠員の牧師職への採用にあっては、「マズール語」に精通することが義務づけられた。一九二二年にはオルテルスブルク郡プッペン（Puppen）教区にポーランド語を解さない新任牧師が着任したとき、激しい抗議の声が上がり、教会役員会はこれを撤回せざるを得なかった。同様の事例には、枚挙に暇がない。一九二五年、フラムベルク（Flammberg）村の教会では、礼拝の九〇％がポーランド語で行われた。一九二六年、ヨハニスブルク郡スカルツィネン（Skarzinnen）村の牧師は、「母語と日常語はポーランド語である」と述べており、一九二九年一一月一五日にこの地であった新しい教会の落成式典では、ドイツ語の礼拝とともに、「マズール語／ポーランド語の祝賀」も執り行われた。一九二九年のマルグラボワ（Marggrabowa）市の教会では、定期的に「マズール語礼拝」が行われていた[33]。

このように公的空間におけるドイツ語の普及の一方で、日常世界の交流においては、「マズール／ポーランド語」が使用され、調査に表れる単純な二言語話者の数以上に、多元的な言語の使用と交換・転換がなされていたと考えることができよう。なお、ここでは便宜的に「マズール／ポーランド語」と表記している。前節で述べたように、「マズール語」という概念は、第二帝政期のドイツ当局の言語調査のカテゴリーとなったが、その意図は、マズール語をポーランド語から切り離すことで、マズール人をポーランド人とは別個の民族に見立てようとすることであった。しかし、先にも触れた教区監督ヘンセルに拠れば、ドイツ当局の公式の政策に反して、マズール人自身には、「マズール語」という言葉に馴染みがなく、基本的には「マズール語の礼拝」ではなく、「ポーランド語の礼拝」に来ていたという[34]。

このポーランド語の礼拝は、ポーランド語が公的に排除されるようになってからも、ユッィニア（Jutrznia＝クリスマス朝の礼拝）等では維持された。多くの場で、牧師や教師たちはポーランド語のユッィニアを制限し、ドイツ語への翻訳がなされたが、ポーランド語は残ったのである。一九二〇／二一年には、オルテルスブルク郡バラノヴェン（Baranowen）村で、ドイツ贔屓の教師が、学校でのポーランド語のユッィニアを行うことを拒否したときには、問題は学校ストライキへと発展したのであった[35]。

確かに世代的に見れば、より若い世代のマズール人は、住民投票以降のドイツ・ポーランド間の敵対関係を背景に、「ポーランド人」あるいは「マズール人」として社会的に不利に置かれることを恐れて、母語を捨て去り、ドイツ語を使用する傾向にあった。しかし、農村の孤立した環境は、「ポーランド語ミリュー」が侵食されていくことへの歯止めとなった。年長者は、「マズール／ポーランド語」でのコミュニケーションを必要としており、これが村と家庭の中での日常語であった。

コッセルトが村レヴェルの記録や思い出を手がかりに、一九二〇年代に使われていたマズール語の耕牧地や湖沼地の名称は、ナイデンブルク郡レコヴニッツァ（Rekownitza）村の事例では、“Gorki（ゴルキ）“、„Bakola（バコラ）“、„Jeglijaki（イェグリアキ）“、„Długe Bagno（ドゥウゲ　バグノ）“、„Torfaki Bagno（トルファキ　バグノ）“、„Podbor（ポドボル）“、„Zastruga（ザストルガ）“、„Kommorowe（コモロヴェ）“。同郡ウレシェン（Ulleschen）村の事例では、“Grodoki

（グロドキ）“、„W Gorach（ヴ　ゴラフ）“、„Pod Gorani（ポト　ゴラニ）“、„Pod Laski（ポト　ラスキ）“、„Mostki（モストキ）“、„Prschinarki（プシナルキ）“である[36]。いずれも固有名詞ではあるが、Gorki（ゴルキ）は、ポーランド語のgórki（ゴルキ＝「小山」の複数形）を類推させ、Bagno（バグノ）は、そのままポーランド語のbagno（バグノ＝「湿地」）を想起させる。w（ヴ）は、ポーランド語の場所を示す前置詞（「～の中で」「～で」）であり、pod（ポト）も、ポーランド語の前置詞（「～の下で」、「～のもとで」）である。

このような現実を背景に、オルテルスブルク区裁判所では、一九二七年においてなお、審議開催日には、一日に二度ポーランド語の通訳者が入って審議を進めたのであった[37]。

5　東プロイセン／マズーレンにおけるポーランド語学校・授業

このように東プロイセン・マズーレンにおける言語状況は、一九二〇年の住民投票以後、マズーレンのほとんどがドイツにとどまる中で、公的にはドイツ語の普及が図られつつも、日常の生活の場では、「マズール・ポーランド語」が使用された。その中で、ポーランド民族運動の側では、ポーランド語授業、ポーランド語学校の創設が目指された。3節で触れた一九二〇年一一月創設の「ポーランド人同盟」は、憲法の枠組みの中の権利として、1．民衆学校におけるポーランド語授業（読み書き・宗教）、2．ポーランド語ギムナジウムと女子中等学校、3．ケーニヒスベルク大学におけるポーランド語教授職、4．郡庁で行政問題についてポーランド人住民に対応するポーランド人の採用、の諸点を要求した[38]。

また、一九二二年七月三〇日には、既述の通り、シュトゥームにおいてポーランド人学校協会の総会が開催され、約一二〇人が集った。総会では、先述のように、事務局長グロホフスキのドイツ語による報告が物議を醸したものの、会自体では、憲法一一三条に保障されたポーランド語授業の実現のために、ポーランド人が協会へ結集し、その数の力によってドイツ政府に圧力をかけることの意義が強調された。これが実現すれば、自分たちの資金で学校を設立しなくても、ポーランド語授業を実現できると考えられたのである[39]。

しかし、実際にはその実現は容易なことではなかった。確かにドイツ政府は、この問題を在外ドイツ人の保護問題と連動させて、在外ドイツ人のためにとドイツ国内の民族的マイノリティの保護を対外的にアピールしたが、国内の整備は緩慢であり、一九三一年時点でも全プロイセンで、何らかの形で母語であるポーランド語の授業を受ける児童数は、わずか六六二〇人にとどまった[40]。

しかも、「マズール／ポーランド語」の親和性を前提として、こうしたポーランド民族運動とポーランド語授業の要求がマズール人たちの中に浸透していったとみることはできない。むしろ、マズール人たちは、ポーランド民族運動においては副次的な役割しか果たさなかった。一九二〇年一一月三〇日にはアーレンシュタインに、「ドイツにおけるポーランド人協会（Związek Polaków w Niemczech）＝以下『ポーランド人協会』」が創設されたが、これはその活動を、エルムラントと西プロイセンのカトリック教徒のポーランド人マイノリティに活動を集中させた。福音派教徒であるマズール人に対する親ポーランド民族的啓蒙活動の展望が見通せなかったのである。それでも、同協会は、自らのマズーレンの活動を強化すべく、一九二三年三月、「マズーレン連盟（Zjednoczenie Mazurskie）」を創設、新聞『マズーレン民族の友（Mazurski Przyjaciel Ludu）』をオルテルスブルクに創刊した。一九二五年には、さらに同市に「マズーレン銀行（Bank Mazurski）」が設立される。しかし、その効果が十分に現れない中で、一九二八年ポーランド民族運動に決定的な転機が訪れた。運動の幹部であり、「マズーレン銀行」頭取のロベルト・マハト（Robert Macht）が、「マズーレン連盟」を親ドイツ的な路線へと転換したのである。彼は、「ドイツ東部故郷奉仕団」の協力者であり、ドイツ側に通じていたと推測された[41]。

その後、ポーランド民族運動は、マズール人のグロマドキ（Gromadoki）運動との接触を図る。しかし、グロマドキ運動は、親ポーランドというよりは、福音派教会の平信徒による地域主義運動であり、関係の構築は難しかった[42]。

一九三〇年秋、「ポーランド人協会」会員は、全マズーレンでわずか九八名しかおらず、内七六名がオルテルスブルク郡にいた[43]。そのなかで、一九三一年「ポーランド人協会」は、マズーレンにおける複数のポーランド語学校の創設を計画、オルテルスブルク郡ピアスッテン（Piassutten）村の村はずれの農場にマズーレン最初の学校を建て、同年五月五日に児童五人の授業が始まった。しかし、ドイツ側の宣伝キャンパーンによって、生徒数が一名だけになると、様々な問題を抱えたまま、一九三一年秋には同校は閉鎖となった。ナイデンブルク郡における学校創設の試みも、ドイツ側の妨害に遭って頓挫し、ヴァイマル共和国末期には、マズーレンにおけるポーランド語学校への希望は潰えたのであった[44]。

結びにかえて

本稿は、必ずしも「翻訳」を正面から論じたものではない。むしろ、「文化的翻訳」という観点から、「翻訳」が異なるもの（文化）の出会い、関係を形成するものであり、その「文化的コンタクトゾーン」とするならば[45]、これを東プロイセン／マズーレンに設定して、「民族」と「言語」がドイツ人とポーランド人、そしてマズール人の間でどのように転換していくのかを考察しようとした。

ある意味では、第一次世界大戦後の国際社会で「民族的マイノリティ」保護が問題になったとき、ヴァイマル共和国では、この問題が「民族的マイノリティ」ではなく、「ドイツ国内の外国語を話す人々」へと置き換えられ（「翻訳」され）、「言語教育」の問題として取り扱われていくことも、この文脈で理解することができよう。

東プロイセン／マズーレンは、その帰属を巡る一九二〇年の住民投票以降、ドイツの側では、彼の地を「ポーランドの脅威」に備える「故郷（Heimat）」とみなし、第二帝政期から続く「ゲルマン化」が推し進められた。これに対して、ポーランド民族運動は、ヴァイマル憲法を盾に「ポーランド語」授業を要求する中で、同地は、両者の激しい係争地となった。

こうした中でドイツ当局は、その狭間に生きるマズール人に対しては、一九世紀末以降、その母語を「マズール語」としてポーランド語から切り離しながらも、学校教育などを通して、いっそうのドイツ語の浸透を図った。しかし、マズール人は、実際には日常生活ではかなりの程度、まだ「マズール／ポーランド語」を使用し続けたのである。その傾向は、農村に行けば行くほど、そして年長者になればなるほど、顕著であった。その中にあって、ポーランド民族運動は、マズール人を同じ「ポーランド語」を話す、親ポーランド的存在として自らの側に取り込もうとしたが、これもまた、必ずしもマズール人に受け入れられるものではなかった。

本稿の中でも、それぞれの文脈において、時に「マズール／ポーランド語」、「ポーランド語」「マズール語」と表記して論を進めてきた。これは、ドイツ人、ポーランド人、そしてマズール人それぞれから見たとき、その表現が異なるものとなったことに拠る。しかし、それはまた、単なる「民族」「文化」の問題ではなく、「文化的翻訳」においてと同様に、そこに権力関係が介在していることを念頭に読み解く問題であることも忘れてはならない[46]。

註

1 たとえば、Übersetzung（翻訳）の特集を設けた Geschichte und Gesellschaft: Zeitschrift für Historische Sozialwissenschaft, 38. Jahrgang 2012/ H.2.

2 Simone Lässig, „Übersetzungen in der Geschichte – Geschichte als Übersetzung? Übersetzungen zu einem analytischen Konzept und Forschungsgegenstand für die Geschichtswissenschaft", in: *Geschichte und Gesellschaft: Zeitschrift für Historische Sozialwissenschaft*, 38. Jahrgang 2012/ H.2., 190, 192.

3 Paul Ricœur, „Vielzahl der Kulturen – Von der Trauerarbeit zur Übersetzung", in: Claus – Dieter Krohn u.a. (Hg.), *Übersetzung als transkultureller Prozess, Exilforschung: Ein internationales Jahrbuch*, 25/2007, München, 5.

4 Simone Lässig, 204.

5 Simone Lässig, 205.

6 Gertrud Pickhan, „Übersetzung, Interkulturalität, Kontakte: Themen der osteuropäisch – jüdischen Geschichte", in: *Osteuropa*, 58 (März, 2008), 117-124.

7 Cf. Marek Zybura, *Querdenker Vermittler Grenzüberschreiter: Beiträge zur deutschen und polnischen Literatur- und Kulturgeschichte* (Dresden, 2007). マレク・ジブラ（Marek Zybura）自身が、ポーランド人ゲルマニストで文学・文化研究者として、国境を越えた文化接触を体現している。

8 川手圭一「マイノリティ問題とフォルクの思想——国境地域・外国在住ドイツ人保護運動の思想とその政治的・社会的位相」伊藤定良／平田雅博編『近代ヨーロッパを読み解く——帝国・国民国家・地域』(ミネルヴァ書房、二〇〇八年)、二九二—二九六頁。

9 Ferdinande Knabe, *Sprachliche Minderheiten und nationale Schule in Preußen zwischen 1871 und 1933: Eine bildungspolitische Analyse*, Münster, 2000, 191-194.

10 川手「マイノリティ問題とフォルクの思想」、二九五頁以降。

11 Ferdinande Knabe, *Sprachliche Minderheiten*, 197-202.

12 *Ibid.*, 218f. なお、アーレンシュタインは、現在はポーランドの都市オルシュティン（Olsztyn）である。

13 バチェフスキは、一九二一年一一月一一日に創設された学校協会「ヴァルミアにおけるポーランド・カトリック学校協会（Polsko-Katolickie Towarzystwo Szkolne na Warmji）」の幹部会議長として同協会を指導しており、ポーランド人マイノリティの代表者であった。*Ibid.*, 219.

14 *Ibid.*, 223.

15 マズール人についての詳細は、川手圭一「ドイツ人とポーランド人の狭間に生きた人々――マズール人の言語・宗教・民族的アイデンティティ」平田雅博／原聖『帝国・国民・言語――辺境という視点から』(三元社、二〇一七年)、一九四―二二九頁を参照頂きたい。

16 Ferdinande Knabe, *Sprachliche Minderheiten*, 222、225.

17 Andreas Kossert, *Preußen, Deutsche oder Polen? Die Masuren im Spannungsfeld des ethnischen Nationalismus 1870 – 1956* (Wiesbaden, 2001),148.

18 Robert Traba, „Zur Grenzlandmentalität in Ostpreußen in der Zwischenkriegszeit Max Worgitzki (1884 – 1937)", in: *Zeitschrift für die Geschichte und Altertumskunde Ermlands*, 50 (2001), 93.

19 Ibid., 97. 当時のドイツ・ポーランド国境地域における「国境活動」については、併せて参照、川手「マイノリティ問題とフォルクの思想」、三〇二頁以降。

20 Andreas Kossert, *Preußen, Deutsche oder Polen?*, 148f.

21 *Ibid.*, 149.

22 *Ibid.*, 156.

23 Cf.Andreas Kossert, *Damals in Ostpreußen: Der Untergang einer deutschen Provinz* (München, 2008), 70f.

24 20.12.1920: Regierungsrat Dr. Poeschel in Königsberg. Aufzeichnung über eine Fahrt durch das Abstimmungsgebiet(13. – 18.12.1920), GStA Merseburg, Ministerium des Innern, Rep.77 Tit. 856, Nr.233 (Abschrift), in: Rudolf Jaworski / Marian Wojciechowski (Hg.), *Deutsche und Polen zwischen den Kriegen: Minderheitenstatus und „Volkstumkampf" im Grenzgebiet. Amtliche Berichterstattung aus beiden*

Ländern 1920 – 1939*, 1. Halbband (München, 1997), 169-176.

25 ドムブコフスキは、「ヴィスワ地域・ヴァルミア〔＝エルムラント（独）〕・マズールのポーランド人協会（Towarzystwo Polakow z Powisla, Warmji i Mazur）」と「ヴァルミア・マズールのポーランド人同盟（Zwiazek Polakow z Warmji i Mazur）」が合併した「ポモルスカ評議会（Rada Pomorska）」の指導者。28.2.1922: Landeskriminalpolizei in Königsberg an das Preußische Ministerium des Innern. Stand der polnischen Bewegung in den ehemaligen Abstimmungsgebieten 28 II 1922r, GStA Merseburg, Ministerium des Innern, Rep.77 Tit. 856, Nr.542, in: Rudolf Jaworski / Marian Wojciechowski (Hg.), *Deutsche und Polen zwischen den Kriegen: Minderheitenstatus und „Volkstumkampf" im Grenzgebiet. Amtliche Berichterstattung aus beiden Ländern 1920 – 1939*, 1. Halbband (München, 1997), 178-183.

26 August 1922: Der Oberpräsident in Königsberg an den Staatskommissar für öffentliche Ordnung. Versammlung des polnischen Schulvereins in Stuhm (30.7.1922), PAAA Bonn, Politische Abteilung IV Polen, Politik 2 D, Nr.5 (Abschrift), in: Rudolf Jaworski / Marian Wojciechowski (Hg.), *Deutsche und Polen zwischen den Kriegen: Minderheitenstatus und „Volkstumkampf" im Grenzgebiet. Amtliche Berichterstattung aus beiden Ländern 1920 – 1939*, 1. Halbband (München, 1997), 189.

27 川手圭一「ドイツ人とポーランド人の狭間に生きた人々」、二〇四頁。Leo Wittschell, *Die völkischen Verhältnisse in Masuren und dem südlichen Ermland* (Hamburg, 1925), 21.

28 詳細は、川手圭一「ドイツ人とポーランド人の狭間に生きた人々」、二一九―二二四頁。なお、一八九〇年と一九一〇年の間の数字の差を理解するためには、一八九〇年の言語調査で初めて「マズール語」という項目が設定されたこと、一九一〇年の調査結果には、当局の介入、アジテーションが功を奏したことなどが考えられる。

29 Leo Wittschell, 28f.

30 *Ibid.*,25ff. Cf. Andreas Kossert, *Preußen, Deutsche oder Polen?*, 171. 併せてプロイセン統計局上級参事官カール・ケラー（Karl Keller）が一九二九年にまとめた統計も示しておこう。それに拠ると、ナイデンブルク郡を除く全マズール語圏で、一九一〇年と一九二五年を比較すると、一九二五年のマズール語話者は四万一〇〇〇人で全体の七・一二％（一九一〇年＝一七万二〇〇〇人、三〇・八六％）、二言語話者（マズール語とドイツ語）は二万四〇〇〇人で四・一六％（一九一〇年

=七七〇〇人、一・三七%)、純粋なポーランド語話者は一万四〇〇〇人で全体の二・四二%（一九一〇年=七万二〇〇〇人、一二・八五%)、二言語話者（ポーランド語とドイツ語）は一万八〇〇〇人で三・一六%（一九一〇年一万二〇〇〇人、二・二四%）と示した。また、マズール語のみを母語とするとした者たちのうちで、八三%はドイツ語を理解し、ポーランド語のみを母語とするとした者のうち、七二%はドイツを理解する、としている。Karl Keller, *Die fremdsprachige Bevölkerung in den Grenzgebieten des Deutschen Reiches* (Berlin, 1929), 48.

31 Andreas Kossert, *Preußen, Deutsche oder Polen?*, 172ff.

32 *Ibid.*, 175, 177.

33 *Ibid.*, 177f.

34 *Ibid.*, 178f.

35 *Ibid.*, 179.

36 *Ibid.*, 180.

37 *Ibid.*, 180.

38 5.4.1921: Landesgrenzpolizei in Königsberg an das Preußische Ministerium des Innern. Sekretär des Polenbundes in Allenstein, Bruno Gabrylewicz, GStA Berlin-Dahlem, Ostpreußische Vertretung beim Reichs- und Staatsministerium, I. H.A. Rep.203, Nr.590/1, in: Rudolf Jaworski / Marian Wojciechowski (Hg.), *Deutsche und Polen zwischen den Kriegen: Minderheitenstatus und „Volkstumkampf" im Grenzgebiet. Amtliche Berichterstattung aus beiden Ländern 1920 – 1939*, 1. Halbband (München, 1997), 177.

39 註26参照。August 1922: Der Oberpräsident in Königsberg an den Staatskommissar für öffentliche Ordnung. Versammlung des polnischen Schulvereins in Stuhm (30.7.1922), 189f.

40 川手「マイノリティ問題とフォルクの思想」、二九六頁。

41 Andreas Kossert, *Preußen, Deutsche oder Polen?*, 213f.

42 *Ibid.*, 215. グロマドキ運動については、川手「ドイツ人とポーランド人の狭間に生きた人々」、二二七頁も参照。

43 同年末の会員は一四〇名だったが、オルテルスブルク郡以外の活動は難しかった。Andreas Kossert, *Preußen, Deutsche oder*

Polen?, 215f.

44 *Ibid.*, 216f.

45 Cf. Doris Bachmann-Medick, "Übersetzung als Medium interkultureller Kommunikation und Auseinandersetzung", in: Friedrich Jaeger / Jürgen Straub (Hg.), *Handbuch der Kulturwissenschaft: Paradigmen und Disziplinen* (Stuttgart, 2004), 449-453.

46 *Ibid.*, 453.

終　章　「文化の翻訳」をどう考えるべきか

原　聖

はじめに

ここ二、三年、グーグル翻訳などの翻訳ソフトが飛躍的に向上して、我々の翻訳に対する意識がだいぶ変わりつつある。知らない言語にもあまり抵抗感がなくなり、ハードルが低くなっていることは確かなようだ。さらに最近では「チャットGPT」が登場して、翻訳どころか、意図した文章を書くことそのものをパソコンが肩代わりするようにもなって、文章で表現すること自体の意義が問われてもいる。

このところ翻訳の意味を根本的に問う重要な書物がいくつか現れているのは、こうして急速に変化しつつある翻訳論・文章論を反映していると見ていいかもしれない。本稿では翻訳論を「文化の翻訳」論という、文化人類学ではその初期からその学問的基盤にあった議論を問い直すことからはじめ、翻訳論の基礎となる概念を再確認し、現在における議論の整理を試みる。

1 「文化の翻訳」論

一九五〇年代から六〇年代の文化人類学において「文化の翻訳」論が展開された。当時の英国社会人類学の中心的研究者エヴァンズ＝プリチャード（一九〇二―七三）は「人類学者は、一つの文化を別の文化に翻訳するわけです。この段階では、社会人類学は、まだ、文学的、印象主義的な技術です。しかし、一つの民族誌的研究においても、人類学者は、［中略、以下……で記す］翻訳するにとどまらず、……社会の構造的な秩序ないしパターン……をみつけようとするのです」[1]と語っていた。つまり、文化に優劣をつけず、「他者」の社会構造を分析するには「翻訳」が有効な手段だという位置づけである。

また「異文化というテクストを自文化のことばに正しく翻訳しその「意味」を見いだす、テクストの深層にひそむ「他者の文法」や「文化の詩学」を摘出する」[2]とも述べる。すなわち、「異文化」を翻訳によって解釈するだけでなく、その深層の探求につながる、という理解である。

一九五〇年代は、「第三世界」や「南北問題」といった形でそれ以前の植民地諸国が話題にされ、また「世界」の翻訳者を自認する側の住人が「非西洋」の一元的な表象を安穏とは維持しえなくなった時期に相当する[3]。文化の価値としては平等を装いつつも、権力を持つ側からの一方的な「翻訳」であり、そうした関係性が批判されはじめたのである。

同時に「単一かつ均質で、たしかな体系性と可算性をそなえた実体としての言語像ないしは言語共同体像があらかじめ前提されている点が批判された」[4]。内部の多様性を考慮せず、「翻訳」していっても、そこから得られるものは少ないのではないかという一歩先の意見である。これについては、後述、ポストコロニアル研究でまた論じることにする。

このような状況から、「「文化を翻訳する」から「文化は翻訳する」とでも呼べそうな、応分のヒューマニズムを湛えた――それだけにいくぶんの偽善が感じられなくもない――喩法への変換を告げていたことになる……いまやあらゆる文化を表象する権利を享受し、ボーダーレスな環境に支えられつつそれら種々雑多な文化を自由に並置、混淆していくポストモダンな歴史主体たちの姿」[5]となったのである。このあたりについても、後述ポストコロニアル研究で再び触れる。

「翻訳論としては半ば古典の域に達している初期ベンヤミンのエッセイ、『翻訳者の使命』(一九二三年)にたいする読み」[6]が語られ、七〇年代では「純粋言語」の応用可能性がもっぱら関心となった。ベンヤミン（一八九二―一九四〇）については、やはり翻訳論の基本をなすという観点から次節で扱う。ベンヤミンの概念である「純粋言語」から発する「純粋文化」を「可能なかぎり誤訳のすくない」記述を介して異文化から「救済」し、かつ「解放」する使命が語られるが、これについても次節で多少ともわかりやすい形で解説を試みる。

その後は、単に言語にかぎらぬさまざまなメディアや記号の体系――「未開の法」ならぬ近代共和政体の法制度や市場経済システムをふくむ――からなる文化表象の流通、およびそれら表象から汲みうるメッセージを翻訳者が組み換え加工しながら、ふたたび新たなメッセージとして何処かに送信するといった多方向的な運動性が人類学者の課題となった。

かつては「帝国主義の影を証していた」が、「これにたいし、新たな喩が照らし出す「翻訳者」とは、多方向からおしよせる文化表象の波を常時メッセージとして受容して読み換えていく、彼自身がひとりの「読者」でもあることになる」[7]。「翻訳者」としての研究者は絶対的立場を保持するのではなく、相対的なものにすぎない、とする立ち位置の表明がなされる。

種々雑多な文化表象の行き交う場で翻訳行為を営む生活者の姿、とりわけそれまで文化翻訳者の位置を占めてきた西洋の支配的な視線にたいする「交渉」ないしは「抵抗」の可能性を、非西洋社会のひとびとに想定する九〇年代以後の人類学では、非西欧社会の「ポストコロニアル主体」による日常のさまざまな翻訳実践をモノグラフに定着させようとする動きにつながった。これについては、3節で詳述する。

2　翻訳論の基礎

2-1　ヤーコブソン

言語学で古典的な翻訳論は現在でも、ロマーン・ヤーコブソン（一八九六―一九八二）の「翻訳の言語学的側面について」[8]である。ここで翻訳は次のように三種類に分類された。

① 言語内翻訳 Intralingual translation, rewording（言い換え）
② 言語間翻訳 Interlingual translation, translation proper（本来の翻訳）
③ 記号間翻訳 Intersemiotic translation, transmutation（「移し換え」、非言語記号による言語記号〔言語〕の解釈、例えば小説の映画化）

この三分類はわかりやすい。翻訳の一義的意味は「言い換え」であり、他言語による「言い換え」がわれわれの通常考える翻訳である。ただ、言語に限定されない「記号」との「言い換え」の場合は、理論的には了解可能だが、じっさいに事例を考えると少なからず疑問符がつく。ここで挙げられている小説の映画化にしても、脚本化に際して重要になるのはやはり言語であり、言語論と記号論の包含関係といった大きな問題にもつながるのである。ソシュールにおいて言語は記号一般の一部として考えられていたが、ヤーコブソン以降、記号一般は言語があってこそ意味をなすので、むしろ記号が言語の一部という位置関係がその後の言語学では一般的理解を得るようになっているのである[9]。そのように考えると、③はむしろ蛇足で、①と②でその分類は完結と言ってもいいように思う。

ヤーコブソンは、「すべての認識論的経験とその分類は現存するいかなる言語でも援用可能である」[10]として、借用語、借用表現、造語、拡張語義、「婉曲表現、言い換え」を普遍的なものとした。重要なのはその先であり、「詩歌は定義からして翻訳不可能」であり、「創造的置き換えのみ可能」[11]と述べたところである。韻文、韻律は当該言語固有のものであり、翻訳は不可能という考え方である。翻訳論の中ではこうした韻文を含む文学言語の翻訳を課題として論じる研究者、また作家もあるが、言語学的にはこうした試みは翻訳とは言えない、と論じたのである。このヤーコブソンの論点は現在でも有効だろう。

2–2　ベンヤミン

ベンヤミンの翻訳論に対する貢献は1節でも述べたように重要である[12]。とりわけ、「諸言語が一つの全体をなしていると考えるなら、どの言語においても一つのこと、しかも同じことが言われているという点である。むろんこれには個別の言語は到達できない。到達できるのは純粋言語、相互に補完し合う諸種の志向性の総体なのである」[13]という箇所である。

これだけではわかりにくいが、具体例として次のように挙げられるとわかりやすくなる。「ドイツ語の「ブロート」とフランス語の「パン」とではたしかに意味されるものは同じだが、意味の仕方は同じではない。この意味の仕方の違いから明らかなのは、二つの単語がドイツ人とフランス人にとって異なったものを意味していること、これらはドイツ人、フランス人にとっては交換できないものであること、つまるところ、互いに排除しあうものだということである」[14]という箇所は現代の翻訳論にとっても意義深い箇所である。

「諸言語」が総体として「一つの全体を成している」という考え方は、次項で述べるソシュールのラングやパロールという概念とは少し次元が異なると認識すべきだろう。「ブロート」と「パン」は「たしかに意味されるものは同じ」というのは、ソシュールでは「シニフィエ（意味内容）」のレベルであり、「意味の仕方は同じではない」というのは「シニフィアン（発音）」のレベルと考えてまちがいない。さらに「二つの単語がドイツ人とフランス人にとって異なったものを意味している」というのは、「レフェラン（指示物）」のレベルである（こうした概念についても次項参照）。「パン」といっても、フランスではバゲットが一般的であり、ドイツでは四角で固い「ドイツパン」であろう。つまり、パンといってもドイツやフランスでは多少違う。そこで「相互に補完し合う諸種の志向性の総体」すなわち「純粋言語」を措定するのである。バゲットもドイツパンも含むパン全般の総体を純粋言語と考えるのである。「しかし意味の仕方はこれらの単語を生んだ二つの言語においては互いに補完しあう」[15]というのは、補完し合うそのさきに「純粋言語」を考えているのであり、あくまで仮定的存在であってわかりにくいことは確かだが、諸言語の総体を包み込む諸言語全体のエッセンスが「純粋言語」といっていいかもしれない。

こうしたエッセンスとしての「純粋言語」を想定しておくと、次の発言も理解が容易になるようだ。「真の翻訳とは、訳文を透けて輝き出るものであり、原作を覆い隠すこともなく、原作の光を遮るものでもない。そうではなく、翻訳という固有の触媒によって強められた分だけ、いよいよ豊かに純粋言語の影を原作の上に落としかける」[16]のであり、「異邦の言語のうちに呪縛されているあの純粋言語を自らの言語において解放すること、作品のうちに囚われている純粋言語を、翻訳という改作において解放すること、これこそが翻訳者の課題である」[17]という発言も多少ともわかるような気がしてくる。

2―3　言語学の基礎概念

ベンヤミンを理解するには、やはり言語学の基礎概念として、ソシュール（一八五七―一九一三）言語学を想起しておく必要があるだろう。簡単にまとめるとソシュール言語学には、通時言語学（比較言語学、言語を歴史的に扱う）と共時言語学（非歴史的、同時代の言語を扱う）があり、後者の方が重要になる。こちらで扱うのは、パロール（言語の個人的側面、発話）とラング（社会的に共有される言語、コード、固有言語）、それにランガージュ（言語活動、言語というもの）である。また個々の言語、ラングはシーニュ（記号）の体系であり、シーニュにはシニフィアン（言語の音の側面、記号音声部）とシニフィエ（言語の意味的側面、概念部）の二つの側面がある。さらにシーニュとレフェランン（指示対象）の関係も注目しておくべきだろう。シニフィエとレフェランはともに意味に関わるので紛らわしいが、レフェランは実際に指示される具体的なものであり、記号の概念部としてのシニフィエ（意味部）とは異なる。ソシュール言語学ではもう一つ、言語の二重分節という重要概念がある。これは、「意味を構成する単語・文法構成要素の単位、現実世界の認識の体系」と「音を認識する単位、音素を構成する体系」があり、前者を扱うのが音韻論であり、後者は音声学の領域になる。だが、この二重分節というレベルは翻訳論にはあまり関わりがない。

ソシュールと合わせて思い起こしておくべきなのがコセリウ（一九二一―二〇〇二）の言語論、とりわけ「エルゴン」(「静的な完成品」「出来上がった体系」としての言語)と「エネルゲイア」(「力、作用、活動」としての言語、創造性を持つ言語)[18]である。この二つはもともとヴィルヘルム・フォン・フンボルト(一七六七—一八三五)の概念だが、コセリウがソシュールの言語概念を拡張するために用いたものである。つまり、ソシュールにおける言語概念は、ラングとパロールにしても、シニフィアン、シニフィエ、レフェランにしても、静態的であり、完結的である。コセリウはこれを「エルゴン」と呼び、これを補完するものとして「エネルゲイア」を提唱したのである。この概念によって、言語は常に新たに創造されるもの、創造性を持つものとして定義されたのである。体系性をもつのに、その体系性を打ち破るような創造性が言語にはある。これまで一度も生成されたことのない文章を生み出すとはそういうことであり、翻訳とはまさにそうした創造性をもたらす。したがって従来の体系性を破壊する、そうしたものでもありうる。この点はたいへん重要である。

ベンヤミンの「純粋言語」はウンベルト・エーコ[19](一九三二—二〇一六)の「完全言語」を想起させるもののようでもある。欧州中世ではヘブライ語が「完全言語」であり、ラテン語もそれに次ぐ完全言語であった。「完全」というのは、規則の体系性であり、規則に「例外」がないということである。欧州中世末期から近世初期にかけて、欧州のその他の言語、当時「俗語」と呼ばれた言語は「不完全な言語」であり、ヘブライ語、ラテン語を目指して、こうした言語に似せる形で辞書や文法書が作成されたのである。それは近代におけるエスペラント語のような人工語(これこそ「完全言語」)の創造ともつながっている。

また、言語系統論とともに現生人類の起源についても思い起こしておいた方がいいだろう。現代人の共通祖先は一五万年前、東アフリカで誕生した。その際、人類の言語は元々一つであり、その後数千種に分岐したことは、言語のアフリカ単一起源説を支持するものであり、言語系統論として言語を論じる根拠である。言語が分岐し、また「不完全な」言語が「完全な」言語をめざして変わっていく。こうした変化と創造性こそ言語の本質なのである。

3　ポストコロニアル研究

植民地経験を経た上での反省を込めた社会のあり方を考える「ポストコロニアル研究」は、近代国民国家の再考という視点からはじまるポストモダン研究の延長線上にあるが、この流れのなかで翻訳に関わるイヴェントがあった。日文研が二〇二〇年二月、ニューヨークで行ったシンポジウムであり、つい最近になってその研究成果が刊行になった[20]。「翻訳不可能なものを翻訳する」という副題は、比較史研究で少し前に話題となった「比較できないものを比較する」という表現を想起させる[21]。「翻訳不可能性」については、言語学の基盤のところで触れたヤーコブソンによる韻文の翻訳不可能性に通じるが、どういった議論が行われたか、興味深い三本の論稿を例にとって、ここで論じることにしよう。

まずは編者の磯前順一による総括的論文だが、参加者の一人でサウジアラビア出身の人類学者・宗教学者のタラル・アサド（一九三二—現在）について大きく取り上げている[22]。

「文化の翻訳という人類学者の企ては、支配する社会と支配される社会の言語の中に非対称的な性向や圧力があるかぎり、汚れたものになりうる」（アサド）[23]。これは一九五〇年代の「文化の翻訳」の批判である。「非対称的な性向や圧力」とは言語自体ではなく、それを取り巻くもののなかに、たとえば権力をもっていたり、文化的な高級感をもっていたり、といった付随的なものが取り払われないので、平等とか対等の翻訳にはならないのである。

「特にイスラームのように翻訳不可能性を説く聖典コーランを欧米語の論理へと置き換えていく翻訳行為には、「言語の不平等さ」が露呈する」（アサド）[24]。コーランはキリスト教の聖書と異なり、聖典としては翻訳されない。信者は古典アラビア語で、この意味を理解できなくても唱えるのである。アラビア語はイスラム教では特権的言語なのであり、ここには「言語の不平等さ」を認めざるを得ない。

興味深いのはアサドの次の発言である。「通俗的な意味での翻訳は、それが言語的なものであれ、非言語的なものであれ、伝達される意味をその伝達する手段から分離できることを前提としている。しかし、そうした理解そのものが近代の産物である」[25]。これはソシュールでいうシニフィエとシニフィアンが分離不可能とする考え方だろう。だからこそ、アラビア語の発音そのものとその宗教的意味とが結びついていて、分かつことができない、という発想に通じる。確かに「近代の産物」ではあるが、この分離を否定すると、「翻訳」そのものが無意味だという主張につながってしまう。韻文では創造的置き換えは可能だが翻訳にはならないという話を既にしたが、そのレベルを言語全体に拡大するのは無理ではなかろうか。

さて次は酒井直樹の論考である[26]。「国家装置の排他的な独占または主権を主張する君主政や帝国および神権国家以外に、一八世紀以前には、いかなる人口や集団性および共同体も存在しなかった」[27]。言語的一体性はその当事者の意識のなかにある、というのが一般的言語学者の見解だが、酒井はそれを否定するのである。彼は言語の一体性批判からはじめるのだが、この根拠は方言論である。「一貫した境界によって取り囲まれることで閉じられた統一された領野として、方言を地図に描くことはできません。なぜなら、方言は一つの個体ではないからです……方言だけでなく、言語についても同様の操作が可能である」[28]。この見解は「等語線（isogloss lines）」[29]の議論に基づいている。すなわち、単語レベルで見ると、個別の単語の変異は単語ごとに異なり（これが等語線である）、これが重なることはあまりないのである。それが言語に敷衍される。「いかなる言語も地域の多様性を含み、すでに方言の複合体であることが決して否定されていません。通時的な多様性を考慮に入れるとすれば、状況はさらにより複雑になる」[30]。ここから彼の主張、「言語の可算可能性［は］……人類の種分化に必然的につながる」[31]が生まれる。言語は方言と同じように可算可能なもの、つまり数えられるものとはみなさない方がいいという主張である。これは究極的には言語がナショナリティの象徴として考えることを忌避することにつながるのだが、これについては次項で批判することになる。

酒井は翻訳についても、「翻訳は、隠喩や比喩表現一般と容易に区別がつかないほど、隠喩的に使われることがほとんどです」[32]。また「ヤコブソン［は］……翻訳という出来事やその定義および言語像やその図式についての従来から存在する見識を踏襲している」[33]。ヤーコブソンによれば、翻訳の第一の定義は「言い換え」であり、またその言語像は従来からの見識とも言える。酒井は言語の個体性それ自体を否定するわけだが、これも言語の可算性の否定からはじまっている。その上で、「個体としての言語は、統制的理念のようなもの」[34]であり、「言語は図式論、形象化、想像力の構築物です。国民というものがそうであるように、国語や民族語もまた想像上の登録のなかにある……国語の統一が究極的にはナショナリティの図式に役立」つ[35]と考える。つまり、国語や民族語は想像上のものだという。この点は確かにそうだというしかないが、彼の場合は、だからこそ現実には構築物としてしか存在しない、とするのである。ここは私とは見解が分かれることになる。

酒井の言語論への批判として、まず挙げておきたいのは、ドイツの社会言語学者ハインツ・クロスの「隔絶言語（懸隔言語）（Abstandsprache）」と「造成言語（拡充言語）（Ausbausprache）」[36]という考え方である。隔絶言語とは隣り合う言語が同一の語派や語族ではなく、互いに理解不可能な場合の言語をいう。たとえば、ブルターニュ地方のケルト語系のブレイス語とロマンス語系のフランス語は隔絶言語である。これにたいして造成言語は同一の語派で相互理解もある程度可能であり、なおかつ標準的言語が互いを意識してなるべく隔たるような形で整備された言語をいう。たとえば、同じロマンス語系のフランス語とオクシタン語、またカタルーニャ語とオクシタン語である。方言の境界は決められないので、方言的一体性を否定し、その延長線上の言語の一体性も否定する酒井の考え方では隔絶言語は存在しないことになる。こうした考え方は無理があると言えるだろう。

社会言語学的には、さらに性差、世代、階層差、職業、生活環境などの違いによる社会方言、社会集団語が存在する。社会方言は方言と同様、言語内の特定の集団と結びつくが、あくまでその社会の一部を構成するに過ぎず、一体的言語とは認められない。しかしながら方言、地域的な方言のなかには、時代を経るにしたがって独自性を強め、言語として認められるようになるものもある。たとえばコルシカ島のコルシカ語は、二〇世紀前半までは一方言に過ぎなかったが、第二次世界大戦後になって、民族主義が高揚するとともに、言語的一体性を説く辞書・文法書が出され、言語としてその教育も認められるようになったのである。言語の系統樹、言語の分岐の系譜はこうして出来上がっていくのである。

言語とナショナリズムについては、ベネディクト・アンダーソン（一九三六—二〇一五）の著作が参考になる[37]。出版資本主義と一八世紀以降の国民意識（ナショナリズム）の関係の指摘は酒井の主張にもつながる面はあるが、出版資本主義を強調するアンダーソンの方がよりわかりやすいように思う。

さてポストコロニアルの三番目の論考は、平野克弥のものである[38]。まず彼の用いたセトラー・コロニアリズムは最近登場した表現のようだが[39]、これを用いて「セトラーコロニアルな翻訳」を提唱する。これは、「非資本主義社会や非国民国家社会、とくに先住民社会の他者性を「遅滞」、「野蛮」、「未発」への読み替え、それを「文明化」の名の下に征服・搾取・抹消することは、資本主義的セトラーコロニアル体制が繰り返してきた本源的な暴力である」[40]。つまり、ここでの翻訳は、一九五〇年代の「文化の翻訳」とは大きく異なり、権力をもった一方的な搾取の試みということになる。なおかつ「差異化と同化という概念……相互補完的、共犯的なものとして理解される……先住民を完全に消滅させることなく、彼らの創造的な営為によって矛盾、亀裂、摩擦、緊張に常に晒されている」[41]として、明治以降、日本近代におけるアイヌ人同化政策を断じる。

「セトラーコロニアルな支配がうみだす悲劇的なアイロニーの一つは、支配言語の徹底した「模倣」によってしか被支配者の声は救済され得ないということであろう」[42]。徹底した模倣とは積極的な同化ということになる。この上に立った「セトラーコロニアルな翻訳が……その翻訳過程から生まれた言葉に向き合うことは、進歩史観と国民国家を中心に構築されてきた知の体系（特に人類学、歴史学、文学、考古学、言語学）が近代の暴力を忘却し、また正当化するのに深く加担してきたという事実を理解すること」[43]につながるのである。我々の理解では、一九七〇年代にマイケル・ヘクターらによる「国内植民地論」があったが[44]、そこでは主流の近代国家の周縁的地域にある「植民地」が問題にされ、まさに「国外」の植民地と同様ではないか、という議論が展開されたのである。だがそこでは同化が近代の暴力ということまで主張されなかった。五〇年を経て、問題の設定そのものが断罪されたということになる。

4　言語人類学の翻訳論

つい最近出版された本だが、言語人類学者、小山亘による翻訳論は難解なところが多いが、言及の必要があるだろう[45]。まずはコミュニケーションにおける「社会指標性」を次のように定義する。「さまざまな事象が、コミュニケーション出来事において指し示されている。……このような指し示しのことを相互行為的指標、ないし社会指標性という」[46]。その上で、社会指標性が主に関わるのは、レジスター、社会方言／地域方言（言語変種）、スピーチ・ジャンルなどとのべる[47]。さらに「言及指示的指標」を「誰々が何をした」などといったことがコミュニケーションにおいて言われたりすることと規定する[48]。こちらは要するに指示するモノ／コト／意味が関わるのである[49]。これらを前提とした上で、「翻訳は、引用、口真似、物真似、あるいは憑依と同種のコミュニケーションなのである」[50]とのべる。これはヤーコブソンの「言い換え」と違わない発言である。「翻訳という営為が、純粋に言語的なものではなく、非言語的要素も多分に包み込んだコミュニケーションの次元に属する実践であるならば、翻訳は一義的には記号間翻訳である」という指摘は[51]、ヤーコブソンの翻訳論の逆説的表現だが、私がすでに述べたように、記号間翻訳は基盤的には言語による解説・説明を前提にしており、その意味では、一義的な「言い換え」(言語内翻訳)である。

興味深い指摘がいくつかあるが、その一つがユージン・ナイダ(一九一四―二〇一一)の聖書翻訳論、その「動態的等価性」[52]についてである。聖書翻訳については、SIL(Summer Institute of Linguistics 夏期言語学研究所)/WBT(Wycliffe Bible Translators ウィクリフ聖書翻訳協会)がよく知られているが、それを理論的に主導したのがナイダだった。SIL では広い地域で用いられる交易語によるのではなく、「内面性と真正さ」が備わった「民族語＝土着語＝母語による宣教・改宗」を試みている[53]。その際に、「動態的等価」を重視する。これは、「北極のように羊が不在の地で用いられている言語に訳す場合、アザラシやアシカを意味する語彙へと「分かりやすく」翻訳する……「雪のように白い」を、目的言語文化では雪が知られていない場合、「白鷺の羽のように白い」と訳して……清代末の中国(華北)でのキリスト教布教関連文献において「パン(bread)」を「饅頭(mantou)」と訳し、後に「動態的等価」と呼ばれるようにな」ったのである[54]。一種の意訳であり、当該社会の文化的背景の範囲内で理解可能な翻訳こそ目指すべきものとするのである。

二つ目はトゥーリー(一九四二―二〇一六)の翻訳規範論である。翻訳を規範によって統制された活動と捉える[55]のである。それが為される社会文化(目標テクストの社会文化)で、「翻訳」であると見なされるものに関わるコミュニケーションの、どの位相、どの局面、どの要素などに焦点化して、そしてどの程度、等価性が作り出されるのかを決定するのは規範であると、トゥーリーはいう[56]。ナイダの動態的等価性とも比較可能だが、それに社会文化的な規範的という網の目をかぶせたという言い方もできる。

小山も指摘しているが、規範を言語理論に組み込んだのはコセリウである。コセリウは、（1）体系（ラング）、（2）（社会的）規範（慣用）、（2'）個人的規範（慣用）、（3）具体的話活動（パロール）、という三層（ないし四層）理論を構築した[57]。ソシュールのラングとパロールの関係に二種類の規範を組み込んだのである。社会文化的なものとしての規範は、体系化、ラングの構築には重要であり、具体的活動としてのパロールにも確かに個人的な規範が関わる。その意味では二種類の規範の設定は適切と思われる。

小山は先住民語、少数言語の復興運動についても言及する。それは多言語化に翻訳が絡むからである。一九六〇年代から七〇年代にかけてのネイティブアメリカン（当時はまだインディアンと呼ばれていたが）の復権運動、一九七〇年代から八〇年代にかけてのハワイ語の公用語化と幼児教育運動「ことばの巣」、一九八〇年代以降のマオリ語の公用語化などを例示する。とりわけハワイ語の教育運動「アハ・プーナナ・レオ」はポリネシアから豪州、欧州、南北アメリカに及ぶ世界的な運動の模範として展開されたのである。私自身もフランスをはじめ、西欧少数言語の復権運動について研究したことがあるが、ブルターニュでは一九七〇年代に幼児教育がはじまっており、その際に模範とされたのはウェールズであり、ハワイということではないが、七〇年代にこの面では世界的な大きな波があったことは確かである。

小山は、歴史をさかのぼり、欧州でラテン語がロマンス諸語に分化する時代についても触れる。言語の分化と翻訳の問題を具体的に考えるのである。一つは識字と口述の関係に翻訳の介在があるかどうかである。

たとえばシャルルマーニュ／カール大帝（戴冠＝西暦八〇〇年）の時代、そしてそれに先行する時代には、「識字」とは書かれた文字に準じて言語音を発音するよりも、文字で書かれたことばの意味を（教会、法廷、市場、宮廷などの場で、あるいは文芸的なもてなしのために）聴衆が理解できるようなことばで口述することを指しており、「読むこと／識字」と「翻訳すること」との間には明瞭な区別が存在しなかった[58]。日本での漢文（中国語）を読み下し文（日本語）に置き換える伝統に通じるが、これが解説（言い換え）か翻訳かを論じるのは個別事例が必要ということになろう。ヤーコブソンの第一次と第二次の翻訳の境界は微妙になる場合がある、ということである。

またカロリング・ルネサンス以前には、ラテン語とロマンス諸語との間にも明瞭な差異は認識されていなかった。これも言語間翻訳と言語内翻訳との区分が、歴史的・社会文化的に相対的なものである[59]ということにつながる。

5 翻訳学の翻訳論

翻訳学は翻訳の実務に携わる人たちを中心とした学問分野だが、最近出された理論書の中から二点、紹介しておこう。一つはローレンス・ヴェヌティ（一九五三―現在）によるものである[60]。彼は少数言語（具体的にはカタルーニャ語）の翻訳から出発したという経歴を持っているので、多言語化のための翻訳に好意的である。「覇権言語とは、国の標準方言と、一般に、世界的にいまなおもっとも翻訳されている言語である英語のことである。この、本書の根本的な前提こそが、おそらくは翻訳最大のスキャンダルなのだ」[61]。題名に「スキャンダル」を掲げ、その最大のものは英語の存在だとするのは、英語帝国主義の考えに通じる。

「同化翻訳は外国の文学テキストを、翻訳する側の価値観に無理やりに合わせてしまうし、そもそも翻訳を必要としたであろう異質さの感覚を消し去ってしまう」[62]。これはナイダの動態的等価という考え方とは正反対であり、むしろその社会文化に合わせるのではなく、「異質さの感覚」を維持することがむしろ翻訳の意義だと主張する。「標準語が支配しつつも、各地域や集団の多様な方言、ジャーゴン、言い回しやスローガン、新しい文体、流行語、過去の語用の膨大な蓄積により、つねに変化にさらされる……テキストは「共時性の中の通時性」をはらみ、「構造的に相互に矛盾する、つまり異質な諸要素からなる共時的統一」でしかない」[63]。ここで彼は、言語が常に変化するものだという点を強調する。コセリウのいう「エネルゲイヤ」としての側面である。その中での多様性の追求が重要だという視点である。

「ドゥールーズとガタリによれば[64]、マイナー文学を構成するこのようなテキストは、著者が「自分自身言語において異邦人なのだ」。よけいなものを解放することで、マイナーな文学は、メジャーな言語自身の異邦的な部分をあらわにする……この異質性の発現こそ、私がマイナー文学に魅かれ、翻訳したいと思う理由だ」[65]。ヴェヌティにあっては「異質性」こそ鍵となる概念であり、翻訳はそれを際立たせる手段なのである。

翻訳学のもう一人がアンソニー・ピムである[66]。彼は著書の中で「文化翻訳」を扱っているので、それを取り上げることにしよう（第八章、最終章）。

「文化翻訳」とは、翻訳を異文化コミュニケーションの一般的活動の一つとしてみる。焦点となるのは文化的プロセスであり、文化翻訳を牽引する主要素は人（主体）の動きである。ピムはここでホミ・バーバ[67]（一九四九―現在）に注目する。バーバはポストコロニアル研究の代表者の一人であり、抑圧されてきたマイノリティを歴史的にいかにすくいとるかという観点から研究してきた。彼を介在させることで、文化的境界を越え、比喩的意味での翻訳者の仲介的位置を顕在化させ、文化的異種混淆性を成立させるディスコースを模索するのである。この方向性は、ヴェヌティの「異質性の発現」としての翻訳という戦略によく似ている。

おわりに

「文化の翻訳」の意味は、一九五〇年代から現在に至るにしたがって、だいぶその様相が変わってきたと言っていいだろう。翻訳の基本的意義はヤーコブソンの定義以来それほど変化したとは言えないが、ベンヤミンを吟味すると複数の言語を包含する世界が見えてくる。そこで提唱される「純粋言語」は翻訳の基本を問い直すようにも思える。そこにはコセリウの言語理論、とりわけその「エネルゲイア」論、すなわち言語は変化することにそのアイデンティティが存するという考えにもつながる。

「文化の翻訳」が大きく変貌するのは、ポストコロニアル研究における翻訳論を経てからと言っていいだろう。植民地研究によって、翻訳における「力関係」が問題とされ、言語そのものの不平等論が展開される。「セトラーコロニアルの翻訳」論になると、同化政策それ自体が批判の対象となり、日本の先住民としてのアイヌ民族にたいする明治以降の政策が俎上にのぼる。もちろんそれはこの時代になってはじめて問い直された訳ではなく、これまでも一貫して非難されてきたことであり、やや異なる観点から、ということになるのだが。

小山による言語人類学からの貢献も、その著書の副題「世界を多様化する変換過程について」とあるように、多言語化の翻訳理論である。「動態的等価論」はその後の議論を見ると必ずしも肯定的評価になるとは限らないが、少数言語への翻訳を促進したことは確かだろう。小山は先住民・少数言語の復権・復興運動も大きく取り上げているが、これはまさに「世界を多様化する」運動ということになるだろう。長期的な歴史の中で見ると、言語は変わるのであり、そこでの翻訳は「ことばの言い換え」に過ぎないこともある。これもヤーコブソンの定義の普遍性に通じる。

翻訳学における議論も、注目すべきは少数言語あるいは少数集団の言語、言語的変異の評価であり、そうした多様化こそ目指すべき形だとする方向性だろう。同化翻訳ではなく、むしろ「異化作用」をもつ翻訳こそ評価すべき、とするのである。いずれにしても、多言語化の手段としての翻訳がこのところの話題となっているのである。

私がこのところ関心をもっている翻訳論は、じつは東西文化の接触が本格化する一七世紀前後の「文化の翻訳」論である。「東西文化の翻訳」として「聖像画の変容」が語られる[68]。「聖像画」の東アジアへの伝来における「翻訳」過程を考えるということになるが、そこでは、ポストコロニアル文化論では語られなかった、東西の「対等」な時期の翻訳についての研究がある。「大分岐」[69]以降、西欧文明が世界を支配していくことになるが、その直前期はその後の進展を語る上でも重要であり、じっさいいろいろと興味深い事例がある。たとえば、イエズス会士ジェローム・ナダル『ミサ聖祭における年間祈祷福音書についての注解と瞑想』(一五九五年)の中国での出版(イエズス会士ジョアン・デ・ローチャ『念珠規程』〔一六二〇年頃〕)はまさに対等な二つの世界間の「文化の翻訳」である。

もう一つは、現代における民衆レベルでの東西文化の比較である。私がとりくんでいるのは民衆画の東西比較だが[70]、民衆文化レベルで欧州と東アジアを比較すると、そこには植民地文化論で論じられるような文化の上下関係はなく、対等な関係の中での比較が可能になる。これについてはまた別に議論することにしたい。

参考文献

ベネディクト・アンダーソン『想像の共同体』(白石隆、白石さやか訳)リブロポート、一九八七年。
タラル・アサド『リベラル国家と宗教　世俗主義と翻訳について』(苅田真司訳)人文書院、二〇二一年。
ホミ・バーバ『文化の場所』(本橋哲也他訳)法政大学出版局、二〇〇五年、新装版二〇一二年。

ロラン・バルト『モードの体系』(佐藤信夫訳) みすず書房、一九七二年。

ベンヤミン「翻訳者の課題」三ツ木道夫(編)『思想としての翻訳』白水社、二〇〇八年所収。

アントワーヌ・ベルマン『翻訳の時代、ベンヤミン「翻訳者の使命」註解』(岸正樹訳) 法政大学出版局、二〇一三年。

コセリウ『移りゆくこそことばなれ』(田中克彦、かめいたかし訳) クロノス、一九八一年、『言語変化という問題』(田中克彦訳) 岩波文庫、二〇一四年。

ドゥルーズ、ガタリ『千のプラトー』(宇野邦一他訳) 河出書房新社、一九九四年、二〇一〇年。

ウンベルト・エーコ『完全言語の探求』(上村忠男他訳) 平凡社、一九九五年、平凡社ライブラリー、二〇一一年。エコ他『エコの翻訳論』(谷口伊兵衛訳) 而立書房、一九九九年。

平野克弥「北海道・アイヌモシリ、セトラー・コロニアリズムの一五〇年」『思想』二〇二二年一一月(一一八四号)。

磯前順一ほか編『ポストコロニアル研究の遺産、翻訳不可能なものを翻訳する』人文書院、二〇二二年。

原聖(編)『民衆画の世界　欧州と東アジアを比較する』三元社、二〇二三年。

Michael Hechter, *Internal Colonialism*. 1975.

Roman Jakobson, "On Linguistic Aspects of Translation", Reuben Arthur Brower (ed.), *On Translation*. Cambridge, Massachusetts, 1959. (ネットで読める)(川本茂雄監訳「翻訳の言語学的側面について」『一般言語学』みすず書房、一九七三年所収)

Heinz Kloss, *Die Entwicklung neuer germanischer Kultursprachen seit 1800*. Düsseldorf, Schwann, 1978.

小山亘『翻訳とはなにか――記号論と翻訳論の地平――あるいは、世界を多様化する変換過程について』三元社、二〇二二年。

真島一郎(編)『誰が世界を翻訳するのか』人文書院、二〇〇五年。

三ツ木道夫(編)『思想としての翻訳』白水社、二〇〇八年。

三浦信孝・福井憲彦(編)『フランス革命と明治維新』白水社、二〇一九年。

アンソニー・ピム『翻訳理論の探求』(武田珂代子訳) みすず書房、二〇二〇年。

K・ポメランツ『大分岐　中国、ヨーロッパ、そして近代世界経済の形成』川北稔(監訳) 名古屋大学出版会、二〇一五年。

Patrick Wolfe, "Settler Colonialism and the elimination of the native", *Journal of Genocide Research* 8:4, 2006, 387-409.

内田慶市（編）『文化の翻訳としての聖像画の変容　ヨーロッパ―中国―長崎』遊文社、二〇二一年。

内田慶市・柏木治（編）『東西文化の翻訳　「聖像画」における中国同化のみちすじ』関西大学出版部、二〇一二年。

ローレンス・ヴェヌティ『翻訳のスキャンダル』（秋葉俊一郎、柳田麻里訳）フィルム・アート社、二〇二二年。

註

1 エヴァンズ＝プリチャード『人類学入門』（吉田禎吾訳）弘文堂、一九七〇年。真島一郎（編）『誰が世界を翻訳するのか』人文書院、二〇〇五年、四七頁注（2）に引用、本節はその「序」、真島一郎「翻訳論――喩の権利づけをめぐって」に多くを負っている。

2 真島編、前掲書、一二頁。

3 同、一三頁。

4 同、一四頁。

5 同、二〇頁。

6 同、二一頁。

7 同、二一頁。

8 Roman Jakobson, "On Linguistic Aspects of Translation", Reuben Arthur Brower (ed.), *On Translation*. Cambridge, Massachusetts, 1959.（英文はネットで読める）邦訳は『一般言語学』みすず書房、一九七三年所収（川本茂雄監訳）。

9 たとえばロラン・バルト『モードの体系』（佐藤信夫訳、みすず書房、一九七二年）、「おそらくソシュールの公式をひっくりかえして、記号学（セミオロジー）こそ言語学の一部分なのだ、と認めなければならないだろう」七―八頁。

10 R. Jakobson, *art., cit.*, p. 234.

11 *Ibid.*, p. 238.

12 「翻訳者の課題」Die Aufgabe des Übersetzers (1923)、三ツ木道夫（編）『思想としての翻訳』白水社、二〇〇八年所収。
13 同、一九四頁。
14 同、一九五頁。
15 同。
16 同、二〇二頁。
17 同、二〇四頁。
18 コセリウ『移りゆくこそことばなれ』クロノス、一九八一年、『言語変化という問題』岩波文庫、二〇一四年。
19 エーコ『完全言語の探求』平凡社、一九九五年、平凡社ライブラリー、二〇一一年。
20 磯前順一ほか編『ポストコロニアル研究の遺産、翻訳不可能なものを翻訳する』人文書院、二〇二二年。
21 マルセル・デティエンヌ「比較できないものを比較する」Marcel Detienne, *Comparer l'incomparable*, 2000. ピエール＝フランソワ・スイリ「比較史の中の明治維新」三浦信孝・福井憲彦（編）『フランス革命と明治維新』白水社、二〇一九年参照。
22 磯前順一「翻訳不可能なものを翻訳するということ」(第一章) 磯前ほか編前掲書。
23 同、四六頁。
24 同、五二頁。
25 アサド『リベラル国家と宗教』二〇二一年、人文書院、苅田、後書きにおける要約（二三六頁）。
26 酒井直樹「言語の数え方・人類の分け方」(第二章) 磯前ほか編前掲書。
27 同、一〇二頁。
28 同、一一三頁。
29 同、一一〇頁。
30 同、一一五頁。
31 同、一〇九頁。
32 同、一二〇頁。
33 同、一二一頁。

34 同、一二五頁。
35 同、一二六頁。
36 Cf. Heinz Kloss, *Die Entwicklung neuer germanischer Kultursprachen seit 1800*. Düsseldorf, Schwann, 1978.
37 『想像の共同体』、一九八三年。
38 「セトラーコロニアルな翻訳、「文明化」作用とアイヌの声」(第六章)、磯前ほか編前掲書。
39 「パトリック・ウルフがセトラーコロニアリズムと名付けた入植者や彼らを支えた植民地政府による先住民の略奪、文化的破壊、殺戮」(二一〇頁)：Patrick Wolfe, "Settler Colonialism and the elimination of the native", *Journal of Genocide Research* 8:4, 2006, 387-409.
40 磯前ほか編前掲書、二一四頁。
41 同、二一八頁。
42 同、二三〇頁。
43 同、二四二頁。これについては、『思想』二〇二二年一二月（一一八四号）「北海道・アイヌモシリ、セトラー・コロニアリズムの一五〇年」の特集がある。
44 Michael Hechter, *Internal Colonialism*. 1975。日本でも同時代に主に沖縄を取り上げる国内植民地論があった。
45 『翻訳とはなにか――記号論と翻訳論の地平――あるいは、世界を多様化する変換過程について』三元社、二〇二一年。
46 同、一頁。
47 同、四七〇頁。
48 同、二頁。
49 同、四七〇頁。
50 同、四頁。
51 同、一八頁。
52 同、八八頁、九八―一〇一頁。

53　同、九〇頁。
54　同、一〇〇頁。
55　同、二一〇―二一八頁。
56　同、二一四頁。
57　同、二一四頁。
58　同、二九五頁。
59　同、二九五頁。
60　ヴェヌティ『翻訳のスキャンダル』フィルム・アート社、二〇二二年。
61　同、一六頁。「一九八七年だが、世界の翻訳の総数は六五〇〇〇点であり、うち三二〇〇〇点が英語からの翻訳だった」（同、三二五頁）。
62　同、一八頁。
63　同、二七頁。
64　ドゥルーズ、ガタリ『千のプラトー』（宇野邦一他訳）河出書房新社、一九九四年。
65　ヴェヌティ前掲書、二八頁。
66　『翻訳理論の探求』（武田珂代子訳）みすず書房、二〇二〇年。
67　バーバ『文化の場所』（本橋哲也他訳）法政大学出版局、二〇〇五年、新装版二〇一二年。
68　内田慶市（編）『文化の翻訳としての聖像画の変容――ヨーロッパ―中国―長崎』遊文社、二〇二一年。内田慶市・柏木治（編訳）『東西文化の翻訳――「聖像画」における中国同化のみちすじ』関西大学出版部、二〇一二年。
69　K・ポメランツ『大分岐　中国、ヨーロッパ、そして近代世界経済の形成』川北稔（監訳）名古屋大学出版会、二〇一五年。
70　原聖（編）『民衆画の世界――欧州と東アジアを比較する』三元社、二〇二三年。

あとがき

対話型ＡＩ（人工知能）チャットＧＰＴをめぐる話題が二〇二三年の上半期に連日のようにメディアを賑わした。これは何かテーマや課題を課すと、たちまちなめらかな各種文書を書いてくれるという画期的なソフトという。各種文書には翻訳も含まれるとのことで、高校生が課題の和文英訳をいとも簡単にやっているとか、翻訳の精度を検証するサイトには法律実務などの分野で、既存の機械翻訳の DeepL や google 翻訳をしのぐチャットＧＰＴの「実力」の実例とかがいくつも紹介されている（https://www.science.co.jp/nmt/blog/32882/；https://note.com/kmitani/n/nb7f39aa5fb55）。当のチャットＧＰＴに「将来なくなる仕事」は何かを聞いてみたところ「記帳や会計処理などの経理業務」などの他に「文書や物語を翻訳する業務」もあげられたという（「ChatGPT　なくなる仕事なくせる仕事　一〇〇年に一度「産業革命」の波」AERA、二〇二三年三月二〇日）。

google 翻訳には全世界で五億人のユーザーがいるということで、私もその一人である。デイヴィッド・アーミテイジの三部作『帝国の誕生』『独立宣言の世界史』『思想のグローバル・ヒストリー』には英語以外のラテン語の他に仏、独、西などの近代ヨーロッパ諸語の引用が多くなされ、その翻訳時にお世話になった。三部作以後の『〈内戦〉の世界史』では、中国語や日本語を含む世界じゅうの「内戦」の訳語が出ており、アーミテイジですらこれまでまったく学習したことのないアジア諸語の単語の確認程度には何らかの機械翻訳を使っているのではと思わせた。こうしたいっさい学習していない言語（第二、第三外国語として履修はしたものの忘れ果てたりしている言語も含めて）もたちどころに翻訳してしまうことから、時間も金もかかる語学の学習、ひいては語学教育や語学教師の不要論まで出ている（「英語教育　チャットＧＰＴで変わる？」「ＡＩと創作」『朝日新聞』二〇二三年六月一八日、六月一八日）。どうやら英語教師、外国語教育や翻訳に携わってきた人びとにとって、一大事になっている。

生成系AIを使いこなしているという野口悠紀雄によると、将来大幅に減る仕事の一つがとくに「業務用の翻訳や資料翻訳」の「翻訳」で、その仕事ぶりは「ほぼ完全」とのことである。ただ「文学書などの翻訳は例外」で、これも需要は減少するものの完全になくなることはない。文学書が例外となる理由は、文法が正しいだけでは、優れた文学作品にはならないこと、面白いと感じたり驚きや感動などの感情を持っていたりしなければ小説は書けないからである（野口悠紀雄『「超」創造法』幻冬舎新書、二〇二三年、一三〇、二九四―六頁）。翻訳者の山本史郎も同様に、すべての翻訳がAIによってなされる時代が来るか、との問いに対して、実用的なテキストについてはイエスだが、「絶対にAIに翻訳できないテキスト」、すなわち「文学テキスト」は存在し続けると断言できるとしている（山本史郎『翻訳論の冒険』東京大学出版会、二〇二三年、iii頁）。

「文学書など」「文学テキスト」の翻訳は残るにしても、歴史学関係はどうなるであろうか。歴史関係の翻訳は野口のいう「文学書など」の「など」に入り残るのか、あるいは「資料翻訳」に入り消えていくのか。歴史家が各種資史料をもとに検証する「事実」が、構造史の揺らぎがない事実、事件史のやや揺らぐ事実、文化史のかなり揺らぐ事実に分けられるように（遅塚忠躬『史学概論』東京大学出版会、二〇一〇年）、「資料」にも感情が含まれるものと含まれないものと種類はあるので「驚きや感動」を含む資料の翻訳は残るかも知れない。じっさい、歴史学関連の資料も感情が含まれる資料も多くある。私が使ったり訳したりする資料もほとんどはこちらの方であろうか、これまでgoogle翻訳を使ったほんの少しの経験からも、まともな訳文を作る上では機械翻訳は英語ですらほとんど使いものにはならず当座の試し訳程度にしかならない。ヨーロッパ諸語にしても従来どおり各種辞書をまめに引いて何とか訳してみて、大丈夫かどうかはその言語に詳しい専門家に見てもらうしかない。機械翻訳は便利ではあるものの、今までどおりこつこつとアナログでやるしかなさそうである。翻訳者がいらなくなるとも思えない。

google 翻訳の対応言語数は現在一三三カ国語となっているという。翻訳の精度において優位に立つとのチャットGPTも対応言語数は不明なもののヨーロッパやアジアの諸語といった多言語に対応しているが、とくにマイノリティー言語など人口や使用頻度が少ない言語については対応していない場合があるとの報告がある（https://1-notes.com/chatgpt-query-supported-language/）。

ここで、世界で現在使われていることが確認されている言語を確認すると、少数言語研究団体が公開しているウェブサイト「エスノローグ」によると、七〇九七言語である（https://www.crimsonjapan.co.jp/blog/endangered-language_ethnologue/）。この七〇〇〇あまりの言語と google 翻訳に入っている一三三言語という数を単純比較するだけで、圧倒的多数は前者であり、後者は前者の二％にもならないことが分かる。

すなわち、google 翻訳のような自動翻訳に入るような、現在のデジタル化に適応できる言語処理のためのソフトウェアを持った言語は、ごくごく少数にすぎない。他方、話者が少ない圧倒的多数の言語の対話コーパスの構築には膨大な費用がかかるなどで、機械翻訳に採用されるまでには時間がかかる。デジタル化はこうした圧倒的多数の言語の維持には無関係となり、デジタル化に取り残される言語が多く出ることから、昨今の急速なデジタル化はむしろ言語が失われる原因にもなりかねないことも指摘されている（https://to-in.com/blog/103774#:~:text= 言語が失われる原因）。

すでにネット上の数千億個単位の単語を学習していると言われるチャットGPTにしても発展途上国の言語や、人口や文化的な特性からデータが不足している言語には応じていないとのことである。そのために、このチャットGPTが学習（といえば少しは聞こえがいいがどう見ても「人類史上最大の盗み」〔ナオミ・クライン「『幻覚を見ている』のはAIの機械ではなく、その製作者たちだ」『世界』二〇二三年六月号〕に他ならない）する言語はやはり圧倒的に英語と推定すれば（九割は英語だというが、何〔語〕をどうインプットしているかは明かさないとのことなので推定するしかない）、チャットGPT（大規模言語モデル＝大規模言語「盗用」モデル）の登場は従来の英語帝国主義をいっそう強化してしまう結果となり、その反面でデジタル化に乗り遅れた少数言語のさらなる消滅にもつながるかもしれない。

言語が失われる原因は目下のデジタル化のみではなく、歴史的には、天変地異（地震、気候変動、海面上昇などを含む）や疫病などの言葉を担う人々の身体が危険にさらされた出来事の他に、植民地化の過程で起きた「政治的、社会的、経済的な圧力」によるさまざまな文化的支配によるものが大きかったことはいうまでもなかろう（デイヴィッド・クリスタル著『消滅する言語――人類の知的遺産をいかに守るか』斎藤兆史・三谷裕美訳、中公新書、二〇〇四年）。

このうち「植民地化」のみに注目すると、たとえば、オーストラリアでは二五〇の土着言語があったが、多くは植民地化による移民の増加によってその九〇％が消滅寸前となっているという。消滅寸前のどの言語でもそうだが、その存続のためには有能で情熱のある言語学者が必要だし、調査資金も時間もいるし、学術的な存続のめどがついた後にも根気強い言語教育も必要である。その一例としてオーストラリアの先住民の一言語であるガーナ語の存続に関する運動が報道されている（「よみがえれ、豪州先住民の言語〔ガーナ語〕」朝日新聞デジタル二〇二一年七月七日五時〇〇分 https://www.asahi.com/articles/DA3S14964708. html 3)。同様なことはとくに北アメリカ、アフリカ、太平洋諸島でも見られるが、翻訳との関連ではアジアに注目してみよう。アジアには多数の話者がいる有力な言語も数多くあったし、いまもあるが、激しい植民地化にもさらされた。

ラナジット・グハは、イギリスの植民地支配に伴ってインドで起きた文化現象としての翻訳について以下のように論じている。「翻訳はまずイギリス人の手で進められたが、イギリスの貿易会社である支配者の利益がそうさせたのである。ここでもまた、他の場所でもそうだったように、重商主義時代の世界では翻訳こそが、暴力的な実践としての征服に続いた」。グハは翻訳の具体例としてitihasaという言葉を出している。ここでくだんのgoogle翻訳にあるヒンドゥー語およびベンガル語にこれを入力してみると、history＝歴史と出てくる。インドで暴力的な実践としての征服に続いたのは、itihasaをhistoryと翻訳してしまったことであった。

かくしてグハによると「救いがたいほど歴史がないとヘーゲルが論じたインドでこそ、歴史の移植が成功したのである」。「長い間、ヨーロッパの物語とインドのitihasa」は「併存」していたが、ヨーロッパの「世界―史」的な役割によって、インドはヨーロッパに同化させられてしまったのである。そこでグハが目指したのは、ヘーゲルの歴史哲学批判をつうじたタゴールの詩の思想への回帰であった（ラナジット・グハ著『世界史の脱構築――ヘーゲルの歴史哲学批判からタゴールの詩の思想へ』竹中千春訳、立教大学出版会、丸善雄松堂〔発売〕、二〇一七年、六六―六九頁）。

インドの通訳や翻訳をめぐってはマコーリーも欠かせない人物である。一八三〇年代にマコーリーは、イギリスのインド統治には、イギリスのパブリックスクールのカリキュラムの導入が不可欠であると唱えた。この教育によって「われわれとわれわれが統治する数百万の人々との間の通訳となるだろう階級」である現地人の翻訳者のエリート集団が生まれるとした。こういった翻訳者は「血と肌の色はインド人だが、趣味、意見、道徳、知性はイングランド人である」「階級」である。ベネディクト・アンダーソンにとって、この提案と実行は「（スペインのアメリカの植民地化で見られた）肉体的雑婚から精神的雑婚」に置き換えるものであり「口にするのもおぞましい言葉」に他ならない（ベネディクト・アンダーソン著『定本　想像の共同体――ナショナリズムの起源と流行』白石隆、白石さや訳、書籍工房早山、二〇〇七年）。

ただこれに関しては翻訳論者のローレンス・ヴェヌティからの保留論も出ている。それによるとマコーリーにとって、「英語で教育を受けようとも、通訳は結局のところ地元の国民文化を打ち立てる存在だった。その知識と英語書籍の翻訳によって「西洋から借用した学術用語」が用いられるようになり、国民文学が生まれ「現地語を洗練」させ「富ま」すことができるようになったというわけだ」、それゆえにマコーリーが「担った帝国の機能もあいまいになってしまった」とのことである（ローレンス・ヴェヌティ著『翻訳のスキャンダル――差異の倫理にむけて』秋草俊一郎、柳田麻里訳、フィルムアート社、二〇二二年、三四三―三四四頁）。マコーリーを頑なな英語帝国主義者とするのではなく、翻訳によって現地語を洗練させるとの視点も持っていたとするこの保留はマコーリー研究者からはつとに指摘されていた点ではあるが、第一線の翻訳論者から再確認されたことは注目していいだろう。

アジアの有力言語である日本語に関しては、一九世紀末の英語の台頭を目の前にして、その廃止論を唱えたとされる人物といえば、やはり森有礼であろう。最近もアメリカのスコットランド史家アーサー・ハーマンがその邦訳書に寄せた序文で以下のように論じている。「森は学生たちに英語も教え込みました。いやそれどころか英語の読み書きは日本の近代化にとって非常に重要なので、英語を日本の国語として採用するにまで主張したのです。（中略）もちろん日本の英語化は（中略）実現されることはありませんでした。伝統主義者が勝利し、森の背信的行為への見返りは一八八九年における暗殺でした」（アーサー・ハーマン著『近代を創ったスコットランド人――啓蒙思想のグローバルな展開』篠原久監訳、守田道夫訳、昭和堂、二〇一二年、iv頁）。スコットランド人は母語を捨てたのに（むしろ捨てたこそ）世界にこれだけ貢献した、日本にも森という廃止論の先駆者もいたので日本人もスコットランドの歴史を模範とせよ、というのがハーマンの序文の趣旨なのであろう。

ただ、近年では森に関しては見直しが進んでいる。森「有礼に対する誤解は、廃刀論、妻妾論に発して、西洋かぶれである、キリスト教徒である、日本語廃止論者である、などいろいろあった。実際には、キリスト教の信者ではなかったし、日本語を廃止しようと運動したこともなかった」とのことである（http://yoshimurashoin.blog.fc2.com/blog-entry-251.html 吉村久夫（2011.9.26)）。これを強化するのは、最近の小林敏宏による森有礼再考である（小林敏宏「森有禮の「脱亜・入欧・超欧」言語思想の諸相（1）森有禮の「日本語対英語」論再考」：同「森有禮の「脱亜・入欧・超欧」言語思想の諸相（2）「英語採用論」言説の「誤読」の系譜」成城大学文芸学部紀要 成城文藝、第一七六号〔二〇〇一年〕、第一七八号〔二〇〇二年〕）。小林によれば、森の言語思想は漢文廃止の「脱亜」、ローマ字や簡易英語の導入の「入欧」はその通りとしても、日本語の廃止は提唱せず、むしろ当時の条約改正に備えて日本の立場を高める「超欧」をめざし、そのための基盤となるのは日本語を鍛えることであった。日本語を鍛える際に重要となったのは翻訳だった。

もう一例アジアの例を挙げると、言語の翻訳というより文化の翻訳にも近くもなるが、インドのクリケットがある。インドを支配したヴィクトリア朝イギリスのエリートが当初、クリケットを奨励した時、クリケットを通して「活力がなく女々しい」インド人をイングリッシュ・ジェントルマンやイギリス帝国に尽くす兵士を育成しようと考えていた。ところが、いったんクリケットが導入されたインドでは、藩主や企業が支援したり、スター選手のゴシップを掲載する現地語での雑誌が発行されたり、現地語でのラジオ放送などですっかりクリケット・ナショナリズム（ローカルさらにはナショナル・レベルでの）が形成されたりしていった。当初のイギリス側の導入の意図とはまったく違う現地化された文化形態になってしまったのである（藤倉達郎「訳者解説」、アルジュン・アパドゥライ著『グローバリゼーションと暴力——マイノリティーの恐怖』藤倉達郎訳、世界思想社、二〇一〇年、二一六頁。アルジュン・アパデュライ著『さまよえる近代——グローバル化の文化研究』門田健一訳、平凡社、二〇〇四年）。

グローバルなものがローカル（ないしナショナル）なものを喰っていくのがグローバル化とするなら、これはローカルなものがグローバルなものを喰うというか少なくとも変容させる例、あるいはグローバルとローカルの共食いの一例ともなろう。少なくともグローバル化はすんなりいかずローカル性に阻害される。それを担った一つが、クリケット用語がインド諸語に翻訳され、クリケットが英語ではなく（あるいは英語とともに）現地語で語られるようになったというクリケット用語の現地語への翻訳だったのである。これも、アジアにおける植民地化に対する抵抗としての翻訳の一例である。

本書は、二〇一六～二〇一九年度、日本学術振興会科学研究費補助金基盤研究（B）「言語帝国主義と「翻訳」――帝国とその「辺境」の文化変容」(研究代表・平田雅博）の成果の一部である。期間中（二〇一六年四月一日～二〇二〇年三月三一日）に実施された研究会や講演会は以下の通りである。

二〇一六年四月三〇日　原聖「科研「言語帝国主義と翻訳」のための「翻訳」基本文献紹介」
二〇一六年七月二三日　西山暁義（連携研究者・共立女子大学）「ベルリン大学東洋言語セミナー――帝政期ドイツにおける非ヨーロッパ外国学 Auslandswissenschaft の端緒」
二〇一六年一二月一七日　安村直己「新世界征服と翻訳」
二〇一七年三月二七日　岡本真希子「日本統治期台湾における通訳・翻訳に関する史料について――台湾調査からの覚え書き」
二〇一七年六月一七日　細川道久（連携研究者・鹿児島大学）「カナダ社会と移民・言語――包摂と排除」
二〇一七年八月二日　ジャン＝フランソワ・シャネ（フランス・ブザンソン学区学区長）「フランス語を母語としない子供たちへの教育、一九世紀からの歴史」"L'enseignement du français pour les enfants non francophones dans les écoles publiques françaises depuis le XIXe siècle"
二〇一八年二月一九日および二一日　レベッカ・ハーバーマス（ゲッティンゲン大学）「ロスト・イン・トランスレーション――ドイツ帝国における植民地スキャンダル」"Lost in Translation: Colonial Scandals in German Empire"
二〇一八年二月二三日　レベッカ・ハーバーマス（ゲッティンゲン大学）「グローバル・ヒストリーのなかの宗教伝道――植民地時代における知の生産」"Religious Mission in Global History: Knowledge Making in Colonial Times"
二〇一八年六月二日　アンドレアス・ヴァイス（ゲオルク・エッカート国際教科書研究所研究員）「近代性と旧帝国

――ドイツ帝国と日本、新帝国は旧帝国をいかに見ていたか」"Modernity and an old Empire: The German Empire and Japan or how a new Empire looked on an old "one""
二〇一九年一月二六日　飯島渉（連携研究者・青山学院大学）「翻訳科学としての熱帯医学――二〇世紀日本の熱帯医学史」
二〇一九年四月二〇日　安村直己「訴訟文書のなかの「私」と通訳／翻訳をめぐる諸問題――一八世紀メキシコを中心に」
二〇一九年七月二〇日　割田聖史「翻訳と権力――ドイツ領ポーランドの事例から」
二〇一九年九月二一日　岡本真希子「植民地統治前半期台湾における法院通訳の使用言語――北京官話への依存と脱却」
二〇一九年一二月二一日　川﨑亜紀子（東海大学）「戦間期アルザスにおける「フランス化」とアルザス・ユダヤ人」
二〇二〇年一月一六日　デイヴィッド・アーミテイジ（ハーバード大学）「内戦――思想における歴史」"Civil War: History in Ideas"
二〇二〇年二月二九日　岡本真希子「調査メモ――台湾に渡った唐通事の後裔に関する場所」

また、上記の講演会で読まれたペーパーの翻訳、本補助金を一部でも活用して、期間中やそれ以後に発表した論文等は以下の通りである。

岡本 真希子「植民地統治初期における台湾総督府法院の人事――判官・検察官の任用状況と流動性を中心に」『社

会科学』四八巻二号、二〇一八年八月。

「小特集：ナショナル・ヒストリーとグローバル・ヒストリー――教育・布教・東西の邂逅」『青山史学』三七号、二〇一九年二月、として以下の三点。

ジャン＝フランソワ・シャネ「一九世紀以降のフランス公立学校における非フランス語話者の子どもたちに対するフランス語教育」川﨑亜紀子訳。

アンドレアス・ヴァイス「古い帝国とその未来――ベルリン、日本、アジアの近代についての問い」西山暁義訳。

レベッカ・ハーバーマス「グローバル・ヒストリーのなかの宗教伝道――植民地時代における知の生産」西山暁義訳。

岡本真希子「植民地統治初期台湾における法院通訳の人事――制度設計・任用状況・流動性」『社会科学』四八巻四号、二〇一九年二月。

岡本真希子「日清戦争期における清国語通訳官――陸軍における人材確保をめぐる政治過程」『国際関係学研究』四五号、二〇一九年三月。

平田雅博「ウェールズにおける新しい信仰の波――非国教会の隆盛」、「ウェールズ連合法――公用語になれなかったウェールズ語」、「ウェールズ教育青書の衝撃――英語習得の促進と教室でのウェールズ語禁止」、「ウェールズ人の海外移住」、以上三章、一コラム、吉賀憲夫編著『ウェールズを知るための六〇章』、明石書店、二〇一九年七月。

岡本真希子「植民地統治前半期台湾における法院通訳の使用言語――北京官話への依存から脱却へ」『社会科学』四九巻四号、二〇二〇年二月。

「特集　ヨーロッパとアジアにおける「翻訳」と通訳」『青山史学』三八号、二〇二〇年三月、として以下の四点。

割田聖史「一八五〇年代のポーゼン州における翻訳と言語――W・ベントコフスキ『ポーゼン大公国の官公庁文書におけるポーランド語問題』から」

岡本真希子「越境する唐通事の後裔・鉅鹿家の軌跡――対外戦争と植民地統治のなかの通訳」

佐々木洋子「彼のゆりかごはスロヴェニア人の家にあったのに――世紀転換期のハプスブルク帝国におけるスロヴェニア語」

デイヴィッド・アーミテイジ「内戦――思想における歴史」細川道久訳
平田雅博「ポスト「ポストコロニアル」総合に向けて」『青山史学』三八号、二〇二〇年三月。

岡本真希子「明治前半期の「中国語」通訳・彭城邦貞の軌跡――日本・台湾のデジタル（数位）資料を用いて」『国際関係学研究』四七号、二〇二一年三月。

安村直己「カタリーナ・デ・サン・フアン、あるいはチーナ・ポブラーナの軌跡」『図書』、二〇二二年一二月号。

平田雅博「英語帝国主義の構造――マケレレ報告書の再検討」『青山史学』四〇号、二〇二二年三月。

安村直己「南北アメリカ大陸から見た世界史」『岩波講座　世界歴史』第一四巻、岩波書店、二〇二二年。

二〇二三年一〇月二六日

平田雅博

［追記］　レベッカ・ハーバーマス教授が二〇二三年一二月二一日に亡くなったとの訃報が届きました。ここに来日講演への謝意とともに哀悼の意を表します（二〇二四年一月七日）

編著者紹介

編者

平田雅博（ひらた・まさひろ）
青山学院大学名誉教授。
専門分野　ブリテン近現代史。
主要業績　『イギリス帝国と世界システム』（晃洋書房、二〇〇〇年）、『内なる帝国・内なる他者——在英黒人の歴史』（晃洋書房、二〇〇四年）、『ウェールズの教育・言語・歴史——哀れな民、したたかな民』（晃洋書房、二〇一六年）、『英語の帝国——ある島国の言語の一五〇〇年史』（講談社選書メチエ、二〇一六年）、『ブリテン帝国史のいま——グローバル・ヒストリーからポストコロニアルまで』（晃洋書房、二〇二一年）など。

原聖（はら・きよし）
現職　女子美術大学客員研究員、名誉教授。
専門分野　西欧少数言語、とりわけケルト諸語圏の言語復興運動、ならびに書きことばの社会史的研究。西欧の民衆版画などの民衆文化史研究。東アジアとの比較研究。
主要業績　『周縁的文化の変貌』（三元社、一九九〇年）、『〈民族起源〉の精神史』（岩波書店、二〇〇三年）、『ケルトの水脈』（講談社、二〇〇六年）、『ケルトの解剖図鑑』（エクスナレッジ、二〇二二年）など。

割田聖史（わりた・さとし）
現職　青山学院大学文学部史学科教授。
専門分野　ドイツ・ポーランド近代史。

主要業績　『プロイセンの国家・国民・地域――一九世紀前半のポーゼン州・ドイツ・ポーランド』（有志舎、二〇一二年）、「ポーゼン州のドイツ語 歴史的地域の失われた言葉を考える」平田雅博、原聖編『帝国・国民・言語――辺境という視点から』（三元社 二〇一七年）、「ヨーロッパにおける国家体制の変容」『岩波講座　世界歴史16　国民国家と帝国：一九世紀』（岩波書店、二〇二三年）

執筆者（掲載順）

安村直己（やすむら・なおき）

現職　青山学院大学文学部史学科教授。
専門分野　スペイン帝国史、南北アメリカ史。
主要業績　編著『岩波講座　世界歴史14巻　南北アメリカ』（岩波書店、二〇二二年）。単著『コルテスとピサロ――遍歴と定住のはざまで生きた征服者』（山川リブレット、山川出版社、二〇一六年）。「ラテンアメリカ史研究にみる、女性とジェンダー」『青山学院大学ジェンダー研究センター年報』第二号、三六―四七頁、二〇二三年。

岡本真希子（おかもと・まきこ）

現職　津田塾大学学芸学部国際関係学科教授。
専門分野　日本近現代史、植民地関係史、日台関係史。
主要業績　『植民地官僚の政治史――朝鮮・台湾総督府と帝国日本』（三元社、二〇〇八年〔岡本真希子（郭婷玉・江永博・王敬翔譯）『殖民地官僚政治史：朝鮮、臺灣總督府與日本帝國』上（制度編）・中（人材編）・下巻（構造編）、臺大出版中心、二〇一九年〕）、「日本統治前半期台湾の官僚組織における通訳育成と雑誌『語苑』――一九一〇―一九二〇年代を中心に」（『社会科学』同志社大学人文科学研究所、第四二巻二・三合併号、二〇一二年一二月）、「植民地統治初期台湾における法院通訳の人事：制度設計・任用状況・流動性」（『社会科学』第四八巻四号、二〇一九年二月）、「植民地統治前半期台湾における法院通訳の使用言語：北京官話への依存から脱却へ」（『社会科学』第四九巻四号、二〇二〇年二月）など。

佐々木洋子（ささき・ようこ）
現職　帯広畜産大学畜産学部教授。
専門分野　オーストリア近現代史。
主要業績　『ハプスブルク帝国の鉄道と汽船』（刀水書房、二〇一三年）。共著に、「トリエステにおける民族分化――超民族都市から民族対立の舞台へ」（第11章）、弘末雅士編『越境者の世界史――奴隷・移住者・混血者』（春風社、二〇一三年）、「なに語で授業を受けるのか？――ハプスブルク君主国の教育制度と辺境都市」（第2章）、平田雅博・原聖編『帝国・国民・言語――辺境という視点から』（三元社、二〇一七年）、「イタリア・イレデンタ運動とトリエステ住民」（第13章）、弘末雅士編『海と陸の織りなす世界史』（春風社、二〇一八年）、単著論文に「彼のゆりかごはスロヴェニア人の家にあったのに――世紀転換期のハプスブルク帝国におけるスロヴェニア語」『青山史学』三八号（二〇二〇年）など。

川手圭一（かわて・けいいち）
現職　東京学芸大学教育学部教授。
専門分野　ドイツ近現代史。
主要業績　共著に、「フォルク（Volk）と青年――マイノリティ問題とドイツ青年運動」田村栄子・星乃治彦編『ヴァイマル共和国の光芒――ナチズムと近代の相克』（昭和堂、二〇〇七年）、「マイノリティ問題とフォルクの思想」伊藤定良・平田雅博編『近代ヨーロッパを読み解く――帝国・国民国家・地域』（ミネルヴァ書房、二〇〇八年）、「ドイツ人とポーランド人の狭間に生きた人々――マズール人の言語・宗教・民族的アイデンティティ」平田雅博・原聖編『帝国・国民・言語――辺境という視点から』（三元社、二〇一七年）、「戦場となったマズーレン――住民の戦争体験と『タンネンベルク』の相克」鍋谷郁太郎編『第一次世界大戦と民間人』（錦正社、二〇二二年）など。

言語、文化の狭間《あいだ》で
——歴史における翻訳

発行日　二〇二四年三月二五日　初版第一刷発行

編　者　平田雅博＋原聖＋割田聖史

装　幀　臼井新太郎

発行所　株式会社 三元社
〒一一三-〇〇三三
東京都文京区本郷一-二八-三六 鳳明ビル
電話／〇三-五八〇三-四一五五
ファックス／〇三-五八〇三-四一五六

印　刷　モリモト印刷 株式会社

製　本　鶴亀製本 株式会社

© Hirata Masahiro & Hara Kiyoshi & Warita Satoshi
ISBN978-4-88303-587-8
Printed in Japan
http://www.sangensha.co.jp